왜 공부하는가

왜 공부하는가

초판 1쇄 발행 2013년 10월 21일
초판 12쇄 발행 2018년 9월 17일

지은이 김진애
펴낸이 김선식

경영총괄 김은영
콘텐츠개발1팀장 임보윤 **콘텐츠개발1팀** 김민혜, 이주연
마케팅본부 이주화, 정명찬, 최혜령, 이고은, 김은지, 배시영, 유미정, 기명리, 김민수
전략기획팀 김상윤
저작권팀 최하나, 추숙영
경영관리팀 허대우, 권송이, 윤이경, 임해랑, 김재경, 한유현, 손영은
외부스태프 디자인 가필드

펴낸곳 다산북스 **출판등록** 2005년 12월 23일 제313-2005-00277호
주소 경기도 파주시 회동길 357 3층
전화 02-702-1724 **팩스** 02-703-2219 **이메일** dasanbooks@dasanbooks.com
홈페이지 www.dasanbooks.com **블로그** blog.naver.com/dasan_books
종이 (주)한솔피엔에스 **출력 · 제본** (주)갑우문화사

© 2013, 김진애

ISBN 979-11-306-0049-9 (03320)

다산북스(DASANBOOKS)는 독자 여러분의 책에 관한 아이디어와 원고 투고를 기쁜 마음으로 기다리고 있습니다.
책 출간을 원하는 아이디어가 있으신 분은 이메일 dasanbooks@dasanbooks.com 또는 다산북스 홈페이지 '투고원고' 란으로
간단한 개요와 취지, 연락처 등을 보내주세요. 머뭇거리지 말고 문을 두드리세요.

인생에서
가장
뜨겁게
물어야
할
질문

왜 공부하는가

김진애

3

'프로'로 일하는 인생
공부실천론

#4

#5

왜 공부하는가,
자신만의 답을 찾아서

공부란 내 삶을 관통하는 주제 중 하나다. 나에게뿐이겠는가? 모든 사람의 삶에서 공부란 삶을 관통하는 중요한 주제 중 하나다. 배움이 그친 삶은 이미 끝나버린 삶과 다름이 없다. 깨달음이 없는 삶은 더 이상 살아갈 가치를 주지 못한다. 호기심이 멈춘 삶은 생생함이 사라진 삶이다. 공부 플랜이 없어진 삶은 미래에 대한 희망이 없어진 삶이다.

'비상구'로부터 진화한
나의 공부론

"엄마는 왜 공부했어?" 새삼스레 다 큰 딸이 묻는다. '직장의 신'처럼 몇 년 동안 잘 다니더니만 여러 달 고민하다가 결국 직장을 때려치우고 암중모색하는 과정에 있는 딸이다. 어렸을 적엔 이런 질문을 안 하더니만 마음속에 무슨 의문들이 오가는지, 이 질문을 갑자기 하는 것이었다. 나의 답변은 간단했다. "공부밖에 할 게 없었어!" 딸은 말문이 막혔다. "그렇게 간단했어?" 그래, 그렇게 간단했었다. 어렸을 적에 나에게 공부는 하나의 비상구였다. 탈출구였고 도피처였다.

"정말, 왜 지금도 공부하세요?" 요즘 '왜 나는 공부하는가'에 대한 책을 쓰고 있다고 하니까 '젊은 어른'들이 정색을 하고 묻는다. 딱해 보였나, 부러워 보였나, 신기해 보였나? "공부할수록 공부할 게 더 많아진다니까요. 모르는 게 왜 이렇게 많지요?" 그들도 끄덕인다. 알아갈수록 모르는 것이 더 분명해지고 의문이 더 선명해진다. 공부가 공부를 부르는 까닭이다. 아예 '모르는 게 약'이라고? 물론 '아는 건 힘'일 뿐 아니라 '아는 건 짐'인 것도 맞다. 그러나 속지 말자. 알면 보이고, 알면 느끼고, 알면 행위하고, 알면 즐거워진다.

어릴 적 나에게 단순히 비상구로만 보였던 공부는 계속 진화해왔다. 나는 이 책에서 나에게 공부가 어떤 의미로 진화되어왔는지 여섯 단계로 나누어 이야기해보려 한다. 공부라는 행위가 하나의 의미만은 아닌 것이다. 각 단계마다 나름의 공부론과 비결을 만들기도 했다. 독자들의 공부론과 맞추어본다면 공감되는 부분이 많으리라.

첫째 단계는, 공부를 비상구로 여겼던 어린 시절이다. 내 손으로 벌어먹고 살려면 공부해야 한다는 단순한 명제가 지배했던 시절이다. 나는 절실했다. 절박했다. 그래서 독해졌다. 독하게 결단했고 독하게 나와의 약속을 지켰다. 그 과정에서 나의 선택 기준을 세워나갔다.

둘째 단계는, '공부하기 자체가 참 멋진 거로구나' 깨달았던 시절이다. 나에게는 행운스럽게도 MIT 유학이라는 계기가 있었다. 건강하게 작동하는 '공부생태계'에서 자유롭게 공부하고 일했던 경험은 나의 원칙을 세우는 데에 큰 도움이 되었다.

셋째 단계는, 본격적으로 일하면서 프로젝트를 통해 공부를 실천했던 시절이다. 역시 가장 유효한 답은 현장에서 찾을 수 있다. 현실적인 의문에서부터 출발해야 하는 것이다. 그런데 프로젝트에 치이지 않는 방법은 무엇일까, 프로젝트를 하나 할 때마다 공부를 쌓으려면 어떤 자세를 가져야 할까?

넷째 단계는, 아이들을 키우면서 '멋지게 놀려면 열심히 공부해야 한다'는 비결을 새삼 깨우쳤던 단계다. 열심히 놀았던 것이 얼마나 큰 공부였나를 새삼스레 깨닫게 된 것이다. 아이들이 커지면서 이 깨달음은 더 커졌다. 확실히 공부는 놀이고, 놀이는 공부다.

다섯째 단계는, 나의 생각을 남들과 소통하면서 공부하기,

가르치기에 대하여 고민하는 단계다. '근사한 팀 작업을 하고 싶다'가 나의 주제다. 어떻게 훈련을 시킬지, 어떻게 자발성을 끌어내어 좋은 팀을 만들어낼지에 대한 노하우를 실천한다는 것은 만만찮은 과제다.

여섯째 단계는, '왜 나는 여전히 공부하는가'에 대한 생각이다. 공부를 그렇게 많이 했건만, 주변에서 "공부 좀 그만해!"라는 농담 섞인 불평을 받으면서도 여전히 내가 공부를 그치지 않는 이유는 무얼까? 먹고살기 위해서, 자라기 위해서, 일을 잘하기 위해서, 아이들을 잘 키우기 위해서, 일하는 팀을 잘 키우기 위해서가 아니다. 나는 '야무진 꿈'을 갖고 있기에 여전히 공부를 그칠 수 없다. 그 야무진 꿈들이 어떤 것들인지, 공부를 그치지 않게 만드는 나의 동기를 짚어볼 것이다.

이 과정을 나의 '공부비상구론 → 공부생태계론 → 공부실천론 → 놀이공부론 → 훈련공부론 → 공부진화론'으로 정의하면서 하나하나 짚어보도록 하자.

'왜 공부하는가' 책을 쓰는 나는 누구인가?

'왜 공부하는가'에 대한 책을 쓸 자격이 내게 있을까? 사실 모든 사람은 '왜 공부하는가'에 대한 글을 쓸 자격이 있다. 누구나 공부하기 때문이다. 물론 한 사람 한 사람이 각기 독특한 주체이듯, 공부하는 동기와 공부하는 방식도 각기 특색이 있게 마련이다. 지금 여기서 '왜 공부하는가'를 쓰고 있는 나는 누구인가?

나는 가방끈이 꽤 길다. 지금은 흔해졌지만, 이른바 최고 학업이라는 '박사' 학위까지 취득했다. 사람들이 선망하는 명문 학교들에서 공부하기도 했다. 자유로운 분위기가 인상적인 이화여중·고를 다녔던 것은 내 청소년기의 행운이다. 불행하게도 내가 다니던 시절의 서울대 분위기에 대해서 그리 후한 평가를 내리기는 어렵다. 그 후 유학을 떠나 MIT에서 공부하게 된 것은 나의 인생에서 그야말로 큰 행운이 아닐 수 없다. 우리 사회에서는 '매사추세츠 공과대학'이라 부르기도 하지만, 공식 명칭인 MIT엠아이티는 결코 공과대학만이 아니며, 더욱이 '학교'라고만 한정할 수 없을 정도로, 학업과 연구와 프로젝트와 비즈니스가 건강하게 뿌리내린 하나의 '공부생태계'였다.

나를 '교수'라 생각하는 사람들이 많지만, 잠시 잠깐씩 초빙교수를 해본 적 외에는 교수직을 가져본 적이 없다. 우리 사회에서 상대적으로 안정적인 커리어인 '교수직'을 선망하는 풍토를 잘 알고 있지만, 나는 학교라는 환경을 좀 갑갑하게 느끼는 스타일이다. 역동적인 현장 지향적인 나의 성향 때문이리라. 강단 대신에 내가 선택한 것은 '프랙티스practice, 실무 작업'다.

프랙티스를 하는 사람들은 많지만, 박사 학위까지 따놓고 현장 실무를 선택하고 게다가 스스로 '창업'까지 하는 경우는 많지 않다. 내 시대에는 더욱이나 희귀했다. 게다가 '여자'라니? 더욱이나 '건축과 도시'라는 치열하고 살벌하고 복잡하고 그리 체계적이지도 못한 분야에서라니? 게다가 여전히 살아남아 활동하고 있다니? 아마도 이런 점들 때문에 나는 각별히 세상의 관심을 많이 불러 모았던 것 같다.

공부를 꽤 했음에도 불구하고 강단에 서지 않은 데에 대한 책임감과 일말의 죄책감을 이기기 위해서 내가 선택한 작업은 '글쓰기'다. 사실은 내 나름대로 전략적인 선택을 했다. 학생 몇십 명보다는 몇천 명, 몇만 명의 독자들과 통할 수 있는 글쓰기가 더 낫지 않나 하는 생각이었다. 1991년에 첫 책을 낸 후 25여 권의 책을 썼다. 첫 책을 낼 때 "1년에 책이나 한 권씩 쓸까?" 했던 농담이 일종의 예언이 되어버린 셈이다. 신문 칼럼 쓰기나 미디어 출연은 자연스럽게 따라오는 활동이 되었고 그만큼 사회와 접하는 지점들이 다양해졌다.

내가 우리 사회의 시선에 고스란히 드러나게 되었던 것은, 1994년 미 〈타임〉지가 '21세기 리더 100인'에 나를 유일한 한국인으로 선정했던 사건 때문이다. 지금도 나를 이 사건으로 기억해주시는 분들이 많을 정도로 당시에 상당한 뉴스가 되었다. 나로서는 한 분야의 전문가 이상의 위치를 갖게 된 계기였다. 사회 활동의 폭이 훨씬 더 넓어졌고, 공공적인 사회 발언의 폭과 강도도 따라서 커졌다.

우리 사회에서는 안타깝게도 여성의 공적 성장에 대한 기대가 남성에 비해서 낮은 편인데, 이 사건으로 인하여 나는 이른바 '기대 받는 사람'이 되었다. 이 변화는 나를 돌아보게 되는 효과를 가져왔다. 새삼 '리더십'에 대해서 성찰하게 되었고 나의 내적 성장에도 영향을 미친 것 같다. 관심의 주제들이 다양해졌을 뿐 아니라 의문도 커졌고 액션의 현장도 많아졌는데, 공부를 하지 않고서는 도저히 따라갈 수 없다. 무엇보다도 많은 사람들이 나에게 그 어떤 역할을 기대한다는 상황이 흥미로운 동기가 된 것이다. 역시 '기대'가 사람을 자라게 한다.

내 공부의 뿌리가 건축과 도시라는 사실은 나의 공부 방식에 상당한 영향을 미쳤을 것이다. 건축과 도시는 상당히 복합적인 지식이 필요한 분야다. 정치 · 경제 · 경영 · 사회 · 문화 · 과학 · 기술·자연·환경·역사·지리·심리·모든 예술 장르·정보·인간 등 연관이 안 되는 것이 없을 정도로 복합적인 분야다. 내가 복합적인 공부를 즐겨하는 이유일 것이다. 또한 건축과 도시란 근본적으로 학문이라기보다는 현장의 실천이 미덕인 분야다. 나의 실천적 성격에 부합하고 내가 학교보다도 현장을 더 중요시 여기는 성향과도 부합한다. 나의 실천적 성향이 나의 공부 방식에 영향을 미친 것은 분명하다.

건축과 도시 분야의 전문가는, 구조적으로, 만년 '을'이다. 더 좋은 도시, 더 좋은 건축 공간을 통해 세상을 바꾸고 싶은 이상은 드높은 반면, 현실에서는 권력과 자본이라는 '갑'에 종속되는 운명에 있는 분야다. 권력과 자본은 정당치 못한 동기로 움직이는 경우가 많으니 그것을 분별하는 의식도 필요하다. 더욱이나 개발과 건설은 부정·부패·부실·비리 등 이른바 'ㅂ자 돌림병'에 시달리는 분야다. 이런 환경에서 일하다 보면, 사회의식이 높은 전문가가 되든가, 이권에 따라 움직이는 눈면 전문가가 되든가, 두 가지 길이 뚜렷이 보인다. 현실은 사실 그렇게 단순치만은 않으며, 항상 이상과 현실 사이의 딜레마 속에서 끊임없는 선택을 해야 한다. '갈등과 제약을 이겨내면서 무언가 실천하는 것이 중요하다'는 나의 깨달음은 이런 상황으로부터 비롯되었다.

대학 공부의 시작은 건축으로 하였으나 박사 학위를 하면서 본격적으로 도시 공부를 하게 되었는데 이로써 나의 세계 역시 훨씬 더 넓어지고 훨씬 더 복잡해졌다. 낙원이 될 수도 지옥이 될 수도 있는 도시라는 존재, 거대하고 사악하고 흉포한 괴물이 될 수도 있고 인간이 만드는 가장 복합적인 문화공동체가 될 수도 있는 도시라는 존재에 대한 공부는 끝이 없다.

도시를 공부할수록, 좋은 도시를 갈망할수록, 사회의식은 높아지고, 정책과 정치에 대한 관심도 높아진다. 전문 분야에서 실망과 좌절을 겪을수록 사회를 개선하려는 정책, 근본적인 사회구조를 변화시키는 정치에 대한 관심도 커지게 마련이다. 나의 실험과 도전은 그치지 않았다. 이 과정을 통해 나의 공부도 더욱 깊어지고 있다고 믿는다.

자라자, 배우자, 평생토록!

'왜 공부하는가?'에 대한 책을 지금 쓰고 있지만, 공부하기 자체에 대한 나의 공부는 꽤 오래되었다. "자라자, 배우자, 평생토록!"이라는 나의 좌우명 속에서도 드러난다. '자라기'에 대한 나의 관심은 한결같다. 나도 여전히 자라고 싶을 뿐 아니라, 모든 사람들이 잘 자라는 모습을 보고 싶고, 우리 사회가 부디 잘 자라기를 바라는 마음도 간절하다.

'왜 공부하는가?'를 쓰면서 공부라는 틀을 통해 나의 삶을 재구성해본다. 이 작업을 통해 공부의 진화에 대해 독자들과 공감하고 싶다. 분명, 우리는 공부를 통해 진화할 것이다.

2013년 10월
'인간도시아카데미'에서

1

15살

나에게 공부는

비상구였다

■

공부비상구론

세상에는
분명
차별이 있다

딸부잣집 셋째 딸의 당찬 각오

나는 1남 6녀 딸부잣집에서 태어났다. "있는 건 딸밖에 없습니다!"라는 농담을 즐겨하셨던 우리 아버지 말씀은 영 떨떠름했다. 이상하게도 고모 댁이나 외삼촌 댁, 이모 댁 들에는 별로 아들이 귀하지 않았는데, 우리 집뿐 아니라 큰아버지 댁, 작은 아버지 댁까지도 딸들이 넘쳐났으니 집안 내력이었던 모양이다. 일가친척들이 모이면 항상 아들·딸 화제가 등장했다. 엄마는 아들을 기다리며 무려 열을 낳았다. 엄마는 그중 셋을 가슴에 묻고 일곱을 키웠다. 그 1남이 그나마 장남이어서 엄마에게 위로가 되었다고나 할까? '아들'이라는 주제는 엄마에게 평생 트라우마였다.

우리 집은 '농사꾼'에서 '장사꾼'으로 변신한, 그 시대 전형적인 대가족이다. 경기도 군포의 산본(지금은 군포시이지만 당

시는 시흥군에 속해 있었다)에서 대대로 농사를 지었고 전쟁 후에
는 수원, 인천 등을 전전하며 장사를 하다가 내가 3살 때 서울
로 이사를 왔다. 집에 대한 나의 첫 기억은 집 앞에 하늘로 올
라가는 가파른 돌계단이 있던 장면인데, 그게 바로 낙산 바로
밑에 있던 창신동 달동네였다. 전쟁 통에 잘 팔리던 사기그릇
장사를 시작한 아버지는 종로 5가통에서 도매상을 하시다가 나
중에는 도자기 공장을 창업하시기도 했다.

　　부모가 사는 모습은 아이들에게 거의 절대적인 영향을
끼친다고 나는 생각하는 편이다. 남녀의 사랑은 관계의 근본이
고 부부 간의 신뢰는 인간관계에 대한 신뢰의 근본이다. 부부
사이가 건강하면 가족이 건강하고 사회가 건강해진다. 부부가
먹고살기 위해, 아이를 키우기 위해, 집을 꾸려가기 위해, 가족
관계를 아우르기 위해, 서로 간의 자존심을 지키기 위하여 서
로 기대고 힘을 합치고 때로는 갈등하며 싸우고 그러다 화해하
는 과정에서, 비록 아등바등하고 힘들더라도 생생하고 축복받
은 삶의 순간을 같이하는 과정 자체가 가장 기본적 모델이 되
는 것이다. 그런 과정 중에 자신도 모르게 부모의 삶의 태도를
닮아가는지도 모르겠다. 우리 남매들은 각기 다른 주장을 하
겠지만, 나는 일곱 자식 중에 가장 아버지를 닮고, 가장 엄마를
닮은 것 같다고 얘기하곤 한다.

"불알을 차고 나왔더라면!"

어릴 적부터 나는 꽤 귀염을 받고 자랐다. '셋째 딸'이라는 이점도 있었고, 아버지 사업이 펴가고 있던 때라 나는 우리 집에서 처음으로 유치원까지 다녔고 피아노를 배웠다. 엄마는 피아노까지 집에 들여놓으셨다. 피아노 사들이기는 당시 중산층 교육열 현상 중 하나였는데, 딸 많은 우리 집도 따라 했던 것이다. 부모님은 손위 언니를 잃고 손아래 남동생을 잃어서 아래 위 터울이 크던 나를 각별히 귀히 여기셨는지도 모른다.

그러나 정작 나의 어릴 적 기억은 그리 유쾌하지 않다. 상처를 받는 것은 어린 아이들의 특권이라고 할까? 여하튼 상처받는 사건들이 왜 그리 많았던지 모른다. 상처받았던 기억이 더욱 강렬하게 남기 때문일 것이다.

입이 걸기로 유명했던 한 고모의 에피소드는 대표적이다. 나만 보면 입에 담으시는 한마디는 항상 똑같았다. "불알을 차고 나왔더라면!" 나름 귀여움과 자랑스러움을 섞어서 하시는 말씀이라는 것쯤은 나도 알았지만, 아니 왜 꼭 그런 방식으로 표현해야만 하는가? 아들만 넷을 두었던 고모였기에, 그 모든 말이 아들 귀한 올케의 처지를 빗대는 은근한 시누이 짓이라는 것을 눈치 채는 데에는 그리 오래 걸리지 않았다.

하기는 내가 나중에 이 비슷한 멘트를 수없이 들을 때마다 눈 하나 깜짝하지 않을 수 있었던 것은, 어렸을 적 고모한테서 워낙 심한 표현을 들었기 때문일지도 모른다. "남자로 태어났더라면!"에 숨어 있는 그 권력 구조를 나는 어릴 적부터 의식하고 있었던 것이다.

1남 6녀의 집에서 딸이란 별 존재감이 없게 마련이다. 딸들에 대한 사랑이 아무리 깊어도, 딸들의 처지에 대한 동병상련이 아무리 크다 하더라도, 엄마의 아들 우위 사상은 절대로 바꿀 수 없었거니와, 어르신들이 항상 강조하는 그 남녀의 우열관계를 의식하지 않으려야 않을 수 없었다.

"넌 참 이상하구나!"

어릴 적 나에게 끊임없이 상처를 주었던 말이 또 하나 있다. "넌 참 이상하구나!"라는 말이다. 이 말이 참 싫었다. 도대체 어린아이가 이상하면 얼마나 이상하겠는가? 아마도 호기심에서 나온 질문이 많았을 게다. 일가친척들의 증언을 듣자면 질문이 많기는 많았던 모양이다. 그리고 가끔씩 던지는 한마디가 좀 당돌해 보였을지도 모르겠다. 오히려 내가 보기에는 이상한 게 많았기 때문이다. 어린아이의 눈에는 얼마나 이상한 게 많은가? 그런데 돌아오는 말이 "넌 참 이상하구나!" 하면, 어린아이와 어른 사이의 힘의 구조상 상처받는 쪽은 어린아이가 되기 십상이다.

"말을 하면 상처만 받는구나!"를 깨닫게 된 나는 나름대로 방어책을 마련했다. 아예 입을 꾹 닫아버린 것이다. 특히 어른들 앞에서. 많이 갑갑했다. '그때 하고 싶은 말을 못 했기 때문에 지금 말을 많이 하는 것'이라고 농담하곤 하지만, 당시 내 결심 중 하나는 '내가 어른이 되면 말을 못 해서 답답해하는 상황은 절대로 만들지 않겠다!'는 것이었다. 이 단순한 결심이 얼마나 지키기 어려운지는 전혀 모르고서 말이다.

그래서 나는 다른 세계로 도망갔다. 나 혼자서 무엇이든 물을 수 있는 책의 세계가 대표적이었다. 책을 읽으면 알고 싶은 것을 물을 수 있고 답도 찾을 수 있었거니와, 내가 이상하게 생각하던 것에 대한 설명도 찾고, 완전히 새로운 세상을 만날 수도 있었으니 그리 좋을 수가 없었다. 어디서든 생각을 정리하고 또 발언하는 나의 습성은 책을 읽으며 길들여진 것 같다.

게다가 책을 읽고 있으면 어른들이 절대로 나를 건드리지 않는다는 것도 알게 되었다. 일석이조라 할까, 금상첨화라 할까? 책 읽는 어린아이를 좋게 봐주는 것은 그때나 지금이나 마찬가지다. 공부하는 줄 알고, 공부에 도움이 될 거라고, 분명 크게 될 거라고 어른들이 기대해주는 것이다.

만약 여자라서 글을 못 깨우치게 했거나 책을 못 보게 했었더라면 나는 어떻게 살았을까? '장금'이나 '동이'처럼 몰래 배우고 몰래 깨우쳤을까? 드라마를 보면서 드는 생각이다. 하기는 그런 차별적 세상을 딛고 일어섰기에 우리는 모두 드라마 〈대장금〉과 〈동이〉에 동병상련하고 열광하는 것이리라.

갑자기, '묘수'가 떠올랐다

나는 일찍이 알아챘다. 세상은 참 이상하다는 것을. 세상에는 차별이 있다는 것을. 마음 놓고 말할 수 없다는 것을. 할 수 없는 것이 수없이 많다는 것을.

이상한 것들은 수없이 많았다. 셋째인 나는 왜 항상 오빠와 언니의 말을 잘 들어야 하는 걸까? 왜 어린 동생들을 보살펴야 하는 것은 딸들의 역할이어야만 할까? 왜 어린 딸들보다 다 큰 아들을 더 위해주는지 이상했다. 엄마가 돈 문제 때문에 애를 태울 때마다 굴욕감을 느끼기도 했다. 일을 하기는 엄마가 훨씬 더 많이 하는 것 같은데, 왜 엄마는 아버지한테 돈을 타 쓰며 그리 눈치를 봐야 할까? 왜 아버지는 생활비를 규칙적으로 내놓지 않을까? 엄마는 왜 그렇게 요청하지 않을까? 엄마는 은근히 무계획성을 즐기는 걸까? 아버지는 아침마다 엄마의 생활비 타령을 듣는 게 지겹지도 않은가? 성실하고 부지런한 아버지는 온갖 궂은일을 하는데, 왜 놀러만 다니는 큰아버지 앞에서 바른말을 못 할까? 또는 안 할까?

이런 의문들은 바깥세상을 알아갈수록 더 커졌다. 바깥세상이래 봤자 친구들, 친척들, 학교, 책, 뉴스 정도에 불과했던 어린 시절이었다. 그러나 세상의 현상을 관찰하고 본질을 꿰뚫는 데에는 별다른 경험이 필요한 것만도 아니다. 어린 시절의 체험은 오히려 훨씬 더 생생해서 그만큼 고민의 강도는 더 강해지기 마련이다.

언제였는지 모르겠다. 어떤 계기가 있었는지 모르겠다. 나는 이 이상하고 궁상스럽고 차별 많고 불합리하기만 한 세상을 어떻게 살아가야 할까 내내 궁리하다가, 갑자기 이 모든 상황을 단번에 해결할 수 있는 묘안을 생각해내고 뛸 듯이 기뻐했다. "그래, 내가 벌어서 먹고살면 되는 거야!" 그리고 이 아이디어가 어린 시절과 사춘기 시절의 나의 머릿속을 꽉 채웠다. 세상을 살아갈 힘을 드디어 얻은 것이다.

어쩌면 그리 어렸을까? 어쩌면 그때는 그것이 그리 대단한 묘수로 생각되었을까? 어쩌면 이 상식적인 방식이 그 시절의 나에게는 그렇게 창조적인 대안으로 보였을까? 지금은 너무도 당연하게 받아들이는 삶의 방식인데 말이다. 그러나 이것 한 가지는 분명하다. '내가 벌어서 먹고산다'라는, 이른바 '경제적 독립'의 필요성에 대한 깨달음은 고민 끝에 내 스스로 찾아낸 결론이기에 더욱 귀중한 답이었던 것이다.

또 한 가지 더 중요한 뜻이 있다. '경제적 독립'에 대한 생각은 그것 하나에 그치는 것이 아니라 궁극적으로 모든 종류의 '독립'에 대한 자의식을 키우게 한다. 나의 독립뿐 아니라 우리의 독립, 사회의 독립, 나라의 독립에 대한 것까지 생각이 넓어진다. 스스로 살아가겠다는 마음가짐으로 인해서 자아, 자존심, 자긍심, 홀로서기 의욕이 모두 가능해지는 것이다.

물론 이런 마음가짐에 항상 따라오는 것들이 있다. 긴장, 불안, 회의 같은 것들이다. 홀로서기란 고독하고 괴롭고 치열

할 수밖에 없다. 나는 드디어 '실존'의 길에 들어서게 되었던 것이다.

자신이 세운 원칙은 힘이 세다.

자아를 이루는 원칙은 삶의 주제가 되고 동기가 된다.

나의 출발점은 '독립'이다.

02
가장
평범하고도 비범한
결단

"앞으로 1년 동안 공부만 할 거야"

'내가 벌어서 먹고살 거야'라는 대단한 묘수를 생각해냈지만, '어떻게?'는 미지수였다. 그래서 고민이 더 깊어지던 시절, 드디어 계기는 찾아왔다.

사춘기 시절, 나는 〈아라비아의 로렌스〉라는 영화에 매혹되었던 적이 있다. 지금은 완벽한 고전의 반열에 오른 영화인데, 무려 3시간짜리다. 인상적이었던 점 중 하나는, 3시간 내내 여자가 단 한 명도 안 나오는 영화라는 사실이다. 별로 잘생기지도 않았지만 주인공 역을 맡은 배우, 피터 오툴은 '차가운 불'의 느낌이었다. 새하얀 피부와 호수처럼 새파란 눈빛이 어두운 사막의 색조와 대비되면서 비극을 예언하는 불길한 징조처럼 보이기도 했다.

제1차 세계대전 중 수에즈 운하를 둘러싸고 터키와 영

국이 대치하고 있던 때에 파견된 영국군 정보장교 로렌스는 아랍민족의 편에서 싸워, 아랍인으로부터 '아라비아의 로렌스'라는 이름을 얻고 아랍민족운동의 상징이 된다. 하지만 강대국들의 분할통치 의도가 아랍 권력자들의 의도와 맞아떨어지면서 로렌스의 뜻과는 달리 아랍은 분열되고 만다. 이 영화에서 내가 매혹되었던 장면이 있다. 바람이 마치 파도처럼 모래 위에 물결 문양을 새기는 한밤의 사막에서 로렌스가 밤을 지새우며 결단을 하던 장면이다. 죽음의 사막을 가로질러 도시 아카바로 진격하여 상대의 허를 찌르겠다는 묘수를 생각해낸 것이다. 그때 그의 대사, "아카바, 아카바" 소리가 지금도 귀에 들릴 듯하다.

충무로 오장동에서 살던 나는 어쩌다 대한극장에 가서 이 영화를 혼자 봤는데, 그러고 나서 두 번을 더 보러 갔다. 그 긴 영화, 연애는커녕 여자 한 명 안 나오는 영화에 어찌나 매혹되었던지 모른다. 사막의 풍경도 멋지고, 낙타 타는 모습도 멋지고, 아랍 족장으로 나온 오마 샤리프의 블랙 패션도 멋지고 로렌스가 입었던 화이트 패션도 멋졌지만, 무엇보다 내가 매혹되었던 것은 바로 그 '결단의 장면'이었다.

결단은 매혹적이다

결단! 정말 매혹의 행위로 보였다. "나는 결단을 할 수 있을까? 어떤 결단을 할 수 있을까? 결단을 성공으로 이끌 수 있을까?

실패한들 결단해야 하는 것 아닐까? 무엇이 성공이고 무엇이 실패일까?" 이런 질문들이 솟아났던 것은 물론이다.

하지만 일개 평범한 고등학생이 무슨 대단한 결단을 할 수 있단 말인가? '내가 벌어서 먹고살겠다'는 의지를 갖고 있다 해도 실제적으로 내가 할 수 있는 게 뭐란 말인가? 이런 생각을 하며 나는 우울했다. 소설이나 영화에서는 십대 학생들이 여러 일들을 참 잘도 벌이는데, 내가 무슨 스포츠 스타도 아니고, 음악가도 아니고, 소설을 쓸 것도 아니고, 만화가로 데뷔할 것도 아니고, 세계여행을 떠날 수 있는 것도 아니고, 그렇다고 『호밀밭의 파수꾼』의 주인공처럼 집을 뛰쳐나갈 수도 없고, 도대체 무슨 결단을 할 수 있단 말인가?

그런 나에게도 드디어 기회는 찾아왔다. 고2 겨울방학을 앞두고 하나의 결단을 했던 것이다. "앞으로 1년 동안, 오직 공부만 하리라!"는 결단이다. 결단이라기엔 너무 평범하지 않은가? 그런데 나에게는 큰 결단이었다. 일주일에 책 한 권, 영화 한 편은 봤던 시절이었다. 사람들은 내가 공부만 엄청 하고 성적도 꽤 좋았을 거라고 오해를 하는데, 중고 시절 동안 나는 반에서 중간 정도 성적이었을 뿐이다. 나와 상당히 나이 차이가 나던 대학생 언니와 오빠의 영향을 적잖이 받아서 자유분방한 대학생 놀이를 일찍부터 시작한 셈이다.

나의 사춘기를 꽉 채워줬던 책과 영화를 1년 동안 완전히 포기하고 공부만 한다? 나에게는 엄청난 결단이었다. 그런데 왜 이 결단을 했을까? 가장 단순한 진실은, 공부가 내가 할 수 있는 유일한 행위였기 때문이다. "그래도 대학은 가야 내가 그리 원하는 독립을 할 수 있지 않겠어?" 이 단순한 동기가 나의 결단을 이끌었다.

다른 옵션은 전혀 보이지 않았다. 그런대로 먹고살 만한 편이긴 했지만 우리 집은 물려받을 유산도 없는 것 같고, 자식들은 일곱이나 되고, 하나뿐인 오빠는 아버지를 도와 가업을 잇는다는 압력을 항상 받는 것 같았지만 딸자식은 가업과 무관한 것으로 되어 있었고, 일확천금을 꿈꿀 무슨 소재가 있는 것도 아니고, 절대로 돈을 타 쓰는 입장이 되고 싶지는 않았고, 내게 특별한 재능이 있는 것 같지도 않았다. 그래서 내가 할 수 있는, 가장 평범하고도 비범한 결단을 내린 것이다.

결단하기보다 더 중요한, 독하게 지키기

그런데 결단하기보다 더 중요한 게 있다. 바로 '지키기'다. 내가 지금 '결단'이란 말을 감히 쓸 수 있는 것도, 내 스스로 나 자신에게 했던 그 약속을 독하게 지켜냈기 때문이다. '독하다'라는 말을 하는 건, 그때도 내가 어찌 이리 할 수 있을까 싶었는데 지금 돌아봐도 어떻게 그리 할 수 있었을까 신기하게 여겨지기 때문이다.

그 1년 동안 나는 '다른 짓'은 일절 하지 않았다. 그런데 24시간 365일 공부만 한다는 게 정말 가능한가? 그런데 그

것이 가능하긴 했다. 당시엔 물론 지금보다 유혹거리들이 적은 편이었다. 인터넷, 스마트폰, 케이블TV, 게임, 스타, 팬, 마니아 등 지금은 유혹거리들이 오죽 많은가? 하지만 공부를 피하고픈 유혹이란 어떤 시대이든 종류만 좀 다를 뿐 가지가지 널려 있다. 그 유혹들을 나는 어떻게 이겨냈을까?

나에게는 두 가지의 강력한 동기부여가 있었다. 하나는 '절박한 위기의식'이었다. "도대체 내가 지금 이거라도 안 하면 어떻게 될까? 만약 대학에 못 들어가면? 밥벌이를 못하게 된다면 내 삶은 얼마나 궁색해질까? 내 자존심은 어떻게 지킬 수 있을까?" '내가 벌어서 먹고살 거야!' 했던 나의 의지가 드디어 빛을 발한 셈이다. 공부하기는 독립하기의 최소 조건으로 보였다. 절실했다. 절박했다. 공부가 비상구로 보였다.

또 하나의 동기는 '해냄의 보람'이었다. 고2 겨울방학부터 완전 몰입했던 공부 100일 후, 고3 첫 학력고사에서 나는 믿지 못할 성적표를 받아들었다. 이화여고에는 '5% 상'이란 게 있었는데 꽤 좋은 순위로 그 안에 든 것이다. 친구들은 눈이 동그래졌고 내 눈은 더 동그래졌다. "몰입하니까 뭔가 되는구나!" 하는 느낌표가 찾아왔다.

다행스럽게도 나는 그 시절 '상대평가' 없이 공부할 수 있었다. 지금은 시험 하나만 치르더라도 전국 순위가 어떻게 되고, 어느 대학 어느 학과가 가능권이라는 것까지 깨알같이 알게 되지 않는가? 나의 고교 시절은 전혀 그렇지 않았다. 남자고등학교에서는 나름 서열이 정해져 있던 반면, 여자고등학교는 상대적으로 그런 서열이 덜한 편이어서 나는 내 실력이 어느 정도인지 전혀 가늠을 못 하고 공부를 했다.

돌아보면 참 다행이었다. 항상 '상대평가 시험 모드'에 있다는 것은 별로 건강하지 못한 상태이기 때문이다. '시험장 시험'이란 실력을 검증한다는 데에 한계가 있거니와, 불행히도 '시험 잘 치는 공부 요령'이란 분명히 있고 자칫 그 요령에만 빠지게 만들어버린다. 나는 내 실력이 어느 정도나 되는지 몰랐기에 오히려 나 자신을 최대로 밀어붙일 수 있었던 건지도 모른다. '모든 것은 자신과의 싸움'이라는 말은 확실히 맞다.

공부에 몰입하고 6개월 정도 지나자 나는 확실히 달라지는 나를 느꼈다. 시험 문제에 나오고 말고를 떠나 공부 주제 자체에 흥미를 느끼는 나를 발견하기 시작한 것이다. 이윽고 왜 이 주제가 다른 주제로 연결되는지 보이기 시작했고, 시험 문제를 접하면 내가 그 문제를 풀고 못 풀고를 떠나서 "이 문제를 왜 낼까?"가 보이는 단계에 접어들게 되었다.

아주 신기했던 한 순간이 기억난다. 그 당시에도 역시 '수학'은 중요하고도 또 괴로운 과목이어서 상당한 시간 투자가 필요했다. 친구 몇이 모여 한 친구의 사촌 오빠였던 대학생에게 그룹 과외를 했는데, 같은 주관식 문제들을 반복해서 푸는 방식이었다. 처음 시작할 때는 10%도 제대로 못 풀던 내가 가면 갈수록 더 쉽게 풀 수 있게 됨은 물론, 왜 이 문제를 이런 식으로 내는지 그 속내가 보이기 시작했다. 여름방학 중에 내 방에서 방석을 깔고 평상 앞에서 붙박이로 공부하던 때였다. 문제를 풀고 있는데, 어느 순간 갑자기 내 방석이 두둥실 떠오르며 공부하는 나를 위에서 조감하는 듯한 느낌이 들었다. 이게 도를 닦는 느낌인가, 이게 도를 깨우치는 느낌인가? 그 느낌은 신기했고 또 소중했다.

독해야 할 때 독해질 수 있다는 자신감

뒤를 돌아보면, "1년 동안 공부만 할 거야!" 하고 결단하고 그 결단을 독하게 지켰던 체험을 통해 얻은 가장 큰 자산은 '독해야 할 때 독해질 수 있다'는 자신감이다. 이 자신감은 내 일생 내내 큰 자산이 되었다. '필요하다면 유혹을 끊어낼 수 있다, 잔가지들에 연연해하지 않을 수 있다, 내 온 자신을 던질 수 있다, 몰입할 수 있다'는 믿음은 중요하다. 한번 독해지기를 경험해보면 언제나 독해질 수 있는 것이다.

지금도 일에 대한 절대적인 몰입이 필요하다고 판단되면 나는 여간한 비상 상황 외에는 전화, 메일, 만남, 집안일, 사교 활동을 일체 끊는다. 사회생활을 하면서, 더욱이 위치가 올라갈수록 이렇게 하기가 쉽지 않고 자칫 오해받거나 욕까지 얻어먹기 십상이지만, 해야 할 때는 해야 하는 것이다. 한번 독해져보면 필요할 때 독해질 수 있다.

아직까지 한 번도 결단을 해보지 못했다? 결단은 수없이 했지만 한 번도 독하게 지켜보지 못했다? 다행히 인생은 수없이 많은 결단의 순간과 그 결단을 지킬 기회를 예비하고 있다. 그 순간과 그 기회를 어서 한번 잡아보자. 여하튼, 결단이란 매혹적인 것이다. 지키기란 결단하기보다 훨씬 더 어렵지만 절대 필요한 것이다. 결단의 매혹에 빠져보자. 독하게 결단을 지켜보자. 그리하여, 결단의 기억을 쌓고 자신을 믿어보자!

결단하기란 무척 중요하다.

물론 더 중요한 것은 그 결단을 독하게 지키기다.

한번 독해져보면 언제나 독해질 수 있다.

03
남들이
안 가는 길을
선택해봐?

800명 동기생 중 유일한 여학생

"그런데, 왜 건축과를 선택했나?" 이 질문을 정말 많이 받는다. 여자 건축학도가 워낙 없던 시절에 무슨 마음을 먹고 건축과를 택했느냐는 거다.

요즘은 여성 건축학도들이 꽤 늘었다. 최소 15%는 되고 대학에 따라 30%까지 되는 경우도 있다. 아직도 희귀하게 느껴지는 것은, 아쉽게도 건축 공부를 하고도 실무를 계속하는 여성들이 상대적으로 적기 때문일 것이다. 실무하기가 공부하기보다 훨씬 더 어려운 현실인 것이다. 여성 건축인들은 분명 더 늘 것이다. 내 시대에는 정말 희귀했다. 건축학과가 속한 공대 전체가 그랬다. 내가 공대에 입학했을 때 여자가 단 세 명이었는데, 그것도 7년만이라고 했다. 다른 두 여학생이 휴학을 해버려서 나는 800명 동기생 중 단 한 명의 여학생이 되어버렸다.

서울공대에는 '연극반'이 왕성한 활동을 하고 있었는데, 입학하자마자 연극반의 한 선배가 부르더니, "서울공대에 들어온 '역사적 소명'은 연극을 하는 것!"이라 해서 얼마나 웃었는지 모른다. 매번 다른 대학, 다른 학과에서 여자 배역을 꾸어오는 곤욕을 치르다가 드디어 여학생이 들어왔으니 얼마나 신났겠는가? 덕분에 나는 연극 무대에 두 번이나 서봤고, 아주 흥미로운 여주인공 역할을 맡아보기도 했다.

'왜 건축을 선택했나?'라는 질문에는 '운명처럼, 어떤 소명에 끌려, 어릴 적 큰 꿈을 이루려 선택했다'는 답을 듣고 싶어 하는 심리가 숨어 있는 것 같다. '이러저러한 꿈을 꾸고, 이러저러한 의지를 가지고, 이러저러한 도전들을 거쳐 드디어 성취해냈다'라는 식으로 말이다. 그런데 나는 전혀 그렇지 않았다. 사실, 한마디로 답하자면 '잘 모르고 택했다!'가 가장 맞을 것이다. 사람의 선택이란 결코 완벽한 정보를 기반으로 하는 것이 아니다. 여러 정황과 선입관과 편향된 기대와 나름의 판단이 섞인다. 완벽한 선택이란 불가능하다. 항상 불완전한 선택이 있을 뿐이다. 물론 '선택의 기준'은 항상 작용한다. 그 선택의 기준이 무엇인가가 훨씬 더 중요하다. 나의 기준들을 더듬어보자.

독립하고 싶다!

첫째 단계. 이과 선택은 아주 쉽게 정했다. 고1이 끝날 무렵 '문과, 이과, 예과'를 나누는데 이때 나의 '이과'로 가겠다는 의지는 확고했다. 어린 시절 나의 절실한 꿈이었던 '독립'에 이과가 유리할 것이라는 생각도 작용했다. 평소 나는 문과적 기질이 발달했고 예과에 매력도 많이 느꼈지만, 정작 진로 선택을 할 때는 실용 노선을 택한 셈이다.

여기엔 문과 오빠와 예과 언니에 대한 반작용도 있었던 듯싶다. 나와 예닐곱 살 차이가 나는 오빠와 언니는 어린 시절 나의 역할 모델이었는데, 오빠는 인문사회적 감성에도 불구하고 결국 부모님 뜻대로 경영학과를 택했다. 1남 6녀 집안의 유일한 아들이자 장남인 오빠에게 지워진 짐을 이해하면서도 나는 그 처지를 항상 안쓰럽게 생각했다. '하고 싶은 것'과 '해야 하는 것'과의 사이에서 아무래도 남자들이 더 큰 압력을 받는다. 자기 뜻대로 미대에 진학한 언니의 자유분방한 스타일은 어린 나에게 무척 매력적으로 보였지만 언니는 집에서 일찍이 '반항아' 비슷한 취급을 당했다.

상당한 나이 차이에도 불구하고 언니 오빠는 나를 머리 큰 동생으로 대접해주어서, 나의 사춘기는 아주 풍성했다. '오빠 친구 그룹'과 '언니 친구 그룹'과 어울리면서 그들의 성격과 개성을 파악하고 장점과 단점까지 분석하곤 했던 것이다. 오빠 친구 그룹의 화두는 언제나 '민주주의와 정의'로 귀결되었고, 언니 친구 그룹의 화두는 언제나 '자유로운 삶과 멋'으로 귀결되곤 했다. 인문사회학도들과 예술문화학도들의 '심각함과 경쾌함, 진지함과 유쾌함, 사회와 개인, 토론과 작업' 등의 성격을 비교하면서 결국 나는 문과도 아니고 예과도 아닌 '제3의 길'을 선택한 셈이다.

둘째 단계. '건축'이라는 아이디어는 이과를 선택하면서 우연하게 내 머리 속에 등장하였고, 그 후 2년은 이리저리 따져보고 검증하고 확인하는 과정이었다. 왜 '건축'이 내 머리에 들어와 앉았는지 아무리 곰곰이 생각해봐도 별 특별한 이유가 없다.

'인물 변수'는 전혀 없었다. 멋진 건축가가 드라마나 영화 주인공으로 등장하던 시절도 아니었거니와 나는 당시 활동하던 유명한 건축가 이름조차 몰랐다. 우리 집안에는 건축과는 커녕 이공계와 관련 있는 사람도 전혀 없다. 다만 언니의 남자친구의 인테리어 사무실에 놀러 갔다가 건축 관련 책들을 보며 흥미로워했던 적은 있다.

'환경 변수'는 확실히 작용했던 것 같다. 이야기가 가득한 이화여중·고 교정은 당시 나의 심성에 꽤 큰 영향을 미쳤다. '아름다운 공간, 멋진 공간'이라는 말보다는 '스토리들이 숨어 있는 공간'이라는 표현이 어울리는 교정이다. 역사가 긴 교정에는 여러 시대에 걸쳐 지어진 다양한 스타일의 건물들이 있고, 오래된 우물, 등나무길, 산비탈길, 오솔길, 잔디밭, 꽃길 등 비밀이 가득해 보이는 공간들이 이곳저곳 숨어 있었다.

그중에서도 백미는 역시 원형극장이다. '노천극장'이라는 이름의 이 공간은 그리스·로마식의 야외 원형극장인데,

처음 봤던 순간의 충격은 지금도 생생하다. 부모님과 선생님이 정해준 중학교에 시험을 봤을 뿐 분위기를 전혀 몰랐던 나는 그만 홀딱 반하고 말았다. 그때까지 내 인생에서 그런 규모의 큰 건축물을 실물로 본 적이 없었다. 책에서만 보던 것처럼, 하얀 돌들이 완벽한 동그라미를 그리고 있고 그 가운데에 푸른 잔디가 깔려 있는 모습은 어린 나에게 완벽한 충격이었던 것이다.

6년 동안 이 공간을 어슬렁거리며 친구들과 의미 있는 순간을 만들곤 했다. 나는 노천극장의 하얀 화강석 돌들 사이에 가끔 고색창연한 돌들이 끼어 있음을 발견했는데, 나중에 알고 보니 옛 한양 성곽에 있던 돌들을 빼다가 쓴 것이란다. 일제강점기에 한양의 옛 성곽을 무너뜨리고 그 돌들로 그 자리에 노천극장을 만들었다는 사실을 알았을 때 나의 사랑도 잠시 흔들렸지만, 노천극장은 여전히 내가 사랑하는 공간 중 하나다. 공간은 이야기를 만든다.

'적성 변수'는 분명 작용했다. 나는 '공간추리력'이 꽤 높은 편이다. 평균적으로 여성이 남성보다 공간추리력이 낮다지만(길을 잘 못 찾는 것, 운전이 서툰 것 등), 개인차는 있는 것이다. 두 가지 사건이 나의 적성을 확인해주었다. 중학교 시절에 처음 기하학을 배울 때 어찌나 재미있던지, 삼각자, 캠퍼스, 분도기 등을 가지고 혼자서 그려보고 등식을 풀어보며 열을 올렸다. 당연히 이 과목 성적이 무척 좋았는데 당시 기하 전공이셨던 담임선생님이 나를 각별히 주목해주셨다. 학년 평균점수가 낙제점에도 못 미치던 것을 보면 확실히 여학생들이 기하학을 별로 안 좋아하는 건지도 모른다.

또 한 가지 사건은 고교시절에 봤던 적성검사에서 나의 공간추리력 지수가 상상을 초월할 정도로 높게 나와서 깜짝 놀랐던 것이다. 이는 나의 적성에 확신을 갖게 해준 사건이 되었다. 물론 공간추리력이 건축 일의 필수조건은 아니다. 건축 업무에는 수많은 종류가 있으므로 공간추리력 없이 할 수 있는 일도 무척 많다. 다만 공간추리력이 있으면 건축 공부하는 게 훨씬 쉽고 재미있는 것은 사실이다.

'O, ×, △' 체크리스트

셋째 단계. 망설이고 체크하고 재점검하며 결단하기까지 2년이 걸렸다. 건축과를 염두에 두고 이과를 선택하긴 했지만 그 후 2년 동안 여러 심란한 과정을 겪은 것이다.

'체크리스트'도 수없이 만들어봤다. '내가 하고 싶은 것들, 해도 괜찮아 보이는 것들, 주위에서 권하는 것들, 절대 안 할 것들, 하고 싶지 않은 것들' 등 주욱 리스트로 만들고 'O, ×, △'를 쳐보는 체크리스트 말이다. 이런 체크리스트는 누구나 선택을 앞두고 만들어볼 필요가 있다. 복잡하게만 보이는 선택을 단순화해주는 효과가 있기 때문이다.

그 당시에도 무척 인기 높던 법대는 아예 내 리스트에 들어온 적이 없다. 〈페리 메이슨〉이라는 법정 드라마가 인기가 높아서 한때 끌린 적도 있지만 우리나라에 '배심원제'가 없다는 것을 알고 나서 실망해버렸다. 사실 지금 같으면 법학 공부에 매력을 느낄 법도 하다. 세상을 바꾸는 데 있어 법의 힘이 막강하다는 사실을 갈수록 깨닫고 있기 때문이다.

의대 가라는 권유는 많이 받았다. 심지어 외과의를 권하는 사람도 있었다. 의사가 무척 힘든 직업임에도 불구하고 안정적인 커리어로 보여서 그때나 지금이나 인기가 있는 것이다. 내 손으로 벌어서 먹고살기 좋은 직업임이 분명함에도 불구하고, 나는 의대에 대해서는 마음속으로 ×표를 쳤다. 그것도 '×××'였다. 하면 잘할 것 같기도 했지만, 나에게는 치명적인 약점이 있음을 스스로 알고 있었다. 즉, '아픈 사람을 보면 나까지 아파지는 것'이다. 평생 아픈 사람을 보며 마음 아프게 살고 싶지 않다는 이유로 나는 일찌감치 의대를 선택에서 제외했다.

수학 공부가 새삼 재미있어졌고, 한때 기하학에 빠졌던 경험도 있어서 수학과를 생각해본 적이 있으나 내 실력이 그 정도에 이르지 못함을 진즉 깨달았거니와 숫자와 등식을 일생 들여다본다는 생각만으로도 골치가 아파왔다. 이른바 실험에 많은 시간을 투입해야 하는 것처럼 보이는 모든 학과들은 나에게 다 '×표'였다. 내가 실험실 체질이 아니라는 건 그때에도 막연하게나마 느끼고 있었던 것이다.

그래서인지 공학부에서는 거의 모든 학과들이 마음에 들지 않았다. 당시에 엄청나게 잘나가던 전자공학과는 꿈에도 생각해본 적이 없다. 유일하게 '산업공학과'를 고려해본 적은 있다. 산업과 경제·경영을 엮는다는 점에서 공학 계열에서는 건축과 외에 산업공학과가 유일하게 내 관심을 끌었다. 다른 공학 전공들이 기술 위주의 전문성이 강조되는 반면 산업공학과는 좀 더 인간적으로 보이는 면이 있었기 때문이다.

사실 나는 건축과가 공대에 속해 있는 것을 뒤늦게 알게 되었다. 사람들은 통상 '건축공학과'라 부르고 당연히 '공대'에 속해 있는 것으로 생각하나, 사실 이것은 일본식 대학 체제를 따른 것이다. 미국이나 유럽 대학에서는 건축학과가 도시계획과 함께 별도로 독립 체제를 이루고 있거나, 때로는 예술 분야에 속해 있기도 하다. 내가 다녔던 MIT는 독립대학 체제를 택하고 있다. 최근 우리 사회에서도 건축학과와 건축공학과를 구분하는 체제를 쓰기도 한다. 건축학과 공학은 긴밀한 관계가 있으나, 건축학은 공학보다 틀이 큰 분야인 것이다.

비록 이과에 적을 두었지만 인문계의 여러 학과들이 내 관심을 계속 끌었다. '정치학'을 마음에 둔 적은 한 번도 없었지만, '경제·경영학'은 가끔씩 고민했다. '경제적 독립에 합당하지 않나?' 하는 생각도 들었지만, 오빠가 공부하는 경영책들을 보며 흥미를 잃었다. 여러 '언어 계열'에 대해 생각해본 적도 있다. 언젠가 소설가가 되어보리라는 꿈을 꾸던 사춘기 시절이었다. 하지만 언어 공부를 해야 꼭 글을 쓰는 건 아니지 않은가?

인문 계열 중에서 '사회학과'와 '심리학과'는 오랫 동안 내 마음을 흔들었다. 사회학 관련 책들을 많이 읽기도 했고 나름대로 일찍이 남녀차별, 계층차별, 사회혁명, 민주주의, 평등, 정의 등의 주제를 의식하게 되었기 때문이다. 심리학에 대한 나의 관심은 '나는 누구인가'라는 자의식과 '사람에 대한 호기심'을 이어가는 주제 때문이었다. 하지만 한편으로 '그래서, 이 전공을 선택하면, 먹고는 살겠나?'라는 의문에 계속 시달렸다.

한편 나는 친구들과 미술학원에 다니면서 나름 창작에 대한 흥미를 일구고 있었는데, 그렇다고 미대에 가리라는 생각은 전혀 하지 않았다. 미술을 공부했던 언니의 행보를 옆에서 지켜보며 '순수 미술가들이 살아가는 법'을 간접적으로 맛보았던 것이다. 솔직히 말하자면 나는 '작품 전시'에 목숨을 걸어야(?) 하는 상황이 영 마땅치 않아 보였다. 다만 당시에 '응용미술'이라 불렸던, 이른바 '디자인'에 한때 끌렸던 것을 보면 나의 성향이 드러난다.

'○, ×, △' 체크리스트를 수없이 그린다고 해서 결정이 쉬워지는 것은 아니다. 확실한 ×는 '×××'처럼 분명해지지만, '○'에 대해서 '○○○'를 그릴 만큼 확신이 서기란 쉽지 않은 것이다. 내가 건축학과의 속성을 속속들이 알았던 것도 아니다. 요즘처럼 전공학과의 훈련 내용이 공개되고, 그 학과 출신 인물들의 활약상이 사회에 알려지고, 심지어 연봉까지도 알려지는 시대가 아니었는지라 더욱 막연할 수밖에 없었다. 주변에 진로를 터놓고 상담할, 이른바 '멘토'도 없어 더욱 답답한 형국이었다.

"여자가 무슨 공대냐 공대?"

드디어 마지막 결단의 단계가 왔다. 마지막 순간에는 도대체 어떻게 결단이 내려지는 걸까? 참 알기 어렵다. 결단의 바로 직전이 가장 심란하고 복잡하다. 고3 가을 무렵, 나는 드디어 '건축과 가겠다'는 말을 꺼냈다. 그런데 주변의 반응은 온통 '부정 일색'이었다.

학교 선생님들은 놀란 눈으로 보시면서 온갖 다른 옵션들을 들이미셨고, 아버지는 안절부절못하셨고, 오빠와 언니는 심란한 눈으로 쳐다봤다. 은근히 지원을 기대했던 한 교수 친척은 "여자가 무슨 공대냐 공대?"란 말로 내 가슴에 못을 박았고, 주변에서 던지는 "왜, 의대 좋잖아?"라는 말도 수없이 들었다.

도대체 왜 그렇게들 반대했을까? 공부하기 훨씬 더 어렵다 할 만한 의대에 대해서는 그렇게 너그러운데 말이다. 아마도 의대 과정에 이미 여성들이 많이 진출했기도 하려니와 명쾌한 커리어 성장과 사회적 보상이 안전해 보였기 때문이었을 것이다. "건축과 가겠다고 했지, 누가 공대 간다고 했나?" "의대 좋은 거 누가 모르나? 내가 안 가고 싶으니 문제지!" 나는 속으로 구시렁댔다.

　　그런데, 그렇게들 반대가 심해서 오히려 나는 결단했을
지도 모른다. 나 역시 속으로 '과연 건축과인가?' 하는 고민이
왜 없었겠는가. 그동안 고려해봤던 온갖 옵션들이 다시 생각났
고 주변 권유들에 마음이 흔들리지 않았다고 하면 거짓말일 것
이다. 그런데 어쩌면 찬성이 그렇게 하나도 없을까? 응원이 하
나도 없을까? 그래서 오히려 '한번 해보자'라고 결단하게 되었
는지도 모른다. 가끔 농담처럼 얘기하는데, '건축을 주로 남자
들이 한다니 어디 한번 해보자!'라는 오기가 작용했던 건지도
모른다. 죽자고 반대하는 사람들이 대부분 남자들이었기 때문
에 더 그런 마음이 들었던 걸까? 남들이 안 가는 길을 택하는
것은 나의 천성일지도 모르겠다.

선택의 기준만큼은 꿋꿋하게!

여하튼, 나는 정말 잘 모르고 건축을 택했다. 뒤에 얘기하겠지
만 '건축의 축복, 건축업의 저주' 같은 건축의 본질적 속성은 전
혀 몰랐다. 누구도, 어떤 책도 나에게 그런 속성을 알려주지 않
았다. 하지만 적어도 내가 왜 선택하는가에 대한 기준만큼은
확실했다. 남들이 좋다는 것, 커리어가 안전하고 확실하다고 하
는 것, 보상이 좋다는 것, 선망을 받는다는 것 같은 기준에 흔
들리지 않았다. 압박에 굴하지 않았고 유혹에 흔들리지 않았다.

　　내가 어떤 성격인가, 어떤 종류의 일에 마음이 끌리는

가, 왜 어떤 일에는 마음이 동하고 왜 어떤 일에는 마음이 동하지 않는지 내 속을 찬찬히 들여다봤다. 그런 과정을 거쳐 선택을 하였기에, 적어도 나의 선택에 대해 분명한 책임감을 가질 수 있었다. 내가 선택했으니 내가 감당해야 했다. 주사위는 던져졌다.

'무엇을 선택하는가' 이상으로 중요한 것은 '왜 선택하는가'이다.

세상은 '무엇을 선택해야 좋다'고 가지가지로 유혹할 것이다.

그러나 '나의 기준'으로 '내'가 하는 것이 '선택'이다!

04

'학벌'은
족쇄가
된다

삶의 시나리오를 써보라!

내가 '비밀'로 지녔던 한 가지 사실을 여기서 밝혀보련다. 사실, 비밀은 아니다. 밝힐 기회가 별로 없었고, 굳이 밝히기도 조금 뭣한 사실이다. 그러나 선택에 대하여 큰 고민을 안고 있을 독자들에게는 도움이 되는 이야기일 것이다.

건축과를 최종 선택하게 된 것은 앞에서 설명한 대로고, 한 걸음 더 나아가 "어떻게 서울공대 응시할 생각을 했냐? 어떻게 붙었냐?"라는 질문을 하는 사람들도 적잖이 있다. 마치 내가 엄청나게 성적 좋고 자신감이 가득한 사람인 것처럼, 심지어 '천재'로까지 몰아가려는 분위기의 질문이다. 이런 질문을 받으면 나는 참 어색해진다. 전혀 그런 것이 아니었기 때문이다. 합격할 자신은커녕 내 실력이 얼마나 되는지도 잘 몰랐다. 게다가 마음속으로는 떨어지면 가고 싶은 대학도 미리 정해놓았다. 다른 옵션을 미리 생각해둔 것이다.

1차 떨어지면 2차 갈 시나리오

내가 대학 들어갈 시절에는 요즘과 달리 단 한 대학, 단 한 학과만 응시할 수 있었고, 대학 입시가 전기와 후기로 나뉘어 있었다. 1차, 2차라 불리기도 했는데, 전기 입시 낙방자들이 후기 대학에 응시하는 시스템이었다. 지금과 비교하면 위험부담율이 무척 높았다. 수시 입학이 있던 것도 아니고, 수능 성적이나 학교 성적이 반영되는 것도 아니고, 딱 한 번의 시험으로 합격·불합격이 결정되니 잔혹하기까지 했다.

건축과를 가겠다는 마음속 선택은 했지만 확신은 없었다. 1년 동안 공부만 하리라는 결단을 독하게 지켜서 나 자신을 기특하게 여기게 되었지만 자신감과는 거리가 멀었다. 학교 성적은 나름 올랐지만, 나의 성적을 객관적으로 검증할 기준은 전무했다. 그 어렵다는 의대나 법대에 대해서는 선례들이 꽤 있어서 선생님들도 어느 정도 확신을 갖고 조언을 하셨지만, 건축과가 속한 공대에 대해서는 여자고등학교에 선례 자체가 없던 시절이었다. 그런데 무슨 배짱으로 서울공대에 지원을 했을까?

나는 속으로 시나리오를 하나 써놨다. "서울대 건축과 떨어지면 2차로 홍익대 건축과 가리라!" 당시 후기 대학에는 한양대, 경희대, 성균관대, 홍익대 등 좋은 옵션들이 많았고, 홍익대 건축과의 명성은 썩 괜찮았다. 이것도 홍대를 다녔던 언니로부터 간접적으로 들었던 정보였지만 말이다. 선생님들이 서울대가 쉽지 않으니 다른 대학들을 고려해보라는 말씀도 하셨는데도 나는 '오기'를 부렸던 셈이다. "글쎄, 떨어지려면 서울대 떨어지고 후기 대학 가는 게 차라리 낫지 않을까? 건축과는 홍익대가 괜찮다던데……" 하는 심리도 작용했다. 게다가 오빠가 서울대를 두 번 낙방했던 우리 집안의 한도 있으니, "한번 해보지 뭐!" 같은 심리도 작용했음을 부인할 수 없다.

지금은 공대가 인기 없지만 당시는 상당한 인기를 누렸고 입시 커트라인도 높았다. 건축학과는 그나마 공대의 다른 학과들보다 경쟁률과 커트라인이 낮은 편이어서 '혹시나?' 싶기도 하였다. 그런데 지금 와서야 '자랑짓'을 해보자면, 내가 입학했을 때 건축과의 커트라인이 모든 학과들 중에서 가장 높았다. 서울공대 역사상 처음이자 마지막이었던 이 기록 덕분에 내 동기생들의 프라이드가 높았을 뿐 아니라 나의 인기도 덩달아 올랐다.

우리 엄마가 더 대단했다

이 과정에서 우리 엄마의 에피소드를 하나 이야기해야겠다. 우리 엄마 참 대단했다. 입시원서를 딱 한 곳에만 넣을 수 있는데, 엄마는 도대체 뭘 믿고 서울공대 건축학과에 입시원서를 넣고 온 것일까? 나는 속으로 떨어질 시나리오라도 하나 써봤지만 엄마는 그것도 몰랐는데 말이다.

　엄마가 입시원서를 넣고 돌아왔을 때의 장면이 기억난다. 아버지는 노발대발하셔서 "가서 원서 찾아와!" 하면서 서류를 내던지셨다. 아버지는 그나마 기대주인 딸이 혹시 낙방할까 봐 노심초사하셨던 것일 게다. 엄마가 땅바닥에 떨어진 서류를 주섬주섬 주우면서 혼잣말을 하셨다. "지가 하겠다는데……" 도대체 엄마는 뭘 믿고 그리 용감했던 걸까? 나도 나를 전혀 믿지 못할 때였는데 말이다.

　그렇게 용감했던 엄마를 실망시키지 않으려고 나는 더 열심히 시험을 봤는지도 모른다. 발표를 기다리며 엄마는 나보다 훨씬 더 안절부절못하셨다. 그리고 온 합격 통지. 엄마가 어찌나 펑펑 울던지, 평소에 남 앞에서 눈물을 안 보이려 애쓰는 나까지도 눈물이 절로 나서 엄마와 부둥켜안고 기쁨의 눈물을 흘렸다. 우리는 '동지'였던 것이다.

　엄마는 평생 그러셨다. 언제나 나를 믿어주셨다. 내가 선택하는 것이라면, 아무리 힘든 선택도 믿어주셨다. 임신으로 배불뚝이가 되어 일하러 다닐 때에도, 유학 간다고 할 때에도, 안전한 삶 대신 창업을 하겠다고 나설 때에도. "지가 알아서 하는 건데, 지가 하고 싶어서 하는 건데, 지가 하겠다고 하는데, 뭐……" 하시면서 말이다. 우리 엄마, 정말 '건투!'다. 나는 엄마를 깊이 닮고 싶다.

인생은 달라졌을까?

가끔 생각해본다. 내 마음속 시나리오대로 서울대 떨어지고 홍익대를 다녔더라면 어떠했을까? 내가 걸어온 길에 변화가 있었을까? 내 인생은 달라졌을까?

역사에 '만약'이라는 가정법이 없다고 하듯, 인생에 있어서도 '만약'이란 말은 사실 소용이 없다. 절대 돌이킬 수 없으니 말이다. 영화를 찍듯 시나리오를 바꿔서 다시 한 번 찍어보면 얼마나 흥미로울까? 다시 찍더라도 선택의 고민은 똑같이 힘들겠지만 말이다. 이런 질문은 '유전 요인이 우선이냐, 환경 요인이 우선이냐?' 묻는 것과도 같다. 실제로는 유전과 환경이 섞이고, 운명과 우연이 섞이고, 무엇보다도 자신의 선택에 의해 크게 좌우되는 것이 인생일 것이다.

서울대를 다녔던 데에 대한 아쉬운 점이 있기에 이런 상상도 해보는 것일 게다. 만약 홍익대를 다녔더라면 나는 대학 생활을 훨씬 더 즐겼을까? 보수적인 서울대보다 자유분방한 홍익대 분위기가 부러웠던 것도 있다. 디자인 건축가로서 더 매진하게 되지 않았을까? 디자인 학풍이 강한 홍익대를 다녔더라면 나의 디자인 본능이 훨씬 더 강하게 나타나지 않았을까 하는 상상이 드는 것이다. 나는 덜 외로워하지 않았을까? 서울대의 경쟁적이고 모래알 같은 분위기에 대한 아쉬움과 함께 서로 나누고 격려해주는 공동체에 대한 부러움이 들 때가 있다.

'학벌'이라는 족쇄

"그런데, 서울대 나와서 결국 좋기는 좋지 않았나?" 이런 질문을 많이 받는다. 약간 다른 뉘앙스의 질문도 있다. "서울대 나와서 좋기는 좋았나?" 그 속에 있는 의미는 다중적이다. 여하튼 학벌의 도움을 받지 않았느냐는 의문도 있고, 결국 너도 그 서클의 한 사람이니 엘리트적인 한계가 있지 않느냐 하는 시각도 섞여 있다. 나는 솔직하게 독자들에게 얘기하고 싶다. 좋은 점? 물론 있다. 그러나 나쁜 점 역시 많다.

좋은 점이라면? 첫째는, '인정 효과'다. '실력 있다, 머리 좋다'고 여겨주는 것이다. 그 선입견을 은근히 즐길 수도 있다. 이른바 명문 학교를 나오면 일단 접어주고 보는, 우리 사회의 학벌 중시 관행이다. 요즘은 이력서에 출신 학교를 기입하지 못하게 하는 등 이런 관행이 깨져가고 있지만, 현실은 현실이다.

둘째, '동기부여 효과'가 크다. 학교 교육에서 실질적으로 무엇을 얻었다는 것보다도, 그 명성에 누가 되지 않기 위해서 또한 자신의 명예를 위해서도 자신을 드라이브 하게 된다. 많은 동문들이 "학교에선 별로 배운 게 없어, 하지만 서울대 나왔으니 주변 시선도 그렇고 잘해야 한다는 생각이 들더라고!"라고 토로한다.

셋째, 많이들 지적되는 '학연 네트워크 효과'에 대해서는 'O'와 'X'를 동시에 쳐야겠다. 수많은 동문들이 사회 곳곳에서 일하고 있고 더욱이 사회 상층부에 포진하고 있으니 네트워킹의 기반이 넓고 또 깊다. 그러나 꼭 그렇기만 한 것도 아니다. 서울대 동문들은 모래알 같이 잘 뭉치지 못한다는 지적도 있고, 대놓고 자기 동문이라고 밀어주거나 끌어주지 않는다고도 한다. 그만큼 까다롭고 까탈스럽다는 뜻이다.

그래서 나쁜 점도 충분히 지적할 수 있다. 거꾸로 가면서 지적해보자.

첫째, '학연 효과'에 대해서라면, 적어도 여성인 나에게, 남성 네트워크가 무척 강한 건축도시 분야에서 일하는 나에게, 서울대 출신이란 것이 별로 도움이 된 적이 없다. 전혀 도움이 되지 않았다고 하면 거짓말이겠지만, 나의 성향상 또한 이 분야의 특성상 그러했다는 것이다. 이른바 '업계'에는 서울대 아닌 다른 학연 네트워크가 훨씬 더 강한 분야가 도시건축 분야이기도 하다.

둘째, '동기부여 효과'는 알다시피 양날의 칼이다. 남들의 시선을 의식한다는 것이 강력한 동기부여도 되지만, 그만큼 학벌 때문에 받는 중압감도 커지는 것이다. 우월의식이 자칫 왜곡된 특권의식이 될 수도 있고 또 자칫 비뚤어진 열등의식이나 차별의식을 낳을 수도 있다. "왜 내가 이런 일을 해야 해?"라는 사치스러운 생각을 가질 수 있는 것이다. 서울대 출신들이 현장의 업계보다도 관계, 정계, 학계, 연구계에 많이 진출하는 것도 이런 성향의 일단이 표출된 현상일 것이다.

셋째, '인정 효과' 역시 양날의 칼이다. 남들의 인정을 미리부터 받으면 더 잘해야겠다는 의욕도 커지지만, 자칫 대접받는 데에 익숙해지는 위험도 간과할 수 없다. 가장 큰 문제는, 밑바닥부터 치열하게 자신을 쌓는 철저한 현실 감각과 현장 의식이 부족하게 될 위험도 있는 것이다.

결론적으로, 좋은 학벌이란 '족쇄'가 될 수 있다. 새로운 성장과 혁신을 하려면 자신의 틀을 깨고 도전하는 성향이 필요한데, 그런 결기를 억지하는 족쇄가 될 수 있는 것이다. 특히 체면과 외형을 중시하는 우리 사회에서는 학벌이 더욱 좋지 않은 족쇄로 작용할 수 있다. 한번은 서울대 동창회에서 원고를 요청해서 이런 생각을 써서 보낸 적이 있다. 나는 현실을 솔직하게 지적했을 뿐인데, 최종적으로 깨끗하게 삭제 편집되어 나와서 씁쓸해했던 적이 있다. 현실을 솔직하게 직시하는 용기가 필요하다. 현실은 현실이고, 현실에는 언제나 빛과 그림자가 교차하는 것이다.

나는 "서울대 나온 사람 같지 않다"는 평을 곧잘 듣는데, 이 말을 들으면 기분이 좋아진다. 그런가 하면 나는 가끔 "경기여고 나온 사람 같다"는 평을 듣곤 하는데, 이때는 기분이 좀 묘해진다. 그래서 "이화여고에는 다양한 사람들이 있답니다" 하며 웃으며 넘긴다. 나는 이화여고에서 크고 깊고 좋은 영향을 받았다는 자부심을 갖고 있기 때문이다.

삶의 옵션은 무한하다

여하튼 학벌이라는 꼬리표는 우리 사회에서 참으로 골치 아픈 문제 중 하나다. 일하다 보면 많은 종류의 사람들을 만나게 되는데, 상당한 사회적 성공을 거둔 사람들도 여전히 깊은 학벌 콤플렉스를 가지고 있는 것을 보면서 충격을 받기도 한다. 학벌 차별을 없앤다는 공적 스탠스에도 불구하고 경쟁이 심화되는 요즘 사회에서 외려 학벌 콤플렉스가 심해지는 현상을 목격하면 애석하기 짝이 없다. 어떻게 하면 전체적인 공부 수준을 올릴 수 있을까? 학교의 특성은 있어도 학교의 차별은 없앨 수 있을까? 학교 성적이 사회의 퍼포먼스를 보장하는 것이 아니라는 상식을 보편화시킬 수 있을까?

내가 만약 당시에 서울대를 떨어졌더라면, 내가 가고 싶던 다른 대학에 입학했더라면 어땠을까? 모르긴 몰라도 내 인생의 전개가 달라지기는 했을 것이다. 그런데 그것은 좋거나 나쁜 것이 아니라, 다른 형태였을 뿐이라고 나는 생각한다. 내가 서울대에 합격한 것은 내 인생에서 어쩌다 일어난 사건일 뿐이다.

어떤 젊은이들은 어느 시험 상황에 승부를 걸면서, '이 시험에 성공하지 않으면 도저히 살아갈 수 없다'고 생각할지도 모른다. 그런 강박관념을 버리자. 대신에 옵션을 넓히자. 다른 옵션을 생각하는 것이 용감하지 못하고 비겁하다고? 그렇지만 사람은 근본적으로 겁이 많고 때로는 비겁하기조차 한 존재다.

자신의 겁 많음을 솔직히 인정한다면 삶의 옵션은 무한하게 펼쳐질 수 있다. 문 하나가 닫히면 또 다른 문이 수없이 열린다.

하나의 문이 닫히면 다른 문이 열린다.

하나의 길이 끊기면 또 다른 길을 걸을 수 있다.

인생에는 무한한 옵션이 있다.

05

꼭 해야
한다면,
할 수 있다

"여자화장실 없어? 같이 쓰면 되잖아!"

나의 대학 시절은, 한마디로, 우울했다. 몇 마디로 묘사하면 다음과 같다. "그렇게 독하게 공부해서 서울공대에 들어갔건만, 학교는 절반이 닫혀 있었다. 대학을 봉쇄하는 위수령, 계엄령이 떨어지던 유신 전후의 엄혹했던 박정희 대통령 시절이다. 공대는 사회의 흐름에서 저 멀리 상계동에 떨어져 있어 더욱 적막강산 같았다. 공부라는 측면에서는 재앙이었다. 학교 공부에 재미를 붙일 여지 자체가 없었다. 대신 연애하고, 그룹을 만들어 놀고, 여행 다니고, 거리 쏘다니다가 미니스커트 걸리고, 데이트하는 중에 남자친구 머리도 싹둑 잘리고, 책과 영화와 음악에 위안을 삼으며 '무늬만 대학생 놀이'를 했다. 그렇게 공부 안하고도 졸업한다는 것이 믿기지 않을 정도였다."

그 와중에 나는 전혀 다른 종류의 공부를 했다. '남자 천지에서 살아가는 법'이라고 할까? 혹은 '세상의 온갖 시선에 괘념치 않는 법'이라고 할까? 나는 대학 들어갈 때까지만 해도 대체로 여성들의 세계에서 살았다. 1남 6녀의 딸부잣집이었고, 여자 중·고등학교를 다녔으니 '남성'이란 추상적인 존재에 다름 아니었다. 그러던 내가 갑자기 99.9%가 실체적으로 남성인 세계에 떨어졌으니, 그야말로 경천동지할 변화였다. 그런 상황에서 어떤 생존 방식을 택해야 할지 아주 흥미로운 과제가 아니었겠는가?

처음으로 미니스커트 유행이 전국을 휩쓸던 시절이었다. 짧디 짧은 미니스커트를 입고 수백 수천 명의 남자들 앞에 홀로 나서면, 그야말로 '캠퍼스를 휘젓는다'는 말 그대로였다. 남학생들만 있는 교실에 들어서면 일제히 쏟아지는 시선들, 교수님들로부터 받는 '레이디 대접'은 일상이 되어버렸다. 흥미롭고도 당혹스러운 에피소드들이 매일매일 쏟아졌다.

내가 만든 전설

이 시절에 내가 만든 '전설'이라는 게 있다. 서울공대에 전해진다는 전설이다. 지금도 후배들을 만나면 이 이야기에 대해 듣곤 한다.

나의 대학 시절엔 지금의 관악 캠퍼스가 아니라 단과대학이 여러 군데 나뉘어져 있었는데, 나는 상계동에 있는 서울공대 캠퍼스에 다녔다. 지금은 완전 천지개벽했지만, 당시의 상계동은 배밭이 한없이 펼쳐져 있던 허허 벌판 동네였다. 서울 공대는 일제강점기 시절에 지은 공고 건물들을 그대로 쓰고 있었다. 마포에 살던 나는 청량리역까지 버스를 타고 가서 통학버스로 갈아타고 또 타달타달 30분을 타고 가야 했다. 학교 앞에는 대학촌은커녕 식당 몇 개에 당구장 한둘에 커피숍 하나 달랑 있을 뿐이었다.

전 교양과정부 학생들이 이 캠퍼스를 다녀서 1학년 시절은 그나마 활기찼는데, 2학년 전공과정이 시작되어 본격적으로 공대 건물로 들어가자 상황은 완전히 달라졌다. 건물은 재색이고, 교실은 휑뎅그렁했으며, 겨울엔 지독스레 추웠다. 그나마 교정에는 잔디밭과 큰 나무들이 무성했는데, 그 잔디밭 위에는 항상 '시커먼' 남학생들이 네다섯 명씩 둘러앉아 당시 유행하던 카드게임, '기루다'브리지'를 변형시킨 카드놀이'를 하고 있었다. 방에 틀어박혀 홀로 게임하는 것보다는 건강하다고 해야 할까? 머리를 쓰게 만드는 카드게임을 하니 다행이라고 해야 할까? 나에게는 상당한 문화적 충격이었다. 아, 남자아이들은 이렇게 아무렇지도 않게 노천에서 게임을 하는구나!

그런데, 가장 황당한 일은 따로 있었다. 건축과 건물에 여자 화장실이 없던 것이었다. 어째서 여자 화장실을 안 만들었을까? 그 건물에는 여러 학과들이 모여 있고 과사무실 여직원들도 꽤 있었는데 말이다. 인근 건물에는 여자 교수가 한 분 계셔서 여자 화장실이 있다는데 너무 멀었고, 여학생들이 많은 교양과정부 건물은 더 멀었고, 학교 앞에 단 하나 있는 커피숍은 더더욱 멀었다.

나중에 들어보니, 당시 여학생들이 가장 곤혹스러웠던 문제로 이 상황을 꼽곤 했다. 한 후배는 매일 참고 참다가 방광에 문제가 생겨서 고생했다고 후일담을 들려주기까지 했다. 그런데, 나는? 나는 그냥 그 건물에 있는 화장실을 썼다. 내가 서울공대에 남겼다는 이른바 전설은, '남자 화장실을 같이 쓰더라!'라는 사실이었다. 한 후배는 그 장면을 보고 나를 '진짜로' 존경하게 되었다고 고백을 해서 무척 웃은 적이 있다.

지금도 후배들은 호기심에 차서 묻는다. 어떻게 그렇게 했느냐고? 뭐, 내가 특별히 담대했기 때문은 아니다. 나는 필요에 의해서 했을 뿐이다. 건축학과는 스튜디오 작업 때문에 학교에서 긴 시간을 보낼 때가 많다. 그런데 하루에 몇 번씩 다른 건물로 화장실 원정을 갈 수는 없지 않은가? 물론 나는 교수 화장실도 자주 들락거렸다. 냄새나고 더럽고 관리라곤 전혀 안 되는 학생 화장실보다는 훨씬 더 깨끗했기 때문이다. 물론 교수님들과 마주치는 당혹스러운 순간들이 적잖았지만 말이다. 나와 마주쳤던 교수님들은 나를 괘씸하게 생각하셨을까? '교수 화장실'이라고만 붙어 있지, 남녀를 구분하지 않았다는 것도 흥미로운 관찰이었다.

필요는 용기의 어머니다. 절실히 필요해지면 절박해지고, 절박해지면 용기가 자연스럽게 우러나온다. "여자 화장실 없어? 그럼 같이 쓰면 되잖아!" 이런 용기 있는(?) 태도는 그저 나의 절박한 생존술이었던 것이다.

"여자 화장실 만들어주세요!" 했어야 했는데

그런데, 왜 "여자 화장실 만들어주세요!"라고 적극적으로 요구하지 못했을까? 충분히 요구할 만한 것인데 말이다. 나는 왜 후배 여학생들의 처지를 좀 더 들여다보지 못했을까? 나도 분명 불편했는데, 왜 말을 하지 않았을까? 여학생들과 함께 공동전선을 펼 생각을 왜 못했을까? 더구나 여학생 중에서는 내가 가장 위의 선배이므로 적극 나서야 했는데 말이다.

나는 이 태도를 무척 반성하고 있다. 나의 생존술은 나를 위해서는 역할을 했지만, 왜 좀 더 '우리'를 위해 적극적으로 나서지 않았을까 하는 반성이다. 나 자신을 위한 변화 역시 함께 만들어야 하는 것이다. 우리를 위한 변화를 만들 때 나를 위한 변화도 따라온다. 이것은 더욱 더 큰 용기가 필요한 것임을, 나중에야 깨달았다.

지금은 공대에 여학생들이 무척 늘었다. 여학생들이 가장 많은 건축학과 외에도 거의 모든 학과에 여학생들이 고루 포진해 있다. 그렇게 여학생이 귀하던 서울공대에도 5년 전에 드디어 졸업생 1,000호가 나왔다. 무려 반세기가 걸린 셈이다. 그때 조사를 해보니, 여학생들이 가장 듣기 싫었던 말이, "공대엔 왜 왔니?"라는 말이더란다. 나도 무척 자주 들었다. 입시 준비할 때 그렇게 듣기 싫었던 "여자가 무슨 공대냐 공대?"의 다른 버전이다.

　　후학들로부터 질문을 자주 받는다. 공대 여학생들의 진로에 관한 고민과 늘어난 여학생들 간의 활동 역학에 관련된 것들이다. 이런 질문들을 받을 때마다 심란해진다. 어쩌면 이렇게 변화란 어려운 것인가? 여성의 사회활동에 대한 금기가 사회 곳곳에서 깨지고 있지만, 여전히 눈에 안 보이는 금기 의식은 엄연하다. 관습과 관행과 의식은 변화하는 데 시간이 오래 걸리는 것이다.

"If you have to do it, you can do it!"

남자들의 세상에서 어떻게 살아남을 것인가, 세상의 온갖 시선 속에서 자신을 어떻게 지킬 것인가 하는 것은 이 시대 여성이 겪는 이중적인 부담이다. 열심히 공부해서 실력을 갖추고 열심히 일하기만도 바쁜데 이런 부담까지도 져야 하는 것이다. 여성의 지위가 예전보다 일취월장 나아졌다고? 사실이다. 그러나 아직도 멀었다.

　　그런데 이런 상황은 이른바 남녀평등이 상식화된 선진 사회에서도 그리 다르지 않다. 미국의 한 대학에 강연을 간 적이 있는데, 뒤풀이에서 한 여학생이 이런 고민에 대해서 질문을 하는 것이었다. 나는 속으로 깜짝 놀랐다. 아니 양성평등이 확실하고 각종 서비스도 갖춰진 미국이라는 환경에서도 여전히 이런 고민을 하나? 그때 내가 했던 간단한 영어 답변은 내가 생각해도 아주 정확한 표현이라 소개해본다.

> If you want to do it, you have to do it.
> If you have to do it, you can do it.
> 진정 원한다면, 꼭 해야 한다.
> 꼭 해야 한다면, 할 수 있다.

우리는 수시로 용기를 가지라는 말을 듣는다. 용기는 특별한 사람만이 부릴 수 있는 것이 결코 아니다. 절박한 사람이 절박할 때 우러나는 것이 용기이다. 필요는 용기의 어머니인 것이다. 진정 필요하다고 느낀다면 우리는 용기를 낼 수 있다. 우리가 아직 필요한 그 일을 못하고 있는 것이라면, 아직 안 하고 있는 것일지도 모른다. 아직 그만큼 절실하지 않고 절박하지 않기 때문일지도 모른다.

> 필요는 용기의 어머니이다.
> If you really want it, you have to do it.
> If you have to do it, you can do it.

06

공부하고
싶은 때는
온다

뼈저리게 모자람을 느낄 때

우리 사회는 참 기를 잘 꺾는다. 요즘엔 아이들의 기를 살려준다고? 하지만 근본적으로 달라진 것 같지는 않다. 어린이들에 대해서는 때로 지나친 과잉보호까지 보이지만, 독립을 갈구하는 청년들에 대한 진정한 격려는 상대적으로 부족하다.

베스트셀러 책 제목처럼 '칭찬은 고래도 춤추게' 하련만, 내 어릴 적에는 칭찬받은 기억보다는 마음의 상처를 받은 기억들이 더 많다. 그나마 어릴 적에는 여유를 부려봤다. '나도 어른이 되면, 나도 칼을 갈고닦다 보면, 내 손으로 벌어서 먹고살게 되면, 드디어 나도 홀로서기를 한다면!' 하고 말이다. 그리고 당연히 대학을 졸업하면 어른이 되는 것이고, 이제 어른답게 살 수 있을 거라고 여겼다. 취직하고, 일 재미나게 배우고, 신나게 돈 벌기까지야 못하더라도 입에 풀칠하고 최소한의 자존심을 지킬 정도는 당연히 될 것으로 여겼던 것이다. 얼마나 순진했던가. 졸업했던 해에는 오일쇼크 때문에 경기가 바닥이었고 번듯한 직장 구하기는 하늘의 별 따기였다. 학교 밖에는 쌩쌩 시베리아가 기다리고 있던 것이다.

덫에 걸린 듯, 나그네 같던, 막막했던 시절

대학 졸업하고 유학 떠날 때까지 5년여 동안은 좌충우돌 닥치는 대로 시도해봤던 시절이었다. '88만원 세대'라 불리는 요즘 청년들의 딱한 처지, 마치 덫에 걸린 듯한 심경을 나는 어느 정도 심정적으로 이해한다.

　이른바 비정규직, 인턴직을 여기저기 다녔다. 그 시절엔 이런 말조차 없을 때였다. 자리가 있으면 다니는 거고, 선배가 일감을 마련했으면 도와드리는 거였다. 설계사무소에서 일하며 캐드도 없던 시절에 '팔 덮개'를 차고 열심히 제도를 배우고 현장을 배웠다. 초년병에게도 집 설계 과제가 주어지던 시절이라 설계부터 완공까지 집짓기를 하며 신기해했다. '도제적 관습'이 강한 건축 분야에 야근과 밤샘도 적지 않았지만 불만은커녕이었다. 만 5년 동안 7개의 직장을 다녔는데, 번듯한 조직보다는 TF 같은 임시조직이 더 많았다. 나중에 돌아보니 정신없이 돌아가던 TF 조직에서 더 많은 것을 배우기는 하였다.

　일하다가 대학원에도 진학해봤다. 공부를 더 한다는 생각은 해보지조차 않았는데, 돌아보니 졸업 동기 절반은 건설회사나 설계회사에 갔고 절반가량은 대학원에 진학해 있었다. 당시에도 대학원은 일종의 피난처 역할을 했던 것이다. 적어도 대학원 시절에는 학교를 닫아버리는 비상시국까지는 아니어서 대학 때 전혀 몰랐던 공부의 맛을 조금 볼 수 있었고, 학우들과 우애도 쌓을 수 있었다. 당시의 대학원은 학술 연구나 정책 연구보다는 교수 프로젝트 위주로 돌아가는 '반 학교, 반 연구소, 반 설계회사' 같은 분위기였다.

이 시대를 묘사하자면 '덫에 걸린 듯, 나그네인 듯하던 시절'이다. 멘토는커녕 이른바 '패트론patron, 후원자', 의식이 강한 선배들이 대부분이었고, 사회 곳곳에서 여성에 대한 '적대적 차별'과 '호의적 차별'이 당연하게 일어났고, 동년배 사이의 '피어 멘토링peer mentoring, 동료 멘토링'조차도 기대하기 힘든 시절이었다. 요즈음 '이력서 쓰기, 직장 구하기' 등 활동을 하기 위하여 자발적으로 모여서 선배 욕, 회사 욕, 동료 욕, 자신의 능력 비판, 프레젠테이션 회의 등을 하며 피어 멘토링을 하는 젊은 세대들을 보면 참으로 현명하다 싶다. 일자리 구하기는 지난하고 어디 기댈 데는 없고 해서 생긴 풍습이지만, 이런 자구책이라도 궁리할 수 있다는 게 어디인가?

일하는 여성에 대한 우리 사회의 적대적 차별과 호의적 차별은 지독하게도 뿌리가 깊다. 직장도 겨우 얻었으련만, 수시로 "뭘 더 일해?" "머리 좋은 거 증명했으면 됐잖아?" "너에겐 결혼이라는 탈출구가 있잖아!" 같은 멘트들을 지겹도록 들었다. 적대적 차별은 차라리 머리 빳빳이 들고 대응하기라도 쉽다. 위해준다는 핑계로 필수적으로 거쳐야 할 프로 수업 기회를 제대로 주지 않는 것, 커리어를 쌓으려면 꼭 해야 할 어렵고 피곤한 일들이나 전형적으로 돈과 조직과 네트워크에 관련된 업무에서 소외시키는 것 등, 이른바 '호의적 차별'은 더욱 돌파하기 어려운 난관이다. 일하는 여성들이 적대적 차별에 대해서 민감하게 의식하고 대응하면서도, '호의적 차별'에 대해서는 의식을 못하거나 알면서도 은근히 즐기다가 자칫 안주해버리는 위험도 많은데, 바로 그러한 상황이었던 것이다.

박정희 정권의 '임시행정수도 마스터플랜 팀'

그래도 인생은 예측 못한 행로를 준비하고 있다. 또 다른 기회를 주려는 것이리라. 덫에 걸린 듯 막막하고 나그네처럼 마음잡기 어려웠던 나에게 새로운 기회가 왔다.

설계사무소에서 일하고 있던 나에게 갑자기 한 선배가 인터뷰하러 오라고 연락이 왔다. 당시 KIST 한국과학기술연구원 내에 '지역개발연구소'라는 TF 조직을 만들어서 박정희 정권 후반의 '임시행정수도 마스터플랜 수립' 프로젝트를 하고 있었다. 나는 난생 처음으로 '스카우트'라는 것을 당해본 셈인데, 그런 일이 일어나리라고는 꿈도 못 꿨던 시절이었다. '소셜믹스social mix, 다양한 계층이 모여 사는 동네 계획'에 대해서 논문을 썼던 경험과 교수님을 도와 각종 주거계획에 대한 참여를 했던 경력 덕분이었는지, 나는 잡 인터뷰를 거쳐서 이 일자리를 얻을 수 있었다.

불과 여섯 달 동안의 체험이다. 그런데 새로운 감이 왔다. 도시에 대해서 처음으로 눈을 떴다. '팀 작업'에 대해서 처음으로 눈을 떴다. 도시 만들기가 얼마나 복합적인지 알게 되었다. 정말 흥미로웠다. 정치·경제·행정·산업·교통·환경·주거·인구·사회·역사·인프라·문화예술·과학기술·안전·안보 등 고민할 것이 한두 가지가 아니었다. 당연히 무지개 팀이 구성되었고 그동안 접하지 못했던 다양한 분야의 전문가들이 팀 작업을 통해 안을 만들어가는 과정이 흥미진진했다.

알다시피 이 '임시행정수도' 프로젝트는 박정희 대통령 시해와 함께 종식되었다. 초짜 시절에 임시행정수도 계획에 참여했고, 30여 년 뒤에 참여정부에서 지역균형개발을 위한 행정중심복합도시세종시. 행복도시로 다시 태어났을 때 다시 프로젝트에 참여하였고, 이명박 정부하에서는 이를 취소시키려는 시도에 맞서 국회에서 일했으니, 나에겐 참으로 질긴 인연의 프로젝트라고 할까?

"공부를 해야겠구나!"

도시 구상 작업에 참여하면서 통상적인 건축의 틀을 넘어서 시야가 넓어졌을 뿐 아니라, 무엇보다도 팀 작업에 대해서 완전히 새로운 경험을 하게 되었다. 팀 작업은 건축 분야에서도 익숙한 방식이었지만, 도시에서는 훨씬 더 다양한 분야의 전문가들이 팀 작업을 하고 토론도 보다 근원적인 이슈를 중심으로 전개되었다. "왜 이 도시가 필요한가? 누가 살 것인가? 누가 일할 것인가? 왜 이 규모인가? 어떤 기능들이 들어와야 하는가? 어떤 방식으로 도시가 채워질 것인가?" 등 근본적인 의문을 하는 과정에서 엄청난 토론이 전개되어 흥미진진했다.

　　팀에는 유학파들이 꽤 많았는데, 그들의 내공이 만만치 않음을 알 수 있었다. 무엇보다 토론 자체를 꺼리지 않는 분위기였고, 언제나 프레젠테이션을 할 태세가 되어 있고, 자신의 주장을 다양한 논리로 전개하는 준비가 되어 있다는 것은 신선한 체험이었다. 한마디로 표현하자면, '기가 살아 있다'는 느낌이었다. 그리고 완전히 달라진 것은, 나에게도 "너의 기를 보여 달라!"는 기대가 있었다는 사실이었다. "네가 가진 생각, 네가 한 경험, 네가 바라는 것, 네가 평가하는 것, 네가 제안하는 것을 내놓으라!"는 것이다. 이 과정에서 내가 얼마나 부족한지, 경험이 얼마나 짧은지, 수업이 얼마나 모자란지 깨닫게 되었다.

　　"아, 한참 더 공부를 해야겠구나!" 생각이 퍼뜩 들었다. 그리고 아주 괜찮은 생각이라는 감이 왔다. 그래, 이제는 공부하고 싶다는 마음으로 공부하는 것도 괜찮겠는걸? 나에게 '유학'이라는 것을 진지하게 생각하게 된 시점이 온 것이다. 대학에 들어간 뒤 별로 공부를 더 하겠다는 생각을 해본 적이 없고 그저 빨리 홀로서기를 하겠다는 생각만 가득 차 있던 나에게 드디어 '공부하기'라는 것이 심각한 과제로 등장한 것이다.

인생 파트너와의 조용한 약속

독자들이 궁금해할 것 같아서 이쯤해서 나의 사적인 삶의 조건
을 잠깐 이야기해보련다. 사적 삶이란 공적 삶과 밀접한 관계
가 있다. 공부 인생에도 마찬가지로 작용한다.

　　나는 지금 기준으로는 꽤 일찍 결혼한 편이고 꽤 일찍
아이를 낳은 편이다. 대학 졸업 2년 후 결혼, 다시 2년 후 첫아
이를 낳았으니 말이다. '결혼 안 했을 것 같고 아이 없을 것 같
다'는 나에 대한 전형적인 오해와는 영 다르다. 내가 풍기는 '독
립 분위기' 때문에 생기는 오해임을 잘 알지만, 여자가 독립적
이면 결혼도 못하고 아이도 없을 거라는 편견도 깨져야 할 편
견이다.

　　인생 파트너의 존재란 참 중요하다. 우울했던 대학 시절
을 견뎠던 것도, 덫에 걸린 듯 방황했던 젊은 시절을 버틸 수
있던 것도 연애 덕분이었을 게다. 갑갑하고 답답하고 분통 터
지고 앞길이 막막할 때마다 서로 버팀목이 되었다. 오랜 연애
중에 일어나는 온갖 갈등과 다툼과 회의도 돌이켜보면 서로 탐
색하고 서로의 관계의 의미를 일깨워주는 인생의 양념이었다.

　　우리 둘에게는 '묵계' 같은 것이 있었다. 각자의 선택을
존중한다, 상대의 커리어를 존중한다. 도움은 못 될지언정 방
해가 되지는 말자 등, 젊은이들 간의 이른바 '쿨'한 약속이었다.

흥미로운 사실은 우리가 이런 말들을 입 밖에 내지 않았다는 것이다. 요즘 세대들처럼 연애의 조건, 결혼의 조건리스트를 또 록또록 만들지는 않았지만, 묵계의 힘은 컸다.

결혼이란 두 남녀 사이의 문제만은 아닌지라, 결혼 이후 발생한 온갖 갈등의 에피소드들은 책 한 권은 써야 할 정도로 구구절절하다. 두 가지 에피소드만 소개해보련다. 결혼을 앞두고 양가 상견례를 하고 돌아온 우리 아버지가 하셨던 말씀, "당신네 아들만 서울공대 나왔나? 우리 딸도 서울공대 나왔다!" 아들 자랑하는 사돈들이 못마땅하고, 딸 자랑 마음대로 못하는 답답함을 토로하는 우리 아버지 때문에 크게 웃었다. MIT 입학 허가서를 받았을 때 시아버님이 하셨던 말씀, "니 남편 게 먼저 왔으면 좋았을걸!" 나의 입학허가서가 1주일 먼저 온 것도 찜찜하게 생각하는 시댁 어른들, 참 무슨 말을 하랴?

일하는 과정에 만났던 수많은 남자들이 "김진애의 머리 좋음은 남편 고른 것에서 증명된다"는 말을 하곤 했다. 머리 좋음의 문제가 아니라 나의 가슴과 머리를 정직하게 따른 것일 뿐인데 말이다. 사랑과 신뢰란, 고르는 문제가 아니라 쌓아가는 문제다. 사랑과 신뢰에는 '노력'과 '성의'가 절대적으로 필요한 것이다.

공부에 대한 열정과 공부 방식에 대한 고민과 공부로부터의 깨달음을 인생의 파트너와 나눌 수 있다는 것은 복 받은 일이다. 우리 부부는 공부 분야도 다르고, 공부 방식도 다르고,

공부 스타일도 전혀 다르지만 '공부라는 주제를 공유하는 관계'라는 것만도 큰 복이다. 우울한 대학 시절, 초년병 시절의 계속되는 실망과 좌절, 온갖 우여곡절이 많던 유학 준비, 그리고 어떤 삶이 기다릴 것인가에 대한 설렘과 두려움을 안고 우리 둘은 드디어 MIT 유학길에 나섰다.

세상은 나의 기를 꺾으려만 드는 것 같다.

하지만, 기회는 온다.

"더 공부해야겠구나!" 뼈저리게 느끼는 때가 온다.

2

너의

믿음을

흔들어라!

■

공 부 생 태 계 론

01

MIT 유학
첫날의
유쾌한 충격

분위기 자체가 다르다?

MIT 첫날이었다. 맑고 화창한 8월이었다. 케임브리지는 벌써 선선하니 기분 좋았다. 학기는 9월에 시작하지만 일찍 도착한 김에 학교 구경을 하러 나섰다. 긴장과 기대, 설렘과 두려움 사이를 오가는 길이었다. 어찌 그렇지 않겠는가? 생전 처음 경험하는 외국 땅에, 영어는 안 들리고 안 나오고, 남들은 명문 대학에 유학 간다며 잔뜩 띄워줬지만 나는 해낼 수 있는지 감을 영 못 잡겠으니, 그저 부딪쳐보는 수밖에 없었다.

"그래, 어떤 것도 가능한 거야!"

MIT 캠퍼스는 길디길다. 폭이 100~200여 미터, 길이가 2킬로미터쯤 되는 기다란 타원형인데, 찰스 강에 바로 면해 있어서 어디서나 강변에 쉽게 다가갈 수 있다. 한가운데로 큰 도로가 지나가면서 캠퍼스를 반으로 자르고 있다. 동쪽에는 캠퍼스들이 들어서 있고, 서쪽에는 넓디넓은 잔디밭 운동장이 있고 기숙사와 대학원 기숙사들이 강을 따라 주르르 늘어서 있다.

내가 찾아가는 곳은 10-485라는 방이었다. 이 방이 도시설계Environmental Design, MIT에서는 환경설계란 말로 도시설계 분야를 아우른다 그룹이 모여 있는 곳이다. 그런데 그만 길을 잃고야 말았다. MIT 캠퍼스는 미로다. 학교가 확장되며 계속 덧대어 지어서 끝이 안 보이는 기다란 복도가 계속 이어진다. 마치 미로정원에 들어온 것처럼 한번 잘못 꺾으면 어디에 있는지, 어디로 가는지 길을 잃게 되는 구조이다.

여러 복도를 헤매고 헤매다 볼일을 보려고 한 화장실에 들어갔다. 그런데 글쎄, 남자 소변기들이 주르르 달려 있는 게 아닌가? '얼마나 긴장했으면 화장실도 제대로 못 찾아왔구나!' 하면서 나는 깜짝 놀라 뛰쳐나왔다. 그런데 사인을 확인해보니, 분명 '여자 화장실'로 표기되어 있는 것이었다. 다시 들어가 볼일을 보면서 혼자 웃었다. "음, MIT도 별 수 없구나, 남자 화장실을 개조하기도 전에 밖에는 여자 화장실이라고 붙여놓고 쓰니 말이야!" 나는 그 후에 이 화장실을 예의 관찰했는데, 실제 이 화장실이 진짜 여자 화장실로 리모델링되는 데에 1년 이상이 걸렸다.

드디어 10-485를 찾았다. 그런데 문 위에 떡하니 커다란 네온사인으로 '10-485'라고 룸 번호가 붙어 있는 것이었다.

나는 아주 유쾌해졌다. 학교 안에 네온사인이라, 진지하고 심각하고 무게 잡을 듯 여긴 내 선입견을 단번에 깨버리는 장면이었다. 뭔가 상식을 깨는 그 무언가가 벌어질 듯한 기대감이 부풀어 올랐다. 무슨 실수를 해도 괜찮고, 무슨 엉뚱한 짓을 해도 받아들여질 것 같은 마음의 여유가 생겼다.

10-485라는 방은 구조 자체가 아주 흥미롭다. 높이가 6미터, 2층 높이가 되는 크기만 엄청 큰, 그저 공간이다. 옛날식 건물에 대형 실험기구들을 들여놓고 썼던 공간이 우연히 건축과로 넘어왔던 모양이다. 골조는 튼튼하기 짝이 없지만 페인트칠로 대충 때운 거친 공간이다. 그런데 이 공간을 꾸민 모습이 아주 입체적이다. 공간 속에 아예 독립된 구조물을 세워 2층을 만들고 사이사이 사무실도 만들고 교수실도 만들고, 세미나 공간도 있고, 피쉬보울Fish Bowl, 어항이라 불리는 사방이 들여다보이는 워크숍 공간도 있고, 학생들 작업 공간도 있다. 모든 사람들이 한 공간에 모여 있다. 교수 방이래봤자 1.5평 정도고, 비서실 같은 것은 없고, 학생들과 교수들이 무슨 작업을 하고 있는지 훤히 보이고, 누가 드나드는지도 다 알게 되는, 그야말로 평등하고 자유롭고 개방적인 공간이었다. 내가 꿈엔들 그리랴 하는 분위기였다. 날아오를 것 같았다. "그래, 어떤 것도 가능한 거야!"

공부는 분위기로 한다

MIT 첫날의 유쾌한 충격은 나의 긴장감을 적잖이 풀어주었다.

적어도 분위기상 나는 진혀 꿀리지 않게 된 것이다. 첫날의 유쾌한 인상이 항상 유지된 것만은 아니고, 지내다 보니 처음엔 보이지 않던 구조적 문제도 보이고, 사람 사는 사회에서 생기는 갈등과 차별의 현실도 잘 알게 되었지만, 그래도 '기조 분위기'라는 게 있었다.

그런 분위기에서 공부하며 나에게도 변화가 생겼다. 무시당하는 느낌이 없어졌다. 조롱당하는 느낌, 모욕당하는 느낌도 없어졌다. 기대를 받는다는 느낌도 생겼다. "이거 해도 되나?" 자문하던 주저감이 줄어들었다. "이거 말해도 되나? 이런 거 물어봐도 되나?" 같은 자기검열도 사라졌다. 내가 여자라는 사실을 내 생애 처음으로 의식하지 않게 되었다. 이 모든 느낌을 뭉뚱그려 얘기하자면, 사람 대접받는다는 느낌, 같은 사람으로 대할 수 있고 내해질 수 있다는 느낌이었다. 서로의 차이는 있지만 가능성은 누구에게나 열려 있고 역할은 누구에게나 주어질 수 있다는 분위기였다.

새로 얻은 중요한 깨달음이 있다. '말해야 한다'는 것이다. 말하지 않으면 아는 것도 아는 게 아니며, 자신의 의견을 말해야 비로소 상대와 통할 수 있고, 말로 표현되어야 생각이 정제되고 발전되며, 말하는 행위 자체가 상대에 대한 존중이라는 분위기였다. 얼마나 큰 변화이랴. '말을 하면 상처만 커진다'는 생각 때문에 어릴 적에 아예 입을 닫고 답답해했고, 자라면서는 '말하면 다친다, 말조심해야 한다'는 압박 때문에 갑갑했던 '말의 족쇄'가 드디어 풀렸다.

왜 하필이면 남의 나라 말을 해야 하는 상황에서 소통의 족쇄가 풀렸는지, 돌아보면 너무 아쉽다. 익숙지 않은 영어로 말하기, 글쓰기가 얼마나 어려운가? 수많은 실수, 수많은 머뭇거림, 수많은 얼굴 빨개짐, 수많은 연습, 수많은 습작들이 이어졌다. 어떻게 보면, 익숙지 않은 언어였기에 더 많은 연습을 했던 것이 더 정제된 훈련이 되었는지도 모른다. 실제로 나의 말하기·글쓰기 훈련은 유학 시절에 본격화되었기 때문이다.

새로 생긴 의식도 있다. '내가 한국이라는 나라에서 왔구나' 하는 자의식이다. 내가 유학 갔던 시기는 5.18 광주민주화운동이 일어나고 불과 몇 달 후였다. 언론통제가 극심했던 시절에 풍문으로만 들었던 광주의 비극을 미국에 가서야 소상하게 알게 되었다. 심리적 충격도 엄청났으려니와 '코리아'가 세계에 어떻게 비치는지 의식하지 않으려야 않을 수 없었다. '내가 한국을 대표하는구나' 하는 의식은 저절로 따라온다. '한국 사람이라는 자의식'이 바람직하기만 한 것이냐는 또 다른 논쟁거리지만, 그러한 자의식이 생기는 자체는 자연스러운 심리일 것이다.

외롭고 험하지만, 타지살이의 이점이 이것이다. 완전히 다른 문화권에 떨어지면 내가 새삼 보인다. 내가 속했던 문화와의 차이가 속속들이 보인다. 처음엔 차이만 보이다가 점점 더 그 차이가 왜 생기는지 깊이 생각하게 된다. 나를 객관화할 수 있게 되고, 내가 속해 있는 곳의 문화까지도 객관화해서 볼 수 있게 된다. 눈이 넓어지고 귀가 커진다. 귀중한 경험이다. MIT에서 유학하고 있는 동안, 나는 그 전에 살던 27년을 돌아볼 수 있었고 27년 동안 우리 사회에서 내가 겪었던 여러 체험들을 새로운 맥락에 비추어 객관화해볼 수 있었던 것이다.

공부는 혼자서만 하는 것은 아니다.

공부에도 분위기가 필요하다.

공부, 분위기를 잡아라!

02
촘스키,
네그로폰테,
크루그먼

MIT는 공대만이 아니더라!

MIT에서 공부한 것을 행운이라고 생각하는 것은, 학교 분위기를 내가 전혀 모르고 갔기 때문에 더욱 그랬다. 유학 가기 전에는 나 역시 공학으로 유명한 학교 정도로 알고 있었을 뿐이고, 사실을 말하자면 순수 공학도인 남편이 꼭 공부하고 싶어 했던 학교였지만 나는 그럴 정도는 아니었다. 남편의 대학 시절 교수 한 분이 MIT 출신이었는데, 공부에 대한 눈을 뜨게 해주었다며 무척 고마워했던 적이 있다. 그런데 그 존경하던 교수님이 그만 마흔도 안 되어 돌아가셨다. 당시 펑펑 울었던 남편은 그래서 더욱 MIT 유학을 꿈꾸었던 모양이다.

나도 호기심은 있었다. 앞에서 얘기했던 '임시행정수도 마스터플랜 팀'에서 팀장의 퍼포먼스가 아주 인상적이었는데, MIT 출신이어서 나의 호기심을 자극했던 것이다. 유학을 준비하는 과정에서 부닥치는 온갖 우여곡절을 겪고 우리 부부는 입학허가서를 받아들였고, 같은 캠퍼스에서 무려 7년여 동안 '공부와 일과 삶'을 같이하는 흥미로운 시절을 보낼 수 있었다.

Suspend your belief!

우리 부부는 MIT에서 보낸 첫 1년을 우리 인생의 카메오라 부르곤 한다. 공부의 기쁨, 배움의 기쁨에 완벽하게 빠졌고, 공부하기 자체가 얼마나 근사한 것인지 깨닫게 된 것이다. 눈이 뜨였고 날개가 돋는 듯했고 머리가 부풀고 가슴이 설레었던 1년이었다.

재료공학도인 남편은 박사과정임에도 불구하고 대학 초년생이 듣는 '열역학'과 '기계적 성질'이라는 기초 과목들을 택해서 듣더니 마치 거듭 태어난 것처럼 감동을 토해냈다. 무엇보다도 '문제를 내는 방식'에 감탄하곤 했는데, 일상의 현상에서부터 출발한 문제를 내고 그를 풀어내는 접근 방식에 반하고 말았다.

나는 건축 석사과정에 '인식론epistemology'과 '미시경제학micro-economics'이 필수과목이라는 것에 적이 당황하였고, 뭔가 좀 다른 분위기가 펼쳐질 것임을 감지할 수 있었다. 고백하자면 나도 MIT의 공학 이미지에 대한 고정관념과 함께 건축학과의 수업이란 어떠해야 한다는 고정관념을 갖고 있었던 것이다. 그런데 건축학과에서 인류학 교수가 '디자인 방법론으로서의 인식론'을 가르치고 경제학 교수가 '건축도시학 기초로서의 경제학'을 가르친다?

'미시경제학'쯤이야 가볍게 돌파했다. 수학 공부를 지나칠 만큼 많이 했던 나는 방정식이든 통계든 쉽게 익혔고 학우들에게 미적분 푸는 법까지 가르쳐줄 정도였다. 그러면 그들은 '오, 코리안!' 하며 감탄했다. 그런데 계량적 분석은 잘해도 글로 써야 하는 정성적 분석에 막혀서 항상 고통스러웠다. 그런데 '인식론' 과목은 고통을 넘어 악몽이었다. 일단 영어가 제대로 들리지 않는 상황에서 철학·논리학·역사학·사회학·인류학·정치학을 넘나드는 인문학 강의를 들으려니 고역도 그런 고역이 없었다. 담당 교수가 필수 읽기로 내주었던 4개의 짧은 자료는, 거짓말 안 보태고 50번도 넘게 읽고 또 읽었지만 여전히 무슨 소리인 줄 이해하기 어려웠고 내 의견을 보태기란 어림도 없었다.

그럼에도 불구하고 이 인류학 교수가 끊임없이 강조했던, "너의 믿음을 흔들어라!Suspend your belief!"는 말은 너무도 강한 인상을 남겨서, 이후에 어떤 상황에 임할 때이든 나의 기본자세가 되었다. 어떠한 생각도, 어떠한 아이디어도, 어떠한 믿음도 의문과 회의와 탐구를 거쳐야 한다는 것, 나와 다른 생각은 항상 있다는 것, 내가 믿고 있는 것이 거짓과 허구와 조작일 수 있다는 것, 그래서 항상 흔들어보는 태도가 필요한 것이다.

노엄 촘스키, 폴 크루그먼, 니콜라스 네그로폰테

MIT 학풍이 심상찮다는 것을 깨달을 즈음에 나는 깜짝 놀랄 만한 발견을 했다. 그 유명한 언어학자, 노엄 촘스키Noam Chomsky 교수가 MIT에 있었던 것이다. '아니, MIT에 언어학과가 있었 어?' 그런데 정말 있었다. 촘스키 교수가 진짜 재직 중이었다촘스 키 교수는 1955년부터 지금까지 MIT 교수로 있다.

노엄 촘스키는 '언어학자, 철학자, 인식과학자, 논리학 자, 역사학자, 정치비평가, 액티비스트activist, 운동가 또는 활동가' 등 수 많은 호칭으로 불리는 지식인이다. 그 어느 하나도 가볍게 붙 여진 호칭이 아니라, 깊은 철학과 업적과 적극적 활동이 내포 된 것들이다. 촘스키 교수는 혁신적인 언어학자에 그친 것이 아니라 그 분야의 깨달음을 통해서 더 큰 세상으로 나아갔다. 베트남 전쟁 참전에 대한 비판을 시작으로 중동 개입 문제, 미 국식 세계자본주의와 패권주의 문제, 각종 에너지 전쟁 개입에 대한 적극적인 발언과 저술을 펼쳐왔다.

'미국의 양심'이라 불릴 정도로 전 세계적인 명성을 갖고 있는 지식인 촘스키는 지금도 정치 권력, 경제 권력, 언론 권력 의 해악에 대한 비판을 그치지 않고 있다. 노엄 촘스키 교수는 우리 사회에도 잘 알려져 있다. 그의 수많은 저서들이 번역되 었을 뿐 아니라, 우리 사회를 뜨겁게 달구었던 부산 한진중공 업 대량해고 사태에 맞섰던 김진숙 고문의 309일 크레인 농성 과 '희망버스'에 대한 응원, 제주의 강정 해군기지를 둘러싼 보전 투쟁에 대한 지지 발언을 통하여 '행동하는 양심, 행동하는 지식인'의 힘을 우리 사회에도 보여주었다.

도대체 MIT는 어쩌다가 이렇게 논쟁적인 인물을 교수로 발탁했을까? 어떻게 다른 학교들이 거부하던 인물에게 평생 교수 역할까지 주었을까? 계속 뜨거운, 사회적인 논쟁을 일으키고 있음에도 불구하고 지속적으로 지원해주었을까? 촘스키 교수의 지적 배짱이 부러울 뿐 아니라 MIT의 배짱부리는 힘도 만만찮음을 알 수 있다.

그러다가 나는 MIT에 경영대학원이 있다는 것도 알게 되었다. 공학 계열과 과학 계열 이상으로 명성이 높음을 알고 또 깜짝 놀랐다. 계열별로 대학 평가를 하는 전통이 강한 미국 사회에서 MIT 경영대학원은 항상 톱 10 안에 든다. 그리고 그 대학원에 폴 크루그먼Paul Krugman 교수가 있었다. 그는 MIT에서 박사학위를 받은 후 1984년부터 2000년까지 교수로 재직했다.

2008년에 폴 크루그먼이 노벨 경제학상을 탔을 때, 나는 기분이 썩 괜찮았다. 사실 폴 크루그먼은 경제학자로서의 업적보다도 〈뉴욕타임스〉지의 경제 칼럼으로 세상에 더 큰 영향력을 미치고 있었는데, 비로소 그의 '세계무역 분석, 국제적 경제 지리학' 등 학술 활동의 가치를 인정받은 쾌거였기 때문이다. 신자유주의와 세계자본주의의 광풍이 거세게 불던 시대에 그 해악과 세계질서의 붕괴를 고민하고 새로운 미래를 구축하는 과제와 새로운 가치를 설파하는 그의 용기가 나는 좋다.

폴 크루그먼의 말을 인용해본다. "나는 상대적으로 평등한 사회가 존재할 수 있다고 믿는다. 이를 위해서는 극심한 빈부격차를 제한하는 제도적 장치가 필요하다고 생각한다. 나는 민주주의와 시민의 자유, 그리고 법치를 믿는다. 그래서 나는 리버럴이며 그것이 자랑스럽다." 『폴 크루그먼, 미래를 말하다』 중에서 이렇게 자신의 포지션과 가치를 명쾌하게 밝힐 수 있는 힘은 어디에서 나오는 걸까?

한 사람을 더해보자. 니콜라스 네그로폰테 Nicholas Negroponte 다. MIT 미디어 랩 Media Lab의 창설자로서 지금은 세계적인 인물로 부상했지만 내가 수학하고 있던 시절에는 MIT 내에서 은둔자적인 존재로 어느 창고 구석에서 수년째 이상한 연구를 하는 기인으로 여겨지고 있었다. 전설적인 책, 『The Architecture Machine 건축 기계』이라는 이름으로 출간된 이 작업은 기계와 사람 사이의 상호관계를 연구하는 것이었는데, 이 집요한 연구가 바로 미디어 랩 탄생의 동력이 되었다. 미디어 랩이 태어난 배경에는 이런 기인의 창조적인 발상과 끈기 있는 작업이 있었던 것이다. 그런 사람이 있다는 것도 신기하였거니와 그런 기인에게 오랜 시간을 투자해온 MIT의 혜안도 부러워지는 대목이다.

MIT는 공대만이 아니더라!

공학 이미지로만 생각했던 MIT에 대해서 알게 될수록 나의 시야는 넓어졌다. MIT는 공대만이 다가 아니었던 것이다. '과학, 공학, 건축도시, 경영, 인문' 계열의 5개의 스쿨로 이루어진 MIT는 지식의 체계와 사회와의 소통, 그런 과정에서 어떠한 가치를 지향하고 어떠한 혁신을 실천해야 하는지 끊임없이 고민하고 있었다. 찬찬히 들여다볼수록 그런 고민들이 교육과정과 연구과정에 어떻게 나타나고 어떻게 혁신 프로그램들을 창조해내는 바탕이 되고 있는지를 파악할 수 있었다.

공부 체험의 폭이 넓어질수록 그동안 사로잡혀왔던 건축의 고정된 틀로부터도 벗어났다. 거듭남이라고 할까 성장을 위한 탈바꿈이라고 할까, 내 속에서 꿈틀거리는 그 무엇을 느꼈던 것이다. 박사 공부를 할까 말까, 어떤 과정을 택해야 할까 고민하게 된 것도 그런 지적 분위기 탓이었다. 박사과정으로 건축학이 아니라 도시학을 선택했던 것은 이런 과정의 결과였다. 도시라고 하는 실천의 복합체를 통해서 사회와 소통하고 현실적 어젠다와 접속하기 위해서 다양한 분야들의 지식을 공부해야 한다는 점이 매력적으로 보여서였다. 나의 사고 영역과 공부 영역이 확장되고 있음을 분명히 느낄 수 있었다.

또 한 가지 소득이라면, 이른바 '지식인의 역할'에 대해서 긍정하게 된 것이다. 솔직히 그때까지만 해도 '지식인'이라는 이름에 대한 나의 반감은 꽤 컸다. 겉멋 들고, 목 뻣뻣하고, 자기 이익을 좇는 데만 지식을 이용하고, 특정한 이익집단을 위해, 또는 당장의 트렌드에만 빠져 지식을 이용하는 지식습득자, 지식이용자들이 얼마나 많은가. 그런데 그렇지 않은 진정한 지식인이 가능하다는 것을 믿게 된 것만으로도 새로운 가능성이 열리는 것 같았다.

지식인이란 괜찮은 역할을 할 수 있구나!

도대체 어떻게 하면 지식인의 역할이 제대로 작동할 수 있을까? 촘스키, 크루그먼, 네그로폰테 같은 인물들이 분명 탁월한 '천재급'이긴 할 것이다. 그런데 나는 이 사람들이 얼마나 머리가 좋은지, 얼마나 공부를 많이 했는지보다도 그들의 기본 태도가 참으로 마음에 든다.

바로 인문적이고 통섭적인 지식인의 자세다. 근본적으로 사람과 사회에 대한 이해와 연민과 사랑이 없이는 통찰력이 생기기 어렵고 비판적인 안목도 생기기 어렵다. 인문학적인 바탕이 지식인의 기본이 되는 까닭이다. 자신의 분야 속에서 일가를 이룰 뿐 아니라 사회의 여러 분야들과의 관계를 읽고 소통하려는 의지가 없이는 어떠한 실천력도 얻기 어렵다. 바로 통섭적인 지식인의 실천적 자세다.

지금도 여전히 '기술자적 지식인, 도구적 지식인'에 대한 나의 거부감은 무척 크지만, 적어도 지식인의 근원적 역할에 대한 이상론을 견지할 수 있는 이유는, 실천적 지식인들의 가능성 때문이다. 실천적 지식인의 정의를 나는 이렇게 내려보고 싶다.

- enlightened intellectuals 깨달음을 얻은 지식인
- heartening intellectuals 가슴이 있는 지식인
- communicative intellectuals 소통할 줄 아는 지식인
- engaging intellectuals 현실에 참여하는 지식인

　　사회와 역사를 조감하는 통찰력으로 사회갈등에 대해서 따뜻한 가슴으로 공감하고, 그러나 냉철하게 현실을 파악하고 분석하는 머리를 갖고, 열심히 세상과 소통하고, 현장을 바꾸기 위해 노력하는 인간이 있을 수 있다는 것은 얼마나 근사한 희망인가?

'세계 사랑Amor Mundi'

여기에서 내가 철학적 멘토로 삼는 정치철학자 한나 아렌트의 'Amor Mundi 세계 사랑' 개념이 떠오른다. 인간 세계가 사악하고 비열하고 위악적임에도 불구하고 여전히 인류에 대한 사랑과 세계에 대한 희망을 놓지 않는 아렌트의 '세계 사랑' 개념은 무작정 긍정이나 맹목적 사랑은 아니다. 인간 사회의 현상에 대해서 절망과 좌절을 안고 통렬한 비판의식을 가지면서도 여전히 긍정적 사랑을 키워낼 수 있다는 것이 인간성의 진정한 힘이라는 진실을 보여주는 개념이다.

　　MIT에는 그러한 '세계 사랑'이 바탕에 있다. 코즈모폴리턴cosmopolitan적이고 휴매니테리언humanitarian하다. 코즈모폴리턴이

란 세계적인 명성이 있다는 뜻이 아니라, 어느 국가나 집단이나 지역의 이익뿐 아니라 인간이 사는 범세계의 이익에 관심을 둔다는 뜻이다. 휴매니테리언하다는 뜻은 보편적 인류의 보편적 이익을 고민한다는 뜻이자 인간의 잠재력에 대한 깊은 신뢰가 있다는 뜻이다.

"유명하기로는 훨씬 더 유명한 옆집 하버드 대학보다 MIT 분위기가 더욱 범세계적이고 인류애적이다"라고 얘기하면, 독자들은 팔이 안으로 굽는다고 할지도 모르겠다. 하버드 대학이 훌륭한 대학임은 분명하지만 나에게 하버드 대학은 '미국 중심의, 미국 대학'이라는 인식을 지우기 어렵다. 권력 지향적이고 패권 지향적이라는 것도 그리 탐탁지 않다. 물론 MIT에 대해서 역시 기술 패권주의적이라고 비판할 수도 있다. 막대한 자본과 엄청난 인재를 끌어들여 새로운 과학기술의 프론트라인을 지키면서 항상 우위를 선점하고 있는 것이 사실이다.

그럼에도 불구하고 MIT에 범세계적이고 범인류적인 '세계 사랑'의 정신이 바탕에 흐를 수 있는 것은, 세계 인류 공통의 언어이자 기본 언어인 과학기술에 그 지적 기반을 두고 있기 때문이 아닐까 나는 생각한다. 과학기술이라는 지적 기반 위에 인문적이고 통섭적인 지적 기반을 연결시킴으로써 인류 복리와 사회 정의와 세계 공동체 정신과 역사의 진보를 이룰 수 있다면, 강력한 혁신의 동력이 될 수 있는 것이다.

한나 아렌트는 생전에 '테크놀로지'에 대해서 강한 비판을 아끼지 않았다. 도구적 기술주의가 인류 사회를 얼마나 황폐하게 만드는지, 인간의 폭력성이 기술을 통해 얼마나 세계를 절망적인 비극으로 몰아가는지, 인간성에 대한 통찰이 빠진 기술주의가 인간의 인간에 대한 폭압을 얼마나 악화시키는지 통렬하게 지적했던 바 있다. 전쟁과 폭력의 재앙이 휩쓸었던 20세기 세계 상황에 대한 그러한 통렬한 비판이 MIT의 거듭남을 촉구했을지도 모를 일이다. 나의 인생을 바꿔준 한나 아렌트의 위대한 저작, 『인간의 조건』을 만나게 된 것도 MIT에서였다.

영화 〈굿 윌 헌팅〉

MIT는 영화의 배경이나 소재로도 곧잘 나온다. 첨단기술과 뛰어난 공학도가 나오는 영화에서라면 어김없이 MIT 출신인데 어린 나이에 여러 분야의 박사 학위를 서너 개쯤 가지고 있어서 실소를 짓게 만든다. 그런 사람들이 실제 그렇게 많나? 이런 이미지의 영화들이 대부분임에도 불구하고, MIT 마인드를 잘 그려낸, 아주 괜찮은 영화가 있다. 〈굿 윌 헌팅〉이라는 영화다.

이 영화가 나왔을 때 엄청난 히트를 쳤고, 시나리오를 직접 써서 아카데미 각본상을 받고 출연까지 했던 맷 데이먼과 벤 애플렉은 이후 영화계의 샛별로 떠서 이제는 명실상부한 리더급이 되었다. 영화의 줄거리는 이렇다. 자신이 천재인지 관심 자체가 없는 윌은 보스턴의 빈민 동네에서 살며 낮에는 건설 현장을 뛰고 밤에는 MIT 청소부로 일한다. 누구도 못 풀 거라며 자신만만하게 수학 문제를 칠판에 적어놓는 거물 교수, 한 밤중에 복도 청소를 하다가 칠판 위에 끄적끄적 문제를 풀어놓는 윌, 입을 다물지 못하는 교수는 윌을 어떻게든 공부하게 만들고 싶어 하는데 윌은 거부하고, 이 대목에서 한때 수학 분야의 유력한 경쟁 상대였다가 지금은 동네 대학에서 심리학을 가르치는 멘토가 나타나고, 이 멘토와 윌 사이에 팽팽한 긴장이 펼쳐지면서 윌이 마음을 열며 눈을 떠 자신을 발견하고 길을 찾는 과정이 그려진다.

이 성장 영화를 잘 관찰하면 흥미로운 장면들이 많다. 동일 분야의 경쟁 상대에게 느끼는 강렬한 경쟁의식, 그런 경쟁의식에도 불구하고 마음속에 남아 있는 인간적인 동료 의식, 한 수재 교수가 한 학생의 천재성을 기꺼이 인정하는 장면, 수학이라는 고도의 추상적 언어를 통해 대화하는 교수와 학생, 윌과 노동자 친구들이 고압적인 하버드 대학생들을 치받는 장면, 배꼽 친구의 천재성을 기뻐해주고 격려하는 노동자 동료들, 자신이 자라난 초라한 빈민 동네를 다시 찾는 윌, 천재성과 인간성을 분별하고 넘나드는 멘토의 존재 등 이 영화는 인간이기에 갖는 불완전성과 천재성, 인간 사이의 저항과 인정과 격려와 갈등과 화해를 그리면서, '여하튼 인간'이라는 주제를 담담하게 표현한다.

이 영화 시나리오를 쓴 두 배우, 맷 데이먼과 벤 애플랙은 흥미롭게도 보스턴에서 자란 보스턴 키드들이다. 더욱 흥미롭게도 맷 데이먼은 하버드 대학을 다녔던 적이 있다. 보스턴이라는 역사의 도시, 이민자의 도시, 미국의 상층 시민과 노동자 시민들이 같이 사는 도시, 전 세계 120여 개국 유학생들이 공부하는 도시, 언제 어디서 천재가 튀어나올지 모르는 도시에서 경쟁과 인정, 천재와 수재, 노동자와 지식인, MIT 문화와 하버드 대학 문화가 엮이고 섞이는 것이다.

우리 모두, 얼마나 비범하든 평범하든, 얼마나 고도의 기술적인 지식이 있든 아니든, 고도로 훈련받은 지식인 노동자이든 땀 흘려 일하는 노동자이든, '여하튼 사람'인 것이다. 나는 MIT에서 바로 이러한 점을 깨우쳤다.

인문적 감수성과 통섭적 사고란 실천의 기본이다.

깨달음과 뜨거운 가슴과 소통능력과 현실참여.

실천적 지식인은 존재 가능하다!

03

아이디어라는
물방울이
물줄기가 되는 곳

'공부생태계'의 힘

MIT를 한마디로 일컫자면, 나는 '공부생태계'라는 말로 표현하고 싶다. '학교'라고만 할 수 없다고 할까, 아니면 모쪼록 학교란 이래야 한다고 해야 할까? 교육과 연구와 교류와 창업과 비즈니스의 네트워크가 얽히고설킨 거대한 공부생태계다.

생태계란 어떠한 곳인가? 자생력이 있다. 서로 밀접하게 연결되어 있다. 가만히 있지를 않는다. 끊임없이 움직이며, 에너지를 찾고 발산하고 새로 만들어낸다. 생명들이 태어나고 자라고 사라지고 또 이어진다. 이런 과정 속에서 진화가 일어나고 때로는 혁명도 일어나면서 생명력은 이어진다. '공부생태계'란 어떤 곳인가? 이 생태계에서는 대다수가 기본적인 가치관과 행위 기준을 공유하고, 기반이 단단하며, 네트워크가 촘촘하다. 공부생태계를 이루는 사람들은 각기 부지런히 어디선가 어떤 활동들을 시도하고 추진하고 있으며, 실패와 성공이 끊임없이 일어나고, 진화와 혁명이 끊임없이 일어난다. 아이디어가 돌고, 일이 돌고, 돈이 돌고, 지식이 돈다. 서로 자극하고 격려하고 촉진하면서 새로운 에너지를 만들어낸다.

얘기하고 나니 썩 괜찮아 보인다. 그런 공부생태계는 어떻게 돌아가는 걸까? 거시적인 분석도 가능하겠으나, 나의 경험을 통해 미시적으로 들여다보자. '돈 – 사람 – 아이디어 – 세계'의 4가지 코드다.

남편의 풀 스칼라십과 나의 재정 생존법

생태계가 어떻게 작동하는가 볼 때 '돈 이야기'를 빼놓을 수 없다. 이 시대의 인간 사회에서 돈은 곧 일이고, 활력을 공급하는 에너지로 작동하기 때문이다.

많은 사람들이 우리 부부가 유학을 했다는 소리를 들으면 금방 '부자 아빠'를 연상하는데, 우리 사회의 잘못된 고정관념이다. 모쪼록 학교란 공부하고 싶어 하는 학생들에게 최소한의 재정 자립을 할 수 있도록 해주어야 학생들의 생태계가 건강해진다. 대학원 과정에서는 더욱 그렇다. 만약 부잣집 자녀들만 공부할 수 있다면 악화가 양화를 구축하는 현상이 생길 위험이 크다.

순수 공학도인 나의 남편은 유학 기간 내내 '풀 스칼라십full scholarship'을 받았다. 학비 전액 면제는 물론 매달 생활비까지 준다. 싱글이라면 절약해서 살 수 있는 수준이다. 박사과정 학생들은 풀타임 잡fulltime job을 뛰는 것과 다름이 없으니, 교수들은 연구 과제도 안정적으로 수행하고 후학도 키워내고, 학생들은 공부하면서 미래를 기약할 수 있는 환경이다.

나는 남편의 환경을 무척 부러워했다. 적어도 기본 유학 경비에 대해서 걱정할 필요가 없었으니 말이다. 공학 계열에 비해서 가난하기 이를 데 없는 건축학과와 도시계획과를 다녔던 나는 항상 재정적인 고민에 시달렸다. 첫 1년은 그동안의 저축으로 그럭저럭 버티겠으나 그 다음은 어떻게 하지? 그런데 1년이 지나자 교수가 TATeaching Assistant, 수업조교를 배정해주어서 속으로 깜짝 놀랐다. 한국이라는 작은 나라, 영어도 시원찮은 나에게 어떻게 TA를 줄까? 이 교수는 도대체 나의 무엇을 보고 지원해주는 걸까? 이런 지원은 TA, RAResearch Assistant, 연구조교, 강사직instructorship, 리서치 펠로우research fellow 등 이름과 급을 달리 하며 계속되었다. 물론 가만히 있어도 주는 건 아니고, 매 학기마다 부지런히 알아보고 응모하며 구직 활동을 해야 한다. 이 구직 활동 자체가 절실한 현장 공부다.

MIT로부터의 재정 지원은 나의 유학 경비의 절반을 채워주었다. 나머지 절반은 어떻게 했을까? 학교가 연결해주는 은행 융자로 채울 수 있었다. 이 융자는 세 가지 점이 특이했다. 첫째, 수학 기간 중에는 이자가 붙지 않는다. 둘째, 졸업하면 이자는 붙지만 직장을 구할 때까지는 상환이 시작되지 않는다. 셋째, 본인이 사망하거나 일을 못 할 정도로 질병에 걸리면 상환할 필요가 없어진다. 보증인에게 책임을 묻지 않고 그 학생에게만 책임을 묻는 것이다. 철저하게 학생의 편에 선다는 점, 학생에게 자율적 책임을 지운다는 점, 본인 책임주의를 견지한다는 점이 아주 마음에 들지 않는가?

그때 받았던 학자금 융자를 나는 박사 학위를 딴 후 7년 만에 다 갚았다. 어찌나 시원하던지, 어찌나 뿌듯하던지, 또 어찌나 떳떳하던지! 모쪼록 공부란 하고 싶은 사람이, 자신의 책임하에 자신의 가능성과 미래 성장에 대한 의지를 가지고 공부할 수 있도록 해주는 것이 최고다. 학교와 사회는 이런 독립적 방식이 가능할 수 있도록 도와주는 것이 기본 의무다.

사람들이 자유자재로 드나드는 대학

MIT에 있던 내내 가장 흥미로웠던 사건들은 학교 밖 인사들이 와서 하는 끊임없는 강연회 행사였다. 각 분야의 석학들은 물론, 언론인, 작가나 영화감독 등의 문화예술인, 노벨상 수상자들, 주지사, 하원의원, 상원의원 등의 정치인들, 그리고 다른 나라들의 논쟁적인 정치적 인물들까지 수많은 사람들의 강연회가 쉬지 않고 이어졌다. 김대중 전 대통령도 대통령이 되기 한참 전에 강연회를 한 적이 있다.

살아 숨 쉬는 사람의 경험과 의견을 직접 듣는 것은 아주 착실하고 생생한 배움이다. 이런 인물들의 강의를 공짜로

들을 수 있으니 자연스럽게 안목이 넓어지고 식견이 깊어졌다. 행사들이 수없이 많으니, 자신의 주제를 명확히 하지 않는 한 제대로 따라잡을 수 없다는 것이 고민될 정도였다. 게다가 이런 행사들은 학생들에게만 공개되는 것이 아니라 지역 커뮤니티에 완전히 공개된다.

이런 점에서라도 대학은 도시로 열려 있는 공간이 좋다. MIT는, 앞에서 말한 바와 같이, 보스턴과 케임브리지 시를 잇는 큰 도로가 캠퍼스 정중앙을 관통한다. 학교 한가운데에 있는 버스 정류장에서 내려서 바로 건물로 들어가면 되는 것이다. 우리의 대학 캠퍼스들이 커다란 땅에 담장을 치고 그 안에 폐쇄적인 공간을 차지하는 개념과는 아예 다르다. 수백 년 전통의 하버드 대학도 도시의 한 부분으로 완전히 녹아들어 있다. 교정과 교정 사이가 공공 도로다. 사람들은 캠퍼스를 가로지르고 잔디밭을 가로질러서 이 동네에서 저 동네로 걸어간다. 참으로 부러운 광경이다. 우리나라 대학들이 다른 나라 대학들의 열린 분위기를 그렇게 선망하면서도 왜 이런 공간 개념은 도입하지 않는지 모르겠다. 공간을 열면 사람들이 드나들고, 사람들이 드나들수록 아이디어가 흐른다.

강의에도 외부 인사들의 참여가 두드러진다. 겸임교수, 초빙교수, 전임강사, 시간강사 같은 이름이 아니라 개별 강의마다 초청되는 게스트로서, 현장에서 뛰는 실무 인사들이 주로 참여한다. 한 사람의 교수가 처음부터 끝까지 가르치는 방식은 수미일관하게 체계를 쌓아올리는 방식이라서 초보를 위한 수업에는 효과가 높다. 그러나 공부 단계가 높아질수록 체계를 잡는 이상으로 학생을 흔들고 자극을 주는 방식이 더욱 효과가 높다. 그런 과정에서 자신의 주제를 발굴하고, 찬성과 반대에 대한 논리적 포지셔닝을 해나가고, 숨은 그림 찾기 역량이 커지는 것이다.

학교를 열면 열수록, 사람들이 많이 드나들면 들수록 에너지는 올라간다. 사람들의 생각이 돌아간다. 의문들도 많아진다. 만남들이 많아진다. 그런 자극 속에서 언제 어디서 무슨 씨앗이 뿌려지고 어떻게 영글어질지 모르게 되는 것이다.

아이디어가 영글고 익어가는 통섭과 토론

아이디어란 마치 떠도는 물방울과도 같다. 그 물방울들이 모여 물줄기로 흐르게 하는 것, 이것이 실천의 역량이다. 아이디어를 응집시키는 힘이 어떻게 발휘되느냐에 따라 미래가 달라지고 조직의 역량이 달라진다.

'미디어 랩'은 MIT의 혁신적이자 진보적인 성향, 기술학적이면서 인문학적인 도약, 여러 분야를 통섭하고 네트워킹 하는 면모를 가장 잘 보여주는 모델일 것이다. 미디어 랩의 탄생 일화는 책을 통해서도 잘 알려져 있다. 이 랩이 태동하고 움직이고 드디어 영글어가는 시기에 MIT에 있던 나는, 여러 활동들이 어떻게 씨앗을 잉태하고, 여기저기 싹이 뿌려져서 제각기 작업을 하고, 교류 활동이 일어나고, 드디어 합쳐져서 큰 물줄기가 되어가는지 그 과정을 생생하게 목격할 수 있었다.

이런 과정 속에서 일어나는 가장 중요한 작업이 바로 여러 분야 사람들이 모여서 전개하는 토론 작업이다. 통섭적 토론이라고 할까? 하나의 주제를 각기 다른 분야에서 어떠한 관점으로 볼 수 있느냐, 어떤 기여를 할 수 있느냐, 어떤 문제와 어떤 가능성이 있느냐, 어떤 그림이 그려지느냐 교류하는 과정이다. 자신의 분야에 칸막이를 치는 것이 아니라 문을 열고 공통의 공간을 만들면서 더 큰 집을 만들어가는 작업인 것이다.

내가 공부하던 중 인상적이었던 연구 프로그램은 '디자인 리서치design research'라는 것이었다. 그림을 그리는 디자인이 아니라 사람들의 심상과 소통 과정을 어떻게 디자인하느냐 하는 의문을 가지고 철학, 컴퓨터 과학, 뇌 과학, 경제학, 경영학, 통계학, 도시학, 언어학, 사회학, 심리학, 건축학, 비주얼 아티스트, 인류학 전문가들이 모여 토론하는 것이었다. 참 무슨 이런 연구까지 하는가, 그저 지적 유희가 아닌가 할 정도로 근본적인 의문을 다루는 것이었다. 이 연구도 결국 미디어 랩의 인프라를 만드는 데 절대적으로 기여했다. 미디어 혁명이란 근본적으로 사람과 사회의 혁명을 수반하는 것이고 여러 분야의 사람들이 비슷한 생각을 공유해야 진정 혁명이 일어날 수 있는 것이다.

아마도 우리 사회가 입버릇처럼 혁신을 말하면서도 잘

실천하지 못하고 있는 이유는, 물방울처럼 떠도는 아이디어들을 응집시키는 과정을 제대로 하지 못하기 때문일 것이다. 아이디어가 없는 것이 아니다. 응집시키는 조건을 만드는 것이 중요하다.

세계가 들어와 있다

MIT가 범세계적일 수 있는 이유는 과학기술이 범인류적인 이익을 지향한다는 근본적인 이유도 있겠지만, 실제로 세계 각국에서 학생들과 연구진들이 공부하고 일하고 있기 때문일 것이다. 내가 다니고 있을 때는 약 80여 개국의 학생들이 있었는데, 최근 통계를 보니 126개 나라의 학생들이 유학을 하고 있단다. 연구원이나 방문 교수로 오는 세계인들도 적지 않다.

실생활에서 사람의 존재는 무척 중요하다. 생생한 목소리와 풍부한 표정으로, 구체적인 경험을 통해 그 나라의 현장을 증언하고 그 사회를 보여주고, 그 사회의 이슈를 전하기 때문이다. 그 안에는 현장으로부터 나온 열정과 성찰과 경험과 의문이 생생하게 녹아 있다. 말할 필요도 없이, 이 외국 학생들과 연구원들은 자기 나라에 돌아가면 어디선가 한 역할을 할 것으로 기대된다. 또 많은 사람들이 미국에 남아서 계속 일하기도 하니, 미국은 그야말로 세계의 인재들을 모아 풀pool로 쓰는 셈이다. 속상하지만 현실은 현실이다.

가끔은 기분이 언짢아질 정도로 다양한 세계 프로그램

들이 진행된다. 연구 프로그램, 교류 프로그램, 문화 프로그램, 장학금 프로그램 등. 거기에는 해외 자산가나 권력자의 재원이 투여되는 경우도 있고, 국제기구와 연결되기도 하고, 세계 기업들이 새로운 프로젝트와 인재 스카우트를 위하여 투입하기도 한다. 능수능란하게 기회를 만들어가는 MIT의 기량을 보면서 '그 에너지에 감탄하다가, 기분이 언짢아졌다가'를 반복했지만, 그 역량을 어찌 배우고 싶지 않으랴?

MIT가 그나마 괜찮게 보였던 것은, 이른바 '부자 되는 기술, 권력 유지하는 수법, 스타 되는 기법' 같은 프로그램들도 있었지만, 세계의 현실적 고민을 해결해보려는 재능기부형 프로그램들이 많았다는 점이다. 적어도 도시계획과와 건축과에서는 '저소득층 주거문제 해결, 참여하는 커뮤니티 계획, 부담 가능한 주택 기술, 지속가능한 환경 문제, 각 나라 상황에 맞는 계획 방식, 인류 보편적인 디자인 기술, 인간 친화적이고 환경 친화적인 첨단기술'과 같은 근본적인 문제에 대한 세계 프로그램들이 많았다는 사실이다.

MIT 공부생태계는 어떻게 가능할까?

'돈, 사람, 아이디어, 세계'가 펼치는 공부생태계는 리얼하다. MIT 공부생태계는 규모 면에서도 엄청나다. 영국 〈가디언guardian〉 지의 2011년 기사에 의하면, MIT 동문들의 경제활동 규모는 세계 11번째라고 하는데, 나라로 따지면 11번째로 큰 나라라는 셈이다.

분명히 직시해야 할 사실은, MIT는 전쟁과 냉전을 통해 커온 학교라는 사실이다. 과학과 공학에 특화된 '리서치 학교'로서 전쟁 기술과 국방 기술을 중심으로, '군산복합체military-industrial complex'와의 끈끈한 연계가 없이 MIT의 성장은 불가능했다. 미국의 대학은 거대한 조직이다. 재단의 규모도 엄청나고 산업계와 정치계와의 연결고리가 만만치 않으며, 학교 동문들의 네트워크도 강력하다. 지금도 수많은 디펜스 기술뿐 아니라, 인류의 근본적 발전을 꾀하는 동시에 세계 시장을 선점하려는 수많은 첨단기술 연구와 기초과학 연구가 행해진다.

하버드 대학이 '로스쿨'과 '메디컬스쿨'의 전통을 통해 미국 사회를 좌지우지하고 정치, 언론, 인문학의 뿌리 깊은 전통으로 미국 정치뿐 아니라 굵직굵직한 세계 정치의 맥을 짚어 가는 것처럼, MIT는 비록 내가 '세계 사랑amor mundi'적인 학교라 평가함에도 불구하고 세계의 흐름에 강력한 영향력을 발휘하는 학교임에는 분명한 것이다. 돈과 사람과 아이디어와 세계라는 4가지 요소를 버무려서 탁월한 실력의 공부생태계가 가능한 이유다. 미국의, 미국이 만드는, 미국다운 공부생태계인 것이다.

우리는 어떻게, 우리의, 우리에 의한, 우리다운 공부생태계를 만들 수 있을까? 카이스트 총장으로 재직하면서 치열한 경쟁 체제와 전면 영어 강좌 도입으로 수많은 설화를 만들었던 서남표 총장은 오랜동안 MIT 기계공학과 교수로 재직했다. 나는 유학 시절에 서남표 교수의 명성과 악명을 동시에 듣고 있었다. 성공한 한국계 교수, 지독한 연구 집착, 엄청난 연구 실적, 헌신적인 학생들을 꽉 틀어쥔 카리스마로 유명했던 것이다.

미국 사회에서 성공의 표상이었던 서남표 총장은 왜 카이스트에서 실패했을까? 나는 그것이 '공부생태계'에 대한 인식이 부족해서였다고 생각한다. 세대적인 차이도 작용했겠으나, MIT라는 공부생태계가 어떻게 작동되는지에 대한 이해가 좁고, 우리 사회의 공부생태계가 어떻게 작동될 수 있는지에 대한 동화 의식이 부족해서 문제를 자초한 것 아닐까? 공부생태계란 '제도' 몇 가지를 도입한다고 해서 자동적으로 만들어지는 것은 아니다. 학교가 사회와 동떨어져 만들 수 있는 것도 아니다. 경쟁 체제나 업직주의나 인센티브만으로 공부생태계가 생기는 것도 아니다. 영어를 능수능란하게 쓴다고 공부생태계가 넓어지는 것도 아니다. 사회 공감대를 이루면서 오랜 노력, 깊은 노력이 수반되어야 한다.

나 역시 진정한 공부생태계를 그린다. 우리의, 우리가 만드는, 우리다운 공부생태계를!

공부생태계의 메커니즘을 리얼하게 그려보자.
'돈 – 사람 – 아이디어 – 세계'가 엮이고 섞이며
긍정적으로 가동할 수 있도록!

04
문제 창조 정신
현장 정신
창업 정신

MIT에서 얻은 깨달음, 세 가지

되돌아보면 내가 MIT에서 얻은 것은 학위나 전문지식이나 네트워크가 아니었다. 그 어떤 '기본'이었다. 그 깨달음을 나는 다음 세 가지로 정리한다. 흥미로운 것은, 공부하던 당시에는 별로 생각지 않던 것들이다. 교수들이나 학교 측에서 특별히 강조한 적도 없다. 오히려 유학에서 돌아와 우리 사회에서 일하며 여러 상황들과 부딪치는 과정에서 "아, 그렇구나, 그때 그게 이런 뜻이었구나!" 하면서 실감하게 되었다. 그 세 가지는 다음과 같다.

첫째는, 문제 창조 정신. 사람들은 문제 해결 능력을 강조하지만 문제를 잘 설정하는 것이 훨씬 더 중요하다. 문제 자체에 해결의 단서가 녹아 있기 때문이다. 창의적으로 문제를 풀려면 독창적으로 문제를 디자인하는 것이 핵심이다. '문제를 만든다. 문제를 디자인한다'는 정신을 가지면 훨씬 더 적극적으로 세상을 보게 된다. '왜?'라는 핵심 의문에 근거하기 때문이다.

"Design your problem!" 우리는 이 세상의 모든 문제를 다룰 수는 없다. 문제의 핵심이 무엇인지 파악하라! 왜 그 문제가 당신에게 절실한지 가슴으로 짚어보라! 그 문제가 당신에게 자꾸 떠오르는 이유는 무엇인가? 이런 절실한 마음으로 보면 진짜 문제가 보인다. 절실하게 문제를 디자인하면 해결 방식은 이윽고, 조만간, 기어코, 떠오른다.

둘째는, 현장 정신. 현장 정신, 현장 감각, 현장에 굳건하게 뿌리를 내리는 정신이다. 땅에 뿌리를 박지 않으면 어떤 나무가 자랄 수 있으랴. 현장에서 일어나는 절실하고 절박한 문제로부터 출발해야 문제 설정이 유효하고 효과 높은 실천 방식과 해결 방법이 등장할 수 있다. MIT 강의에 등장하는 사례들은 항상 현실 세계에서 일어나는 상황에 근거했고 모든 프로젝트들은 현장의 문제와 진행형 사회 이슈들로부터 출발했다. 현장 정신의 기본은 일상의 삶에 대한 정교한 관찰이다. 세상 돌아가는 사안들에 대한 예민한 관심이다. 현장 감수성, 삶의 감수성, 사회 감수성이 절실하게 필요한 이유다.

셋째는 창업 정신. 창업 정신 또는 창업가 정신entrepreneurship이라고 해도 좋다. 창업가 정신이란 꼭 기업 경영에만 필요한 것이 아니라 어떤 활동에서나 필요한 정신이다. '만들어낸다, 실천해낸다'는 정신이기 때문이다. 아는 것으로 끝나지 않고 무언가 실제적으로 만들어서 인간과 사회에 유익함을 돌려주는 실천 정신이기 때문이다. 유난히 벤처 활동과 프로젝트들이 많던 MIT는 조용한 듯한 가운데 끊임없이 무언가 만들어내는 게 신기할 정도였다. 그런 노력들의 성과가 정책으로, 프로그램으로, 벤처로, 기업의 혁신 노하우로 변하면서 현실 세계를 조금이라도 낫게 만드는 것이다.

이 세 가지 정신, 즉 문제 창조 정신, 현장 정신, 창업 정신의 뿌리는 '실천'이다. '성찰적 실천'이라 해도 좋다. 생각하며 행동하는 것이다. 어떤 전문 지식 이상으로 중요한 깨달음이었다. 우리 사회에서도 이런 정신이 꽃피기를 나는 정말 바란다. 비단 학교 교육뿐 아니라 기업에서도 행정에서도 정치에서도, 개인도 또 사회집단에서도.

우리 사회는 아직도 원론주의, 총론주의, 관념론, 추상론, 서열주의, 정답주의, 연고주의에서 그리 크게 벗어나고 있지 못하다. 상상력과 창의력이 그 어느 때보다 필요한 시대라 부르짖음에도 불구하고 우리의 사고를 옥죄고 행동을 제약하는 프레임들이 알게 모르게 사회 곳곳에 엄연히 존재한다. 그 틀을 과감하게 뛰어넘는 동기란, '실천'을 해내고자 하는 의지다. 이것이 바로 '성찰적 실무자'를 움직이는 동기이기도 할 것이다.

우리의 청소년들이 '성찰적 실무자'가 되기를 꿈꾸었으

면 좋겠다. 세속의 성공 기준에 얽매이지 말고 생각하는 행동인으로서 세상을 바꾸는 과정 그 자체를 즐기기 바란다. 자신이 문제를 새롭게 창조할 수 있는 생생한 호기심, 현실이라는 땅에 굳건히 뿌리를 박을 수 있는 냉철함과 애정, 언제나 무엇을 만들어내겠다는 의지를 키워보자. 우리도 유쾌한 놀라움을 만들 수 있다.

문제 창조 정신, 현장 정신, 창업 정신 딱 세 가지.

생생한 호기심으로, 뿌리 깊은 안목으로,

그 무엇을 만들어내보자!

05

같은 강의를
4번 찾아가
듣기

다시 날개 돋는 느낌을 위하여

공부에서 '선생님'의 역할이란 아무리 강조해도 지나치지 않을
정도로 중요하다. 공부법을 스스로 익히는 과정에서도 그 어느
순간에 선생의 역할이 작용한다. '선생先生'이란 우리말은 참 의
미심장하다. '먼저 태어난, 먼저 깨달은 사람'이라는 뜻이니 말
이다. 꼭 학교 선생님만이 아니라 그 어느 순간에도 '선생'의 역
할을 하는 사람과의 만남은 귀중한 체험이다.

초·중·고를 통해 인상적인 선생님들을 참 많이 만났
다. 초교 시절에 나의 작문 욕구를 불러일으켜준 선생님, 한자
부수로 하는 공부법을 가르쳐준 선생님, '리더십'이라는 것에
처음으로 관심 갖게 해준 선생님은 각별히 기억에 남는다. 이
화여중·고에서는 더욱이나 인상적인 선생님들을 수없이 만났
다. 우리의 시들을 읊으시며 눈시울이 촉촉해지던 국어 선생님,

길게 땋은 내 갈래머리를 들고 "이 녀석, 삼손 아이가?" 하며 문제 잘 푸는 나를 놀리면서도 격려해주던 수학 선생님, 『어린 왕자』에 매혹되어 원어로 읽어보겠다는 일념으로 학원을 다니다 만났던 불어 선생님, 처음부터 끝까지 오로지 해석만 시키던 영어 선생님 등이 강렬한 기억들로 남아 있다.

그런데, 본격적으로 전공 공부를 시작한 대학에서는 그런 경험을 전혀 하지 못했으니, 나의 불운이라고 할 수밖에 없다. 전공 공부란 워낙 심각하고 그래서 재미없는 것이고, 그저 '정신줄 단단히 부여잡고 공부해야 하는 모양이다' 하는 바보 같은 생각까지도 들었었다.

지적 감동이 일어나는 교실

MIT 강의들은 그랬던 니의 생각을 일찌감치 깨뜨려주었다. 마치 요즘 우리 사회에 번지는 다양한 사회 특강들처럼 흥미롭고 영양가 높고 웃음 터지는 강의들이 이어졌다. 교수와 학생들 사이의 상호 질문이 많고 긴장감이 팽팽한 것은 분명 학점 때문은 아니었다. 강의 케이스로 등장하는 것들은 실생활에 관련된 '진행형 과제'들이다. 지나간 과제나 남의 이슈들이 아니라 당장 이 지역, 이 도시, 이 사회로부터 의문을 시작하기에 쉽게 집중이 되는 것이다.

교수들 사이의 신경전도 볼만했다. 그중에서도 '팀 강의'는 아주 좋은 예다. 두 명 이상의 교수가 맡는 팀 강의는 학생들이 여러 교수들의 포지션을 비교할 수 있을 뿐 아니라 교수들 사이의 긴장감을 높이는, 아주 좋은 방식이다. 칭찬할 만한 점이라면, 다른 교수가 맡은 강의 시간에도 꼭 교수들이 참관하는 것이었다. 옆에 앉아 있다가 토론 시간이 되면 적극적으로 토론에 참여하는데, 교수들은 강의 후에도 자기네들끼리 열띤 논쟁을 이어가기도 한다.

MIT는 학생이 만 명에 교수가 천 명이니 학생 열 명당 교수 한 명꼴이라서 이런 여유도 가능할 것이다. 하지만 이런 태도가 시간 여유만으로 가능할까? 자기 일에 열정을 가진 사람들, 자신의 생각을 소통하고 싶어 하는 사람들, 다른 교수의 강의에서도 배우고자 하는 교수들이기 때문에 가능한 것 아니겠는가? '배움의 문화양식'이다. 이런 배움의 문화양식이 보편적인 가운데 여러 인상적인 교수들을 만났으나, 특별히 다음 네 타입을 이야기해보자.

교육자란 타고나는 걸까?

나는 이 교수를 볼 때마다 신기했다. 아니 어떻게 이렇게 학생들에게 시간을 내주고 관심을 쏟아줄까? 어떻게 이렇게 격려의 말을 잘도 찾아낼까? 교수실 문에는 상담 시간 게시판이 붙어 있고 학생이 사인만 하면 언제나 상담이 가능하다. 단 20분 상담이지만 교수와 얘기하면 문제가 다 풀리진 않더라도 들어주는 것만 해도 고맙다. 이 교수의 방은 항상 문전성시였다.

처음에는 임용된 지 얼마 안 된 젊은 교수라서 그런 줄 알았다. 그런데 한결같았다. 강의를 거른 적이 없고, 학생들의 과제에 깨알 같은 지적을 달았으며, 스튜디오 크리틱Studio critic은 밤까지 이어졌고, 학과장을 맡아 행정으로 바쁠 때에도 학생들과의 관계만은 여전했다. 중국 칭화대학에서 여름 워크숍을 했던 한 달 동안 미국 학생, 중국 학생 가리지 않고 강의실 안에서뿐 아니라 식사 시간, 애프터 시간의 대화를 이어가는 모습은 경탄스러웠다.

이 교수는 나에게 고마운 일도 많이 해주었다. 첫 1년 후에 영어도 짧은 나에게 TA 자리를 배정해줬던 것도 이 교수였다. 박사 진학을 독려해주었고, 유학 기간 내내 일자리들을 연결해주었고, 논문 지도를 해주었고, 졸업 후에도 강의에 초빙해주기도 했다. 다정다감한지는 잘 몰랐지만, 유학 중 둘째 아이를 출산하고 내가 나타났을 때 깜짝 볼맞춤으로 축하해주기도 했다.

나의 논문 지도교수였던 이 개리 핵Gary Hack 교수는 나중에 유펜 대학의 건축도시대학원 학장으로 옮겼고 우리나라에도 여러 번 왔었다. 나는 20여 년이 지난 후에 새삼 물어보았다. "선생은 타고나는 걸까요? 어떻게 그렇게 학생들에게 한결같이 관심을 쏟고 격려해줄 수 있으세요?" 대답은 참 간단했다. "학생들과 이야기하면 여러 생각들이 나서 즐겁다!" 언제나 즐거울 수 있는 것도 능력이다. 학생들의 아직 순진한, 아마

추어적인 질문에서 초심을 자극하는 생각을 발견하는 것도 능력이다. 태어나기를 그렇게 태어났건, 배워서 그렇게 하는 것이건 교수의 본분을 지키는 것도 진정한 능력이다. 나는 과연 그렇게 할 수 있을까?

90분 강의가 한 사람을 바꿀 수 있을까?

'번쩍' 하던 그 순간을 생각하면 지금도 떨린다. 유학 첫 학기였다. 영어는 귀에 들리지 않고 입은 열리지 않는 답답한 시절을 보내던 때다. 하물며 강의를 녹음해서 다시 틀어 듣곤 했던 시절이다. 그럼에도 불구하고 나는 한 강의에 완전히 넋을 잃어버렸다.

강의는 '도시형태이론Theory of City Form', 교수는 줄리앙 바이나트Julian Beinart. '줄리앙'이라니 신화에 나오는 이름 같지 않은가. 교수의 카리스마도 한 역할을 했을 것이다. 영화배우가 훨씬 더 잘 어울릴 듯한 풍모, 굽슬굽슬한 머리를 수시로 긁어대고 마피아 대부라 해도 좋을 듯한 바리톤의 목소리, 순간순간 던지는 수수께끼 같은 질문으로 학생들을 놀라게 하는 카리스마에 눌릴 지경이었다.

90분 강의는 독특했다. 세계의 도시들을 넘나들며 도시이론을 짚어내는 구성이다. 근사한 도시 그림만 보여줄 것 같지만 전혀 아니었다. 그림은 마지막 30분에 예시로 보여주고 첫 60분은 논리를 펴나가고 학생들에게 의문을 던지고 칠판에 단순한 다이어그램diagram, 개념도을 그려간다. 근사한 이미지에 눈이 먼저 팔리면 본질을 잃어버릴 위험이 커지는데, 의문을 선명히 하고 구조를 알고 난 후에 그림을 보면 '아!' 하게 된다.

드디어 그날이 왔다. 런던과 파리에 대한 강의였다. 사전 지식은 나름 있었다. 워낙 유명한 도시들이니 그 도시계획이나 역사에 대해서 배웠던 바 있었다. 그런데 달랐다. 처음으로 그 도시들이 내 머리에 그려졌다. 조각조각 알고 있던 파편들이 갑자기 짜임새 있게 전체 그림으로 맞춰졌고 이 엄청난 크기의 도시가 갑자기 하나의 그림으로 다가온 것이다. 어떻게 런던은 런던이 되었나, 어떻게 파리는 파리가 되었나, 그 까닭이 한 편의 소설처럼 들어맞는 것이었다.

그 파워는 바로 '통찰력'에서 나온다. 핵심 개념을 세우고 개념을 스토리로 전개하는 파워, 어떻게 90분 동안 이렇게 마음을 흔들어놓을 수 있나? 통찰력이란 그렇게 중요하다. 전체를 통찰하는 힘, 구조를 파악하는 힘, 핵심을 파악하는 힘, 개념을 세우는 힘, 전체와 부분의 연관성을 이해하는 힘, 이런 지적 '통찰력'은 우리 모두 지향해야 할 파워다.

MIT에 있는 동안 나는 그 강의를 세 번 더 가서 들었다. 가을 학기가 되면 강의 스케줄을 찾아보고 런던과 파리에 대한 그 강의가 있는 시간을 일부러 비워서 청강을 했다. 가슴을 다시 뛰게 하기 위해서, 다시 날개 돋는 느낌을 위해서, 다시 지적 감동을 느끼기 위해서. 나는 과연 이러한 강의를 할 수 있을까? 나는 90분 강의로 한 사람을 흔들어놓을 수 있을까?

성찰적 실무자 Reflective Practitioner가 되고 싶다!

도시계획 박사과정에서 토론은 필수 중 필수다. 건축 석사과정에서는 그나마 나의 그림 실력이 꽤 도움이 되었지만 도시계획 과정으로 넘어가니 그야말로 말발과 글발 없이는 통하지 않았다. 정치·경제·사회·행정·부동산·계획 프로세스·통계 등 관련 필수 독서량도 끔찍할 정도로 많거니와 무엇보다도 토론은 나를 항시 긴장 상태로 만들었다. 지금 내가 토론을 즐기는 것은 우리 말로 하기 때문일까, 나의 내공이 그만큼 커진 것일까, 아니면 토론의 정공법을 훈련한 탓일까?

논문 준비과정의 토론을 이끌던 철학자 출신의 돈 숀Don Schon 교수는 토론의 정공법을 구사하는 사람이었다. 무엇보다도 말이 쉽다. 개념이 간명하다. 핵심을 단순하게 짚는다. 학생들이 장황하게 배경과 주제와 사례를 설명하면 끈기 있게 들어주다가, 몇 마디 말로 정리를 하는데 학생의 철학적, 이념적, 사회적, 지식 체계상의 좌표까지 짚어준다. "아, 철학을 제대로 공부하면 저렇게 될 수 있는 건가?" 나는 감탄할 정도로 철학이라는 학문의 논리성에 대해서 눈을 뜨게 되었다.

돈 숀 교수가 제시했던 '성찰적 실무자 Reflective Practitioner' 라는 말은 지금도 나의 실천 좌표가 되고 있다. 쉽게 말하자면, '생각하며 일하라!'라는 말이다. '생각하며 행동하라!'라고 해도 좋다. 무엇이 더 중요할까? 행동일까, 생각일까? 진실이라면, '생각 있는 행동, 행동을 전제한 생각'만이 '실천'으로 이어지는 것 아닐까? 행동에는 수많은 사연들이 얽히고 배경이 복잡해서 맥을 잡지 못하는 위험도 따른다. 행동에 들어가는 에너지로 인해서 행동은 행동을 부르며 계속 맹목적인 행동에만 매몰될 수도 있다. 그래서 생각이 필요하고 성찰이 필요한 것이다. 왜 이 일을 하는가? 이 일은 어떠한 의미인가? 이 일은 궁극적으로 무엇을 위한 것인가? 이 일을 통해 무엇을 이루려는 것인가? 나는 과연 '성찰적 실무자'가 될 수 있을까?

일하는 모습을 보며 배운다

MIT에는 소리 소문 없이 세계교류 프로그램들이 만들어져서 깜짝 놀라곤 했는데, 내가 있던 시절에 드디어 한국과 관련되는 프로그램이 만들어졌다. '동아시아 도시건축프로그램East Asian Program in Architecture & Planning'이 그것이었다. 처음에는 몇 사람들이 만나서 아이디어를 공유하다가 어느 시점이 되자 영근 것이다. 흥미로운 활동의 플랫폼이었던 '건축도시 랩Lab of Architecture & Planning' 내에 하나의 프로그램으로서 등장하게 되었다.

　　1980년대 당시는 일본의 자본 위력이 엄청났고 중국 개방과 함께 새로운 가능성이 탐색되던 시대였다. 한국은 올림픽을 앞두고 있긴 했지만 존재감이 미미했다. 그런데 아무리 그렇다 쳐도 동아시아 프로그램을 만드는 데 중국과 일본을 중심으로 하고 한국을 기타 나라로 분류할 수 있는가? 이런 내용의 제안서를 본 나는 분기탱천(?)해서 즉시 반박하는 제안서를 써서 보냈다. 나의 행동은 뜨거운 논쟁을 불러일으켰다. 결국 이 동아시아 프로그램은 한국·일본·중국을 중심으로 프로그램이 다시 짜여서 출범하게 되었다. 유학 중에 나의 '한국인 의식'이 강해진 데에는 이런 배경도 적잖이 작용했다.

이 사건뿐 아니라 이러저러한 일로 나는 건축도시 랩의 디렉터를 자주 괴롭혔는데, 그 디렉터는 언제나 보스턴 신사처럼 쿨한 목소리와 쿨한 톤으로 내가 거는 논쟁을 잘 받아주었을 뿐 아니라 "바로 그런 스피릿이 MIT를 살아 있게 만든다"며 나를 독려해주기도 하였다. 내가 유학에서 돌아온 이후에도 '동아시아 도시건축프로그램'과 '건축도시 랩'을 통해서 한국과 MIT와 관련된 여러 가지 프로젝트들을 추진하게 되었는데, 그때마다 그 디렉터는 주요한 역할을 담당했다.

20여 년 후에 그 디렉터에게 나는 이런 말을 했다. "MIT에서 수많은 사람들에게 수많은 것을 배웠지만, 가장 많이 배운 사람은 바로 당신이다." 그 디렉터는 일종의 연구 디렉터로서 정식 교수직도 아니지만 계속해서 새로운 프로젝트를 발굴하고 세미나 형식으로 학생들과 만나고 연구자들을 키워왔는데, 조용해 보이는 가운데 움직임을 만들어내고 기회를 포착해서 실제 프로젝트를 만드는 운영방식이 놀라웠다. 나는 같이 일하고 또 옆에서 그의 일하는 모습을 보면서 진정한 프로페셔

널의 모습을 은연중에 배웠던 것이다. 나도 역량 있는 프로가
될 수 있을까?

선생을 통해 배운다

내가 여기서 서술한 네 가지 타입은 선생의 역할에 대한 일부
모습일 뿐이지만 그들이 나에게 던져준 의문들은 의미 있는 의
문들이었다. "교육의 본분이란? 통찰의 힘이란? 성찰하는 실무
자란? 진정한 프로페셔널이란?" 그리고 그 의문들은 여전히 내
안에 살아 있다.

　　선생의 역할은 답을 줄 뿐 아니라, 길게 가는 의문을 후
학들에게 심어주는 것 아닐까? 일하게 하는 힘, 생각하게 하는
힘, 공부하게 하는 힘, 행동하게 하는 힘이 되는 의문들을 선생
을 통해서 얻어내자. 그 의문들을 마음속 씨앗으로 삼고, 그 씨
앗들을 잘 자라게 하는 것은 온전히 우리 자신의 일이다.

　　　좋은 선생이 심어준 의문의 씨앗.

　　　우리 안에서 자라난다.

　　　이윽고 크게 자라리라.

06

모자람을 채울 수 있어
얼마나 근사한가

분수를 알고 분수를 키우자

MIT에서 공부하던 내내 가졌던 느낌을 표현하자면, "내가 왜 이리 작아?"와 "나도 클 수 있어!" 두 가지였다. 모든 사람들이 이 두 가지 느낌을 동시에 가질 수 있다면 참으로 건강한 상황 아닐까? 겸손과 포부를 동시에 가지는 상태, 자신의 부족함을 알면서도 또 그 부족함을 채우고 더 클 수 있다는 희망을 가지는 상태이기 때문이다. 내가 모자라다고 해서 절망하는 것이 아니라 그 모자람을 채우며 더 자랄 수 있다는 포부를 품을 수 있는 것은 얼마나 근사한가?

분수를 알고, 분수를 키우자!

우리 사회에서 분수分數란 말은 그리 긍정적으로 쓰이는 말은 아니다. "분수를 알아라, 네 분수를 지켜라! 분수에 맞게 살아라!"라는 말들은 일단 사람의 기를 꺾는다. 좋은 뜻으로 자주 쓰이는 '안빈낙도安貧樂道'라는 말도 겸허하고 즐겁게 살라는 의미이지만 제 분수에 맞추어 살라는 뜻이 내포되어 있다.

나는 이런 말들이 석연치 않다. 어렸을 적 나의 아버지는 밥상머리에서 항상 "아래 보고 살어!"라는 말을 하시곤 했다. '사치하지 말고 아끼고 살라, 허영 부리지 말라, 우리보다 못사는 사람들을 배려하는 마음을 가지라'는 뜻인 것은 알았지만, 나는 속으로 이렇게 되뇌곤 했다. "아래만 보고 살면, 언제 위로 올라가나?" 어린 마음에 '분수를 알라'는 말이 싫었던 것이다. "네 꿈은 쓸데없다. 아무리 발버둥 쳐봐야 네 분수를 넘치는 것이다"라는 뜻으로 들려서 석연치 않았던 것이다.

분수 지키기란 분명 좋은 덕목이다. 그러나 이 덕목을 지나치게 강조하면 자신을 작게 한정하고 도전을 제약하는 문제가 생긴다. 사회적으로도 계급 사회, 계층 사회, 권력 사회의 현실에 지레 무릎을 꿇게 만들고 불평등, 불공정, 부정, 부조리를 없애려는 노력을 약화시킨다. 힌두교 교리가 내세와 윤회를 강조함으로써 현세의 문제에 대한 비판의식을 약화시키고 경직된 신분제도를 인내하게 만드는 것처럼 말이다. 한 사회에서 오랫동안 답습해온 전통이란 보수적인 경우가 많아서, 기존 권력과 권력 구조, 기득권 계층, 잘못된 관습과 관행들을 합리화하고 결국 새로운 도전을 억제하면서 기존 사회질서를 유지하려는 성향이 강해진다. 그렇다고 분수를 지킨다는 말이 분명 나쁜 말도 아니거니와 안빈낙도의 뜻 역시 나쁜 것이 아니다. 이러한 철학을 지나치게 단일한 도덕 기준으로 또는 아름다운 삶의 기준으로 강요하는 것은 경계해야 하지만, 좋은 뜻은 좋은 뜻이 아닌가. 생각 끝에, 나는 '분수를 알면서 분수를 키우자!'라는 소신을 만들었다.

건강한 성장의 개념을 익히고 보니

내가 MIT에서 '분수를 알고 분수를 키운다'는 건강한 성장 개념을 몸으로 익힌 것은 두고두고 도움이 되었고 일단 마음의 균형을 이루고, 개방적인 태도를 유지하고, 자존심을 가지고, 적극적인 활동을 하는 데 도움이 된다. 실패도 성공도 다 받아들일 수 있다. 성공 스토리를 많이 알게 된 것 이상으로 실패 스토리를 더 많이 보았고 그로부터 배우는 것이 더 중요하다는 것도 익혔다. 무엇보다도 성공과 실패를 따지지 않고 무엇을 이루겠다고 노력하는 과정 자체가 의미 있다는 것을 깨달았다.

이런 성장 개념을 가지고 있으면 탁월한 업적, 거대한 지적 세계, 천재적인 인물들의 놀라운 행위 앞에서 주눅 들어야 할 이유가 없다. 내가 꼭 그렇게 될 수 있을 것이라는 기대 때문이 아니라, 나 역시 어떠한 잠재력을 가지고 있다는 가능성을 믿을 수 있기 때문이다. 아무리 작은 역할이라 하더라도 나 역시 그 어떤 의미 있는 역할을 할 수 있다고 믿을 수 있기 때문이다.

다른 사람들의 뛰어남을 감식하고 기꺼이 인정하는 능력도 생겼다. 솔직히 감탄도 많이 하게 되고, 그런 감탄 속에서 배움이 커지기도 한다. 그런 사람들을 만나면 기쁘고 즐겁다. 뛰어난 사람들을 만나면 부러운 마음과 함께 고마운 마음도 같이 든다. 이 사람들과 같은 시간, 같은 공간을 같이 할 수 있다는 것이 고마운 것이다. 물론 냉철하게 감식하고 통렬하게 비판하는 안목도 더불어 생겼다. 쓰레기를 분별하고 거짓을 분별하고 허위와 허영을 분별하는 안목이다. 가장 현실적이 되고 가장 현장적인 기준이 생긴 것이다. 기준이 높아진 만큼 통렬한 비판이 더 많아지는 문제가 없지는 않지만, 분별하는 안목은 지식인의 기본이 아닐 수 없다.

자존심이란 바로 이런 상태에서 가장 건강하게 피어오르는 것 아닐까? 기꺼이 인정하건대, 나는 자존심이 건강하다. 나의 의견을 주장하고 대접받기를 원하고 비판을 거부하는 그릇된 자존심이 아니다. 나를 열고, 다른 의견을 듣고, 아무리 내가 소수가 된다 하더라도 의견을 밝히고, 다른 사람들이 겉모습으로 나를 재단하더라도 흔들리지 않으며, 사람들이 부추기거나 또는 짓밟으려 들어도 흔들리지 않는다는 뜻의 건강한 자존심이다. 다른 사람들이 나를 하나의 사람으로 존중해주기를 바라는 자존심이고, 무엇보다 나의 자존심과 함께 다른 모든 사람들의 자존심이 짓밟히지 않기를 바란다.

경쟁과 협력, 그리고 공정

'분수를 알고 분수를 키우겠다는 건강한 상태'에서는 '경쟁과 협력'을 동시에 할 수 있는 능력이 커진다. 나는 이것이 일의 세계에서 또한 사람 사회에서 가장 중요한 덕목이라고 생각한다. 한 인간이 살아가는 삶에서도 든든한 버팀목이 되는 자세라고 생각한다.

사실 우리 사회는 지나치게 경쟁적인 사회다. 생존 경쟁이 치열해지기도 하지만, 그 경쟁 방식이 점점 더 삐뚤어지는 것 같아서 서글퍼지기도 한다. 경쟁이 왜 남을 누르고 이기는 것이어야만 하는가? 경쟁의 룰이 왜 이리 공정하지 못한가? 왜 '백back'과 '연'을 앞세우는가? 왜 정정당당하게 실력으로 승부하는 신뢰사회가 못 되는가? 왜 경쟁하면서도 공통의 사안에 대해서는 기꺼이 협력하지 못하는가? 왜 다른 사람의 성장을 기꺼워하지 못하는가? 왜 우리의 세계를 자꾸 좁히려 드는가?

협력과 경쟁이 동시에 가능해지려면 가장 중요한 것이 '팀 정신'이다. 5부에서 다시 이야기하겠지만, 내가 '팀으로 일하고 싶다'고 갈구하는 것도 바로 이 때문이다. MIT라는 공부 생태계에서 가장 부러웠던 점이 바로 팀 정신이기 때문이다. 개별적인 인간의 역량을 인정하는 것은 물론 하나의 팀으로서 큰 흐름을 만들어가는 것에 대한 믿음이 전제되어야 한다.

그러나 '분수를 알고 분수를 키우는 자세'가 보편적이 되려면 꼭 필요한 전제가 있다. 기회가 평등하고 과정이 공정함을 믿을 수 있어야 한다는 것이다. 바로 '정의'가 가능하다는 믿음이다. 적어도 정의에 대한 기준을 공유해야 하는 것이다. 실력에 대한 기준을 공유하고 같이 추구하는 가치 기준을 공유할 수 있어야 하는 것이다. 비록 인간이 모여 사는 사회가 완전할 수는 없으나 기회가 아예 없거나 과정이 불공정해서 성장의 가능성 자체를 기대할 수 없다면, 누가 '분수를 알면서 분수를 키우고자 하는 희망'을 가질 수 있겠는가?

MIT에서 내가 얻은 것은 바로 이런 희망이었다. 만약 내가 여자라서, 내가 공부할 돈을 마련할 수 없어서, 내가 영어가 짧아서, 내가 아이를 돌보느라 공부를 끝까지 할 수 없었더라면 이런 희망이 생겼겠는가? 나를 믿어주고, 나에 대해서 기대해주고, 나를 온전히 한 인간으로서 대해주는 분위기를 느끼지 않았더라면 이런 희망이 생겼겠는가? 공부하기 자체가 참 근사하다는 깨달음을 얻고, 공부생태계가 근사하게 작동하는 환경을 만들고 싶다는 희망, 근사하게 팀을 이루면서 일하고 싶다는 갈구, 그리고 나도 한 역할을 해보겠다는 포부를 가지고 MIT 유학을 마치면서 나는 드디어 우리 사회로 돌아올 수 있었다.

> 분수를 지키고 분수를 키운다는 것.
> 진짜 실력이 가동되는 사회일 때 가능할 수 있다.
> 공정함과 정의로움은 기본 조건이다.

‘ 프 로 ’ 로

일 하 는

인 생

■

공 부 실 천 론

01

지식체계의 틀을
익히는 게 중요하다

호된 훈련 후에야 검증되는 가치, 박사

나는 박사 학위를 땄다. 그리고 드디어 돌아왔다. '광주민주화운동'이 있던 1980년 여름에 떠나 '6월 항쟁'이 있던 1987년 겨울에 돌아온 것이다. 미국에 가서야 '광주민주화운동'의 참극을 속속들이 알게 되어 충격을 엄청나게 받았다. 논문 쓰느라 정신없는 와중에도 6월 한 달 내내 〈뉴욕타임스〉 신문 1면에 대서특필 되는 거리 항쟁의 장면을 보면서 애를 태웠다. 트위터는커녕 웹도 없고 CNN도 없던 시절이니 얼마나 속을 끓였겠는가. 천만다행으로 국민의 힘은 대통령 직선제를 부활시켰다. 민주주의의 진전에 대한 기대가 생기니 논문도 더 잘 써졌고, 꽤 희망찬 마음으로 돌아올 수 있었다.

　박사 학위를 땄다고 해서 내 인생이 편해지리라 생각한 적은 없다. 내가 일하는 도시건축 분야가 얼마나 녹록치 않은지 갈수록 잘 알게 되었거니와, 우리 사회로 돌아오며 또 다시 내가 여성이라는 엄연한 사실을 의식하지 않으려야 않을 수 없었고, 이른바 '박사 프리미엄' 같은 것보다는 '박사 페널티'가 더 작용할 것 같은 우려도 있었다. 고학력자란 일정한 위치를 차지하면 프리미엄도 붙지만, 진입 자체를 못 하는 경우도 많고 여성 고학력자들에게는 프리미엄보다 페널티가 가해질 위험이 더 크기 때문이다. 지금도 역시 일자리를 못 구하는 박사들이 부지기수다. 학력이 높은 만큼 심적 부담은 훨씬 더 커질 수밖에 없다. 그럼에도 굳이 박사를 하려는 이유는 뭘까?

"박사 다 됐네!"

"박사의 효용성은 단 하나, '죽을 때까지 박사로 불릴 수 있다'라는 것뿐에요!"라고 나는 가끔 농담을 한다. 직장이나 직위에 따른 호칭은 그 자리를 떠나면 끝이지만, '박사 학위'를 따면 죽을 때까지 '박사'로 불릴 수 있다. 여러 호칭으로 불려봤지만, 내게 그나마 제일 맘 편하게 들리는 호칭은 '김 박사'다. 없어지지도 않고 변하지도 않는 호칭이니, 쓸모가 있다.

도대체 '박사'란 무엇일까? 우리는 일상에서 "박사 다 됐네!"라는 표현을 자주 쓴다. 여기에는 '열심히 하더니만 이제 모르는 게 없네, 도사가 다 됐네, 더 공부할 게 없네!'라는 뜻이 담겨 있다. 그런데 이런 비유와 달리, 박사가 된다고 해서 모르는 게 없어지지도 않고, 도사가 되는 것도 아니며, 공부할 게 없어지는 것도 아니다. 참으로 이상한 것이, 왜 아는 게 많아질수록 오히려 모르는 건 더 많아지는가? 수준이 높아질수록 왜 내 수준은 별 것 아니게 보이는가? 공부를 할수록 오히려 공부할 건 더 많이 보이는가? 이런 생각이 들지 않는다면, 제대로 공부하지 않은 박사일지도 모른다.

박사의 역량은 딱 두 가지다. 하나는 지식 체계를 조감하는 역량, 다른 하나는 자신이 설정한 문제를 속속들이 푸는 역량. 전자는 이른바 '박사과정'을 거쳐 박사 자격시험qualifying exam을 준비하면서 닦이는 역량이고, 후자는 '학위논문'의 주제를 정하고 연구를 통해 완성도 높은 논문을 쓰는 과정을 통해 체득되는 역량이다. 전자는 넓은 역량, 후자는 깊은 역량이라고 해도 좋다.

지식 체계의 틀을 익히는 것은 무척 중요하다. 지식의 양은 무한하게 커져도 지식 체계의 틀은 쉽게 흐트러지지 않기 때문이다. 주제를 포착하는 역량을 익히면 연구할 주제가 자꾸 보이게 되며 호기심과 궁금증 때문에라도 공부를 계속하게 된다. 그래서 박사 공부를 제대로 한 사람은 당장의 논문 성과 자체보다도, 공부하고 연구하여 체계적으로 정리하고 그 성과를 소통하는 능력을 익혔다는 사실이 중요한 것이다.

박사, 높이 보지도 말고 우습게 보지도 말자

그러니, 박사라고 너무 높이 볼 필요도 없고 또 박사를 너무 우습게 볼 필요도 없다. 대개 박사과정에 2년여, 논문 쓰는 데 2년여를 투입하게 되는데, 그렇게 넓게 또 깊게 공부하는 시간 투자만도 어디인가? 튼튼한 지식 체계를 바탕으로 하나의 문제를 깊이 들여다보는 훈련을 하는 시간만큼 가치가 있을 것이다.

그런데, 이런 가치가 그리 금방 나타나는 것은 아니다. 박사 학위를 막 받은 사람의 역량이 되면 얼마나 되겠는가? 죽을 둥 살 둥 온 기력을 투입해서 논문을 완성하고 학위를 받았더라도, 그 사람의 역량이 잘 발휘될지 아닌지 검증되려면 시간이 필요하다. 나의 이론으로는, 3년은 지나봐야 한다. 이른바 '포스닥Post Doc, 박사 취득 후' 프로그램에 대개 2~3년 투입하는 것도 자신의 역량을 실제적으로 써먹는 기량을 발전시키는 훈련 기간인 것이다. 마치 사법시험 후 사법연수원을 거치는 것처럼, 정식 의사가 되기 전에 수련의를 거치는 것처럼 말이다.

박사 학위를 받은 나도 그런 걱정을 했었다. 그 어떤 수련 과정은 분명히 필요했다. 우선 나는 오랜 시간 동안 우리 사회를 떠나 있었다. 미국 상황을 연구하는 것이 확실한 공부가 되리라는 생각에 미국의 핫 주제로 논문을 썼다. 내가 유학했던 1980년대는 레이건 대통령 시대로 온갖 종류의 민영화가 전개되었던 시절이다. 나는 공공 공간을 민간에 위탁해서 운영하는 민영화 방식이 '사유화의 위험이 없느냐, 과연 공공성이 지켜지느냐, 시민 의식은 어떻게 변화하느냐, 공공 공간에서의 표현의 자유와 집회의 자유는 보장되느냐'라는 문제의식으로 「공공 공간의 민영화the privatization of public open space」라는 논문을 썼다. '표현의 자유'를 최우선적인 헌법적 가치로 여기는 미국 사회에는 공공성에 대한 수많은 논쟁과 판결 사례들이 있는데 헌법에 대한 미국 대법원의 판결 논지를 공부하던 것은 무척 흥미로웠다.

그런데, 아무리 박사 논문을 썼으면 뭐하나? 정작 나는 우리 사회에서 무엇을 할 수 있느냐? 무엇을 해야 하느냐? 본격적으로 현실적인 고민이 시작되었다.

3년 동안의 호된 훈련

귀국 후 일자리를 알아보면서 어느 대학 교수직에 한 번 응모한 적이 있었는데, 인터뷰 대상에 오르지조차 못했다. 나중에 그 대학교수가 하셨던 말씀, "그때 우리 대학의 교수가 되었더라면, 지금의 김진애가 있겠어요?" 그 말씀을 하시는 동기가 여하하든 취지에는 공감한다.

나는 '운 좋게도' 그때 교수가 못 되었다. 만약 박사 학위를 따자마자 교수가 되었더라면, 훈련을 제대로 하지 못했을 것이다. 대신, 나는 3년 동안 그야말로 '세게' 실무 훈련을 할 수 있었다. '대한주택공사 주택연구원'이라는 곳이다. 이곳에서 나는 노태우 정부가 추진했던 5개 신도시 중 산본 신도시 설계에도 참여했고, 내가 주구장창 주장해왔던 '도시형 아파트' 연구도 했고, '임대조건부 분양주택'이라 불리는 '준 공공임대주택' 정책 연구도 했고, 이탈리아 밀라노트리엔날레에 출품하는

'서울 전시관' 설계도 했고, 과학기술부가 주관하는 '주택기술 정책 프로젝트'를 따느라 동분서주하기도 하였다. 정책 연구, 도시설계실무, 정책 기획, 문화 전시 등 스펙트럼이 넓은 일을 통해서 단기간에 엄청난 훈련을 할 수 있었다.

그런데 정작 이 기간 중 내게 가장 큰 공부가 되었던 것은 프로젝트들이 아니라, 우리 사회 관료주의와의 끊임없는 투쟁이었다. 대한주택공사 주택연구원이란 직장은 우리 사회의 관행과 관성의 속성을 배우기에 더없이 이상적인(?) 환경이었다. 일종의 '사이에 끼인' 환경이었기 때문이다.

국토부 산하 공사의 관료주의적 관행과 연구원의 진취적인 마인드는 끊임없이 부딪친다. 연구원쯤이야 가볍게 없애버리거나 축소할 수 있다는 위협으로 연구원의 도전을 꺾으려는 시도가 끊이지 않던 시대였다. 공공 실무와 민간 실무 사이에서 끊임없이 조정하는 역할을 맡게 되기도 한다. '사업'을 시행하는 공기업은 일단 '갑'이 되는 것이다. 국토부에 대해서는 힘없는 '을'이 되고 민간 업체에 대해서는 힘센 '갑'이 되는, 공기업의 속성이다. 철저하게 '갑질'에 익숙한 공사 측과 '을 입장'을 이해하려는 연구원 측의 입장이 종종 부딪힌다.

학계의 진보적 이상론과 관료 사회의 보수적 현실론 사이에 끼이는 경우도 왕왕 있다. 공기업의 유전자와도 같은 비공개주의와 각종 비판의 칼을 들이대는 언론 사이에 끼이게 되는 경우도 다반사다. 연구원에 속해 있는 '박사급'들은 이런 상황에서 이른바 '쿠션' 역할을 해야 한다. 적절히 '중간자'적이고, 합리적으로 '설득자'적이고, 유연한 '외교자'적인 역할을 하라는 압력을 은연중에 받는다.

까놓고 말하자면, 어느 사이에 끼인다는 것은 무척 흥미로운 상황이다. 양쪽의 입장 차이가 보이고, 의견 차이가 보이고, 고정관념과 편견들이 보인다. 양쪽이 잘 보이는 만큼 문제 해결책도 잘 보이게 되는 이점도 있다. 비록 피곤하기는 하지만 상당한 영향력을 발휘할 수도 있다. 조정이라는 것은, 실질적 파워를 발휘할 수 있는, 아주 막강한 기능이기 때문이다.

나중에 내가 국회의원직을 할 때 나름 역할을 수행했던 것도 이 시절에 중간자적 체험을 절실하게 해봤기 때문일 것이다. 창업 후 거친 실무 세계에서 내가 살아남을 수 있었던 것도 이 시절에 갑과 을의 역학 관계를 익혔기 때문일지도 모른다. 물론 우리 사회에서 도시건축 분야의 온갖 비합리성을 고치고 싶다는 강한 의지를 가지게 된 것도 이 시절의 경험 덕이다.

박사 학위를 받고 3년 동안 그야말로 전쟁과 같은 나날들을 보냈다. 겉으로는 화려했다. 연구 실무에 성과를 내어 주목도 받았고, 이른바 '오피스 정치학office politics'을 이겨내는 비법도 익혔고, 우리 사회에 성공적으로 안착하고 있다는 평가도 받았고, 대외 활동을 통해 사회적인 발언도 하는 등 활동이 다양해졌다. 하지만 속으로는 상처가 깊어지기 시작했다. 나라는 인간이 소모된다는 느낌, 나의 에너지를 낭비하고 있다는 느낌,

나의 활동에 구속을 받는다는 느낌 등, 조직생활을 일정 기간 하고 나면 누구에게나 찾아오는 고민들이다. 변화의 시점이 다가오고 있었다.

변화가 필요해졌다, 어떤 선택이 가능한가?

하지만 이것만큼은 분명하다. 만약 내가 박사 학위를 받은 후에 바로 교수직을 얻었더라면 나의 인생은 꽤 달라졌을 것이다. 비록 전쟁과 같은 나날이었지만, 그 3년 동안 정신없이 일했고 뜨겁게 일했고 신나게 일했다. 그 과정에서 너무도 귀중한 것들을 배웠다.

혹독한 훈련을 거치고 난 후 나름 기본 기량은 익힌 것 같았고, 세상이 돌아가는 법이 보이는 것 같았고, 세상이 얼마나 녹록지 않은지 뼈아프게 체험했고, 나 자신의 가능성이 보였고, 또 나 자신의 한계가 보이기도 했다. 이제 어떤 선택이 가능할 것인가?

학위가 기량을 보장해주지는 않는다.
공부 역량은 호된 훈련을 통해 비로소 검증된다.
검증된 후에 나타나는 역량이 진짜 역량이다.

02
처음부터 끝까지
직접 해본다

창업은 최고의 공부다

단언한다. 창업은 최고의 공부다. 내 인생에서 가장 어려웠던 선택을 꼽으라면 나는 주저 없이 창업을 꼽는다. 출마를 해보기도 했고 낙선의 아픔도 겪어봤지만 창업만큼 어렵지는 않았다. 인생에서 꼭 해봐야 할 일로 '창업, 출마, 낙선' 세 가지를 꼽곤 하는데, 그 어느 하나 쉽지 않은 선택임은 분명하지만 그 어떤 선택도 우리 인생에서 일어날 수 있음을 의식하자는 뜻도 있다.

그중에서도 창업은 가장 피가 되고 살이 되는 체험이다. 성공했느냐 실패했느냐는 중요치 않다. 실패한 경험조차도 피가 되고 살이 된다. 남이 마련해준 자리란 아무리 높은 지위에 올라갔더라도 한계가 있다. 책임감과 절박감에 있어 그러하다. 자신이 세운 업은 온전히 자신의 책임이니 절박하기 짝이 없고, 절박한 만큼 적극적이 되고 책임감이 더 높아진다. 그런 절박감으로 수많은 위기에 대처하고, 위험에 대비하고 기회를 포착하려 애쓰게 된다. 한마디로, 창업이란 처음부터 끝까지 자기힘으로 해본다는 뜻이다.

왜 '창업'인가?

창업할 때 꼭 무슨 원대한 구상을 가지고 시작하는 것은 아닐 것이다. 대개는 '이것밖에 할 게 없다'는 심정으로 결정되는 것 아닐까?

나의 창업이 이색적이었던 점이라면, 첫째, 시대를 앞서 실천했던 것, 둘째, 여성이 창업을 했다는 것, 셋째, 박사 학위의 고학력자가 학교나 연구소 대신 창업을 선택했다는 것 정도다. 지금은 대학생 창업, 청소년 창업까지 다양하고 벤처기업뿐 아니라 협동조합이나 사회적 기업까지 여러 종류의 창업을 격려하는 분위기다. 여성이 주도하는 창업도 꾸준히 늘고 있고, 박사 학위 소지자들의 창업 역시 무척 활발해졌다. 그만큼 우리 사회가 진취적이고 적극적이 되어간다는 신호고 새로운 사업 아이디어들이 속출할 만큼 우리 사회가 다양해진다는 신호다. 하지만 다른 한편, 그만큼 기존 일자리들의 숫자가 줄어들고 있다는 경제 구조적 변화도 시사한다.

나의 창업에 대해 나 자신이 흥미롭게 생각하는 점은, 창업할 때까지만 해도 내가 한 번도 창업이라는 것을 생각해보지 않았다는 점이다. 자랄 때나 공부할 때나 대개 취직을 생각했고, 어느 조직의 팀장이 되거나 파트너급을 생각했을 뿐이다. 팀장이라 해도 조직의 팀장보다는 프로젝트 팀장을 주로 떠올렸으니, 일 위주로 생각하는 전문가 기질이 농후했던 셈이다.

주택공사 주택연구원에서 3년 동안 정신없이 일하며 절실하게 변화가 필요하다는 생각을 하면서도 딱했던 것은, 돌파구가 전혀 보이지 않던 것이었다. 오라는 데도 없었지만 더 큰 문제는 내가 가고 싶은 곳도 없다는 사실이었다. 다른 비슷한 연구조직에 가야 할 이유는 전혀 없었고, 당시로는 민간 전문가가 공무원으로 일하는 기회도 없었고, 민간회사들의 속성을 잘 아는 나는 그 안에서의 활동 한계를 너무도 잘 알고 있었다. 남들은 내 속도 모르고 여전히 '교수 타령'을 했지만, 치열한 업무 훈련을 겪고 나니 이제는 나 자신이 교수직에 매력을 느끼지 못하게 되었다. 그러니 대체 무엇을 해야 한단 말인가? 참으로 딱한 지경이었다.

여러 달을 고민했는데, 어느 새벽 갑자기 '천재적'인 아이디어가 떠올랐다. "오라는 데도 없고 가고 싶은 데도 없으면, 새로 만들면 되잖아?" '창업'이란 것이 처음으로 떠오른 것이다. '대체 이 생각을 이전에는 왜 못했을까, 내가 참 바보 같다, 나도 고정관념에 사로잡혀 있었구나!' 싶어 내 스스로에게 웃음이 나왔다.

창업 스토리의 겉과 속

남들의 창업 스토리들을 들으면, 참 어찌 그리 뭘 모르고 시작했을까 하는 생각이 들지 않는가? 실제 그렇다. 막상 자기 일이 되면 얼마나 자신이 준비되어 있지 않은지 알게 된다. 그것도 그럴 것이, 우리의 교육에서 상세한 내용을 별로 알려주지 않거니와 현장에서 벌어지는 디테일에 대해서는 더구나 대충대충 넘어가는 성향이 있기 때문이다. 나도 마찬가지였다. 말 그대로 새로 걸음마를 배우는 심정이었다. 처음부터 끝까지 내 손으로 해나가는 과정을 거쳤고, 이른바 돈 관리, 조직 행정, 고객 관리, 세무 행정, 서류 행정을 하나하나 배워나갔다.

내가 세웠던 '서울포럼'이라는 회사를 많은 사람들이 설계 회사로 미리 단정 짓는 경향이 있는데, 실제로는 컨설팅 성격의 회사였다. 1990년대에 떠오르는 새로운 흐름을 감지할 수 있었는데, 프로젝트들이 훨씬 더 다양해지고, 공공과 민간 등 클라이언트 기반이 훨씬 더 다양해지고, 더욱이나 민간 활동이 엄청 다양해지고 있었다. 창업을 하며 나는 몇 가지 원칙을 세웠다. 첫째, 최대한 몸을 가볍게 움직인다. 둘째, 공공과 민간을 넘나들며 일한다. 셋째, '프로젝트 기획', 특히 초기 기획에 도움을 주는 컨설팅을 한다.

몸 가볍게 움직인다는 첫째 원칙은, 조직 먹여 살리느라 지나치게 묶이지 않겠다는 것뿐 아니라 다양한 분야의 사람들과 수평적 협력을 하겠다는 뜻이다. 프로젝트의 성격에 따라

아웃소싱과 네트워킹과 파트너링을 하지 않고서는 수준 높은 일을 할 수 없고 그런 인재들이 하나의 회사에 다 모인다는 것은 불가능하기 때문이다. 공공과 민간을 넘나들며 일하겠다는 둘째 원칙은, 공공성도 살리고 민간 활력도 살리는 매개 역할을 하겠다는 뜻이다. 나는 민간의 활력이 중요하다는 나의 근본 믿음을 살리되 사회에도 좋은 일을 할 수 있다는 믿음을 같이 갖고 있었다. 비록 힘들기는 하지만 이룰 수 없는 꿈은 아니라고 생각했다. 프로젝트 초기 기획에 도움을 주는 컨설팅을 한다는 셋째 원칙은, 우리 사회에서 첫 단추가 잘못 꿰어지는 일들이 너무도 많기 때문이고, 불확실성과 비예측성 때문에 속아 넘어가는 일들이 너무도 많기 때문이다. 어떻게 프로젝트를 정의하고 어떻게 풀어가야 하느냐 하는 프로그래밍이 프로젝트 초기의 핵심인데, 우리 사회에서는 그 시절에도 지금도 무척 부족한 부문이다.

나는 나의 창업 원칙을 잘 지켜냈을까? 그러고도 살아남았을까? '너무 이상적이다, 우리 사회에서는 그런 식으로 살아남을 수 없다, 빨리 집어치우고 편한 데 취직해라'라는 식의 말들을 주변으로부터 많이 들었다. 그럼에도 불구하고, 창업하고 절반이 3년 이내에 폐업한다는데 18년을 계속 했으니 살아남은 셈이다. '월급날이 얼마나 빨리 돌아오는지'라는 모든 사장들의 애로를 나 역시 겪었지만, IMF 외환위기가 있을 시절 딱 한 달만 빼고는 월급날을 지켰다. 조직을 감당하기 어려울 정도로 늘리지 않겠다는 원칙도 대체로 지킨 셈이다. 프로젝트마다 팀을 꾸린다는 것이 공이 많이 들고, 협력사들과의 파트너십이 순조롭게 굴러가지만은 않았지만, 언제나 역동적인 과정이었다. 머리와 시간을 같이하며 일했던 경험은 흥미로운 에피소드들을 만들었고, 지금까지도 문제의식을 공유하는 동료이자 친구로서 남아 있으니 그것도 큰 자산이다.

"돈 많이 벌지 않았나?"라는 멘트는 나에 대한 모욕으로 여긴다. 머리와 시간을 쓰며 일하는 사람들은 크게 돈을 벌지 못하는 게 정상이라고 생각하기 때문이다. 오직 일하는 것에 시간을 쓰고 온 머리를 쓰다 보면, 쉽게 돈 버는 방식에 쓸 시간도 머리도 없어진다. 다만, 내 어릴 적 소박한 꿈처럼, '내가 벌어서 먹고살 거야!' 하는 기준은 웬만큼 지켰다. 유학 중 학자금 융자도 다 갚았겠다, 두 아이도 키웠겠다, 우리 집도 지었겠다, 이만하면 충분하지 않나?

'을의 비애'와 '을의 자유'

그런데 정작 창업이라는 주제로 내가 하고 싶은 이야기는 다음 이야기다. 창업이란 완벽하게 '을'로 다시 태어나는 과정이라는 사실 말이다. 우리 사회에서 민간이란, 중소업체란, 그리고 전문가란 대부분 '을'이 될 수밖에 없는 운명에 있다. 공무원이나 대기업은 아니더라도 그나마 대학교수나 공공 연구소의 박사들은 '준‡갑' 행세를 할 수도 있지만, 민간 전문가들은 '완전을'이다.

'을의 비애'는 모두 다 아는 바다. 갑의 전횡과 횡포를 견뎌야 한다. 갑의 횡포는 가격 후려치기나 결제 미루기뿐 아니라 끊임없이 주문 바꾸기, 무상으로 A/S 요구하기, 중간에 주문 거두기, 아예 프로젝트 없애기 등 수없는 수작들이 있다. 입에 담기도 싫은 더러운 짓들을 거론하지 않더라도, '아니꼽고 더럽고 메스껍고 치사한' 방식들이 무수하게 행해지는 것이다. 나 역시 이 모든 '을의 비애'를 절감했다. 때로는 실망으로, 때로는 절망으로, 때로는 손해로, 때로는 분노로. 이런 실망과 손해와 분노를 이겨내는 것도 '을' 역할을 행하는 수련 과정이다.

물론 '을의 비애'만이 아니라 '을의 자유'도 있다. 가장 큰 자유라면, '거부권'이다. '선택권'이라고 해도 좋다. 마음에 안 들면 그 일을 안 해도 되고 그 고객을 거부할 수 있는 것이다. 마음에 드는 일을 고르고 궁합이 맞는 고객을 선택할 수 있는 것이다. 계약까지 하고 나면 자칫 노예가 될 수도 있으니 잘 판단해야 하는 것은 물론이다. '먹고사니즘' 때문에 자칫 '거부권은커녕'이 될 수도 있지만, 선택권이란 을의 근본적인 권리다. 이른바 '조직 맨'이 아니기 때문에 가질 수 있는 자유다. 이 자유를 잘 행사하면서도 생존할 수 있다면, 을의 입장도 썩 괜찮을 수 있다.

이 생각은 바로 '을의 책임'에 관한 이슈로 넘어간다. 전문가의 책임성, 프로로서의 책임감을 어떻게 규정하느냐 하는 것이다. '싫으면 안 한다, 문제되면 거부한다'가 아니라 어떻게 전문가로서 쌓은 기량과 판단력과 분별력을 잘 사용하여 일을 규정하고 고객을 설득할 수 있느냐가 관건이 되는 것이다. 더구나 환경 자체를 공정하고 정의롭게 만드느냐 하는, 말하자면 전문가의 도덕성과 공적 역할에 관한 의문인데, 이에 대해서는 5부에서 다시 한 번 논해보자.

세상은 당신에게 관심이 없다

창업의 가능성은 인생 어느 시점에서든 누구에게나 다가올 것이다. 제조 업종이든, 컨설팅 업종이든, 서비스 업종이든, 사회 서비스 업종이든, 영리 기업이든, 사회적 기업이든, 사회단체든, 프리랜서든 간에 일생의 어느 시점에서 창업을 고민하고 창업에 참여할 것이고 또 창업을 주도하는 입장이 될 것이다. 우리의 인생은 워낙 길어서 제2, 제3의 인생 사이클이 기다리고 있으며, 우리 각자가 쌓은 전문성과 경험을 발휘할 수 있는 창업의 세계란 워낙 넓기 때문이다.

　창업하면서 꼭 각오해야 할 것이 있다. '세상은 별로 당신에게 관심이 없다'는 냉정한 사실이다. 다른 사람들의 성공적 창업 스토리를 주목해주는 것은 TV나 강연회에서나 일어나는 일이다. 현실에서는, '당신은 대체재로 보일 것이다. 당신은 도구로 보일 것이다. 당신은 소모재로 보일 것이다'라는 엄연한 사실이 기다린다. 이 냉정한 현실을 냉철하게 받아들이자. 그리고 실망과 좌절과 손해와 분노를 딛고 살아남자. 또 새로운 가능성을 모색해보자.

공부하고 취직해서 일을 잘하는 것은 물론 좋은 일이다. 그러나 다른 사람들을 위한 일거리를 만들고 남들을 위한 일자리를 만들고, 사환부터 사장까지 모든 일을 감수하면서 창업하는 것은 용기가 필요한 일이다. 속담처럼, 소꼬리가 되는 것보다 닭 머리가 되는 게 훨씬 어렵다. 성공했느냐 실패했느냐는 중요하지 않다. 업을 세워보는 것 자체가 중요한 체험이다. 부디 창업하라!

창업으로 사람은 다시 태어난다.

당신의 창업 원칙은 무엇인가?

'을의 비애'와 '을의 자유'를 알고, 창업하라!

03
현장 공부는
최선의 공부다

4대강 170개 공구를 다 돌았다

현장 공부는 최선의 공부다. 현장 공부란 학교 공부, 학원 공부, 책상 공부, 책 공부, 자료 공부, 실험실 공부와는 본질적으로 다르다. 학교 과정을 통해 박사가 된 사람보다 현장의 일을 통해 '박사 소리'를 듣는 사람에게 우리가 경외심을 표명하는 것은, 피가 되고 살이 되는 그들의 지식과 지혜에서 배울 바가 많은 것은 물론 수많은 시행착오와 실패의 아픔을 딛고 땀 흘려 일구어낸 인간에 대한 존경심이 자연스럽게 우러나기 때문이다.

그런데도, 왜 현장을 피할까?

현장 공부의 중요성은 참으로 많은 사람들이 강조한다. 모든 의문과 답이 다 현장에 있다고 한다. 지식이 가장 생생하게 작동하는 곳이 현장이라고 한다. 역사의 현장, 사건의 현장, 작업의 현장, 문제의 현장에 가야 비로소 해결책이 나온다고 한다. 그런데 우리 공부의 '현장성'이 강한가 하면 별로 그렇지 못하다. 사람들은 현장을 외면하거나 피한다. 현장을 강조하면서도 왜 현장을 피할까? 딱 두 가지 이유만 들어보자.

첫째, 현장에 가면 복잡해진다고 생각하기 때문이다. 현장이란 수많은 현상들이 일어나는 곳이다. 그 가닥을 잡고 구조를 파악하기가 그리 쉽지 않다. 현장은 복잡다단해서 외려 판단이 흐려진다는 것인데, 현장에서는 실제로 사람과 사물과 사건들이 어지럽게 이어진다. 귀찮은 일들이 허다하고, 자칫 하나의 문제가 다른 어떤 문제로 번질지 모르는 곳이 현장이다. 가닥을 잡고 구조를 파악하는 훈련이 되어 있지 않으면 감당 자체가 안 된다.

둘째, 현장은 컨트롤이 쉽지 않다고 보기 때문이다. 실제로 현장에는 수많은 변수들이 작용한다. 실험실 안에서처럼 변수를 조정할 수 있는 것도 아니다. 책에서처럼 첫째, 둘째, 셋째 하면서 정리하기도 쉽지 않다. 자료에서처럼 기본 정보들이 일목요연하게 정리되어 있는 것도 아니다. 학교에서처럼 선생님이 명쾌하게 정리해주는 것도 아니다. 하나의 문제가 어떤 파장으로 이어질지 모르는 비예측성이 존재하는 곳이 현장이다.

복잡다단한 현상이 싫어서 또는 변수가 너무 많은 현장을 컨트롤할 수 없어서 현장에 가지 않는 사람들은 그러면 어떤 식으로 일할까? 현상을 과잉 단순화시켜버리고 변수를 줄

여버린다. 정답을 미리 재단해놓거나 이미 만들어진 답에 꿰어 맞춘다.

현장성을 가장 중시하는 사람들과 현장을 되도록 멀리 하는 부류들의 사람들을 떠올려보라. 어떤 차이가 있을까? 현장성을 중시하는 사람들은 기자, PD, 범죄수사원, 감정원, 농부, 현장노동자, 시민활동가 등이다. '팩트'를 파헤치는 사람들이다. 부지런하고 엄밀하며 체계적이고 정직해야 한다. 이들은 부지런히 메모를 하고 작업일지를 쓰고 분석하고 종합을 하고 다음을 계획한다.

현장을 멀리하는 사람들은 어떤 부류일까? 공무원, 그중에서도 특히 중앙공무원, 고위직 관료, 사건 현장을 뛰지 않고 자료만 보고 분류하고 첨삭하는 언론인과 방송인, 뭉뚱그린 통계에 의존하는 여론조사자, 대변인 등이 있다. 이들은 수로 아랫사람들에게 보고를 받거나 또는 윗사람들에게 보고를 하는 사람들이다. 글로 쓰기보다는 말을 선호한다는 특징도 있다.

현장성을 강조하면서도 자신이 원하는 현장에만 가는 사람들도 있다. 정치인은 대표적이다. 표가 있는 곳에만 가고 언론의 조명발이 있는 곳에만 가고, 민원의 현장에 가더라도 수박 겉 핥기로 지나친다. 그나마 시의원이나 기초의원들은 국회의원들보다는 낫다. 국회의원들이 중앙공무원이나 행정 관료처럼 보고 받기에 익숙한 것에 비해서, 시의원이나 기초의원들은 민원의 구체적 현장을 접하기 때문이다.

현장성이 떨어지면 어떤 문제가 생길까?

현장성이 떨어질 때 생기는 문제들은 무수하게 많다. '문제를 제대로 짚지 못한다, 문제의 구조를 읽는 힘이 떨어진다, 새로운 해법의 단서를 포착하기는커녕 상투적인 해법에 매달린다, 주장만 있고 각론은 없다, 합리적인 논거가 없는 주장만 있게 된다, 남의 나라 특히 통하지도 않는 선진 기법 벤치마킹한다고 시간 다 보내고 돈 다 쓴다, 목표 의식이 약해진다, 디테일에 약해진다, 새로운 변화의 흐름을 놓친다, 변화의 동력을 놓친다······' 등, 한마디로 '실사구시實事求是'가 빠지는 것이다.

우리 사회의 지나친 '각론 없는 원론주의, 개념 모호한 추상론, 실사 빠진 이론주의' 등의 문제가 바로 현장성이 없고 실사구시가 부족해서 생기고 또 답습되는 것이다. 합리적 회의나 현장의 사실과 증거와 검증, 분석과 평가의 필요성에 대한 절실함이 부족한 것이다. 그러고는 실사구시적인 것에 대해서는 자칫 '실용적 도구주의'로만 빠져버리는 것이 더욱 답답한 상황을 만든다. 인문계와 이공계를 구분하는 것, 과학과 기술을 구분하는 것, 삶의 디테일이 정책에서 빠져버리는 것, 정책의 효과에 대한 검증이 없어지는 것 등, 갑갑한 상황이 되어버리는 것이다.

맹목적인 도구주의는 더욱이나 위험하다. 잘못된 답을 가져다가 마치 정답인 양 보편적으로 적용해버리고, 선진사회의 제도와 기법을 벤치마킹이라는 미명하에 추종하고 무차별

하게 적용해버리고, 그러다가 획일적이고 독재적인 도구주의가
횡행하게 된다.

4대강 사업 170개 공구를 다 가본 이유

현장성이 빠졌기 때문에 잘못 강행된 사안으로 '4대강 사업'을
예로 들어보자. 내가 국회의원으로서 일할 때 최대·최악의 이
슈는 4대강 사업이었다. 참으로 이상한 사업이다. 이명박 정부
가 그렇게 사활을 걸고 온갖 홍보를 했지만 국민들의 3분의 2가
반대했던 사업이다. 그렇게 반대가 뜨거웠는데도, 혈세 22조를
들여서 3년 만에 강행했던 사업이다. 확실히 비정상이다. 박근
혜 정부로 넘어온 지금, 그동안 감춰왔던 4대강 사업의 부실과
비리, 무엇보다도 수질 악화, 환경 파괴 문제들이 공개되고 있
고 수변공원의 열악한 관리와 과다한 관리비 문제도 뜨거운 감
자가 되고 있다.

나는 4대강 사업 170개 공구를 다 가봤다. 2010년 지방
선거가 여권의 패배로 끝나고 4대강 사업 때문에 졌다며 여권
내에서도 사업 조정을 해야 한다는 의견이 떠올랐는데, 이명박
대통령이 라디오 연설 한 번으로 4대강 사업이 필수사업이라고
주장하자 여당 국회의원들은 다시 고무줄처럼 되돌아가버렸다.
국회에서 아무리 대안을 내고 문제점을 지적해도 정부와 여당
은 꿈쩍도 하지 않았다. 좌절에 빠졌던 나는 현장으로 떠났다.
4대강 사업 같은 최악의 사업이 강행되었던 데에는 여러 요인

들이 있으나, 가장 큰 문제가 현장성 부족 때문이었음을 지적하고 싶다.

첫째, 4개의 강을 다 똑같은 강으로 생각했다. 한강, 낙동강, 영산강, 금강은 하나하나 특성이 다른데, 강바닥을 파고 '보'라고 부르는 댐을 짓는 획일적인 짓을 해버린 것이다. 팔당 댐의 물을 먹는 한강 상류에 수질을 악화시키는 보를 짓다니, 모래가 흐르는 강이자 영남 주민이 마시는 낙동강 물에 그런 해괴한 짓을 하다니, 워낙 굽이굽이 천천히 흐르는 영산강 생태계에 중간 중간 물을 막아버리다니, 올망졸망 얕은 물과 수려한 물가에 문화재들이 존재하는 금강에 왜 그런 짓을 해야 하는가?

둘째, 각종 운하 사업으로 이미 재앙을 겪은 나라들의 현장 경험에도 귀를 닫아버렸다. 라인강 운하를 거론하며 독일에 댐이 몇백 개라고 하는데, 독일은 이미 그 환경 재앙 때문에 준설 자체를 법으로 금지하고 있는 나라다. 더구나 독일에서는 강물을 식수로 사용하지 않고 지하수를 마신다. 독일 전문가들의 조언들, 즉 "1960년대까지 지은 수많은 댐과 운하 때문에, 첫째, 홍수 피해가 늘었고, 둘째, 강 유지관리비가 너무 많이 들고, 셋째, 농업생산성이 30% 줄었다"는 것은 그들의 현장 경험에서 나온 것이었다.

셋째, '대운하'를 전제하고 '4대강 정비사업'으로 둔갑시켜버린 것이다. 대운하에는 대운하의 논리가 있고, 강 정비사업이라면 강 정비사업의 논리가 있다. 그런데, 국민들이 대운하를 반대하자 우회해서 한강과 낙동강을 잇는 조령터널만 빼고는 대운하와 똑같은 내용의 사업을 하면서 그것을 '정비사업'이라고 말했으니, 현장 정신에 어긋나는 거짓이 아닐 수 없다. 강의 정비사업을 제대로 하려고 했다면 지금처럼 무지막지하게 본류 강의 강바닥을 파고 16개의 댐을 지어 강의 생태계를 망치는 일은 하지 않았을 것이다.

아무리 이명박 전 대통령이 고집하는 '대통령 사업'이었다고는 하나, 만약 주변의 참모진, 관료들, 여당 국회의원들, 전문가들, 그리고 언론들이 제정신을 차렸더라면, 우리 강의 현장을 정직하게 연구하였더라면, 다른 나라의 현장 평가에 귀를 열고 들었더라면, 그리고 그런 현장성을 바탕으로 윤리의식을 지켰더라면! 그저 애통할 따름이다.

지금 드러나는 문제들은 모두 다 예고되었던 바다. 이런 문제들을 어떻게 치유하는가에 대한 해법 역시 현장에 있다. 4대강이 지금 그동안 가해진 폭력에도 불구하고 살아남으려고 얼마나 몸부림치고 있는지 현장을 들여다봐야 한다. 4대강 사업은 '실험의 대상으로 현장을 보는 것이 얼마나 위험한지' 보여주는 최악의 사례다. 확실하게 검증되지 않는 방법은 아주 작게 현장에 적용해보고 그 이후에 범용으로 적용해야 한다는 최소한의 과학 윤리, 현장 윤리를 지키지 않은 4대강 사업, 공부 비용치고는 너무 재앙적인 수준이다.

자신의 현장은 어디인가?

자신의 현장을 파악하는 것은 아주 중요하다. 자신이 일하는 분야, 자신이 붙들고 있는 주제의 현장을 파악하고 수시로 가야 한다. 정직하게 봐야 한다. 팩트를 파악해야 한다. 현장에서 얻는 것들은 수없이 많다. "아, 이렇게 생겼구나! 아, 이렇게 만들어지는구나! 아, 이렇게 분류할 수 있구나, 아, 이런 문제들이 있구나! 아, 이렇게 전개되는구나! 아, 이렇게 다르구나! 아, 이런 문제들을 감추고 있구나! 아 이렇게 개선할 수 있구나! 아, 이런 성격이구나! 아, 이런 속성이 있구나!" 등, "아!" 하고 부르짖을 발견투성이다. 백문이 불여일견이란 말은 확실히 맞다. 현장에 가고 또 가면 이윽고 팩트가 보인다. 복잡한 현상 뒤의 구조와 핵심을 짚어낼 수 있게 된다. 현장에 가고 또 가면 유능해지고 또 정직해진다.

현장 공부가 최선의 공부인 걸 알면서도 왜 안 할까?

게을러서? 복잡해서? 피곤해서?

현장 정신으로 무장한 프로들에게 축복을!

04

1년만 독해져보면
언제든
독해질 수 있다

오랫동안 나의 공부 주제가 된 '서울'

1부에서 내가 "앞으로 1년 동안 오직 공부만 할 거야!" 하고 독하게 공부만 했던 고3 시절을 얘기하면서, "1년만 독해져보면, 독해질 수 있다"고 했었다. 여기에서 나는 "1년만 미치면, 미친다!"라는 말을 추가하고 싶다. 그리고 프로 생활에서 꼭 한번은 '미치도록 빠지는 1년'을 겪어보기를 권하고 싶다.

사실 프로 생활에서 1년씩이나 하나의 프로젝트에 빠질 수 있다는 것은 보통 행운이 아니다. 먹고 살자면 여러 프로젝트들을 동시에 해야 하고 그러다 보면 이 일 저 일에 쫓기느라 경황이 없고, 게다가 관리 업무가 늘고 경영에 관여하고 대외 활동이 늘어날수록 시간은 쪼개지고 관심은 분산되고 몰입은 어려워진다. 그래서 책임이 가중되는 위치가 되기 전 단계에서 완전히 집중해서 일하는 경험을 가져보는 것이 좋다.

서울에 미쳤던 1년

나는 '서울 프로젝트'에 1년간 완전히 빠졌던 경험이 있다. 유학에서 돌아온 후 나의 첫 프로젝트였다. 전혀 예상치 못한 일이었다. 올림픽 준비로 수많은 프로젝트들이 벌어지고 있었고 내가 일하게 된 주택연구원에는 주택정책에 관련된 수많은 연구들이 진행되고 있었기 때문이다. 그런데 신기한 기회가 나를 기다리고 있었다. 아이러니하게도 바로 올림픽 때문에 생긴 기회인데, 이탈리아 밀라노에서 3년에 한 번씩 열리는 밀라노트리엔날레 전시회의 주제가 '도시'였고, 서울시의 의뢰로 그 프로젝트를 연구원에서 수행하고 있던 것이다.

나는 이런 기회를 '우연적인 운명'이라고 생각한다. 원래 일정대로였다면, 내가 유학에서 돌아왔을 즈음에 프로젝트는 벌써 끝나 있었을 텐데, 이탈리아다운 운영방식인지는 모르겠으나 전시 일정을 몇 번 연기해버렸던 것이다. 그래서 유학에서 돌아오자마자 나는 열 달 동안 서울 연구에 빠졌고 다시 두 달 동안 보고서와 자료 정리를 하며 온전히 1년 동안 서울에 빠졌던 것이다.

이 1년 동안 유학 중에 생겼던 우리 사회와의 거리를 단숨에 좁힐 수 있었다. 거짓말 안 보태고 잠자는 시간 빼고 서울의 온갖 자료들에 빠졌다. 역사 자료, 개발 자료, 사진 자료, 영상 자료 등을 바리바리 싸들고 집에 가고, 오며 가며 차 안에서도 들여다봤다. 서울 곳곳의 현장을 누비고 당시에는 무척 귀한 기회였던 헬리콥터도 타며 서울 상공을 날아보기도 했다. 거의 자료 축적이 없던 시절인지라, 수많은 전문가들, 예술가들, 학자들과 접촉하며 자료를 쌓아나갔다.

야근은 일상이었다. 누가 시켜서 한 게 아니라 내가 빠져서 그리 했다. 주말도 없고 휴가도 없었다. 그냥 일하러 나가고만 싶었을 때다. 드디어 우리 남편 입에서 "아예 짐 싸서 나가 살지그래?"라는 말까지 나왔다. 궁여지책이긴 하지만 나의 재치 있는 멘트는, "국가와 민족을 위해서 당분간만 참아달라!"였다.

'국가와 민족을 위해서'라는 말이 과장만은 아니었던 것이, 세계인들에게 서울을 소개하는 기회 아닌가? 나의 심리 상태가 그랬다. 게다가 이 전시회는 일반적인 홍보 전시회가 아니라 지적 수준이 높은 학술 전시회다. 개발도상국의 그저 그런 도시라고 여겨지고 있는 서울의 핵심을 어떻게 세계에 근사하게 데뷔시키느냐, 심리적인 압박감이 만만찮았다.

여러 측면에서 환상적인 과제였다. 600년 역사를 가진 서울이란 도시를 여러 측면에서 들여다봐야 하는 과제다. 복잡한 도시 현상을 명확한 '개념'으로 풀어내야 하는 과제다. 전시니만큼 '주제'를 명확히 해야 하는 과제다. 게다가 전시의 표현 방식까지도 고민해야 하는 과제다. 세계인들에게 보여주니 서울의 역사와 미래와 현실이 잘 교차되어야 하는 과제다. 영어로도 또 우리말로도 표현해야 하는 과제다.

여기에서 그 서울 프로젝트를 자세히 이야기할 수는 없으나, 서울이라는 거대도시를 하나의 개념으로 묶어낼 수 있는 의미 깊은 작업이었고 상당한 평가도 받았다. 사방팔방 뛰어다니며 프로젝트를 해냈던 나의 역량이 좋은 평가를 받기도 하였고, 무엇보다도 나는 우리 사회에, 우리 도시에 다시금 뿌리를 박게 되었다. 그리고 내가 미칠 수 있는 공부 주제를 얻게 되었다.

'서울'이라는 주제

서울은 그 후에도 계속 나를 붙드는 중심 주제 중 하나가 되었다. 물론 도시를 공부하고 연구하는 사람으로서 자신이 살고 일하는 도시에 대해서 끊임없이 관심을 갖는 것은 당연한 일이다. 더욱이나 서울이라는 도시가 얼마나 역동적이고 과제가 많고 변화무쌍한가?

하지만 1년을 미쳐보고 나니, 그 관심은 훨씬 더 특별한 것이 되었음을 알게 된다. 훨씬 더 체계적이 되었다. 그 가닥에 따라 자료가 더해지고 현장의 변화들이 체계적으로 축적이 된다. 중요한 시점마다 현장에 가보게 되고 뉴스를 찾게 된다. 태풍이 지나가고 하늘이 청명한 날에는 카메라를 둘러메고 나가며 설레는 가슴을 달래기도 한다. 내가 창업했던 회사 이름을 '서울포럼'이라고 짓고 내 첫 책의 제목이 『서울성Seoulness』이 된 것도 그 영향이 아닐까 싶다.

서울이라는 거대도시의 변화를 기록하고 내 시각으로 해석하는 작업이 지속적인 개인 프로젝트가 되기도 하였다. 그 이후 지방자치시대가 열렸고, 1994년 '서울 600년'을 맞았고, 나의 커리어가 자라남에 따라 서울시의 여러 공공위원회들에 참여하게 되었고, 따라서 서울을 만드는 수많은 작업들에 더욱 깊은 책임감을 느끼게 되었다. 조순-고건-이명박-오세훈-박원순으로 이어지는 민선시장의 시대마다 그 시대에 맞는 과제들을 제안하기도 했고 또 잘못된 정책을 비판하기도 했다. 하면 안 되는 사업들이 벌어지면 마구 속상하고, 그런 식으로 추진하면 안 되는 사업들이 강행되면 속을 끓이고, 또 꼭 해야 하는 정책들이 무시되는 것을 보면 애를 태웠다. 일종의 열병이다.

그럴 수밖에 없는 것이, 서울은 우리나라 도시 정책의 바로미터이자 모델이 되기 때문이다. 지방도시에 강연을 갈 때마다, 각 도시는 자신만의 현장성이 있고 이슈에 집중해야 한다고 강조하지만, 현실적으로 서울을 벤치마킹하는 것은 지방도시들에게 자연스러운 현상이기도 하다. 만약 서울이 쓸데없이 선진 도시를 벤치마킹하지 않고, 서울 고유의 성격을 이해하고, 서울 사회의 변화에 맞추고, 서울 시민의 삶에서부터 나오는 도시계획을 제대로 한다면, 서울에 좋을 뿐 아니라 우리나라 모든 도시들에 좋은 영향을 주게 될 것이다.

이제 서울을 세심하게 들여다봐온 지도 25년이 되었다.

1년 동안 미쳤던 것이 25년 동안 이어진 셈이다. 이 오래된 공부가 어떤 성과로 결실을 맺을지는 모르겠으나, 적어도 그동안 이 프로젝트가 나의 공부의 동기가 되어왔던 것만은 분명하다. 나의 주제가 있음으로 해서 공부가 되었던 것이다.

나의 주제가 있으면 공부가 된다

본격 프로 생활을 시작할 때, 더구나 유학과 우리 실무의 징검다리 기간에 1년씩이나 서울 프로젝트에 빠졌던 것은 나의 행운이다. 돌아보면, 나의 본격 프로 생활 중에서 하나의 프로젝트에 1년 동안이나 빠져본 적은 그때가 유일하다. 대개 여러 프로젝트들을 동시에 손에 붙잡고 있고, 어떤 프로젝트든 여러 해 걸리는 경우가 다반사라 초점을 잃기도 한다. 그런데, 1년만 미치면, 정말 미친다. 그때 1년 동안 한번 빠져봤던 그 마력은 언제나 나를 사로잡는다. 어떻게 그 마력을 유지할까?

1년만 미치면, 미칠 수 있다.

일에 미치는 그 마력,

그 마력을 어떻게 유지할까?

프로로서
일에 소모되지 않는
비결

비워야 채울 수 있다

우리가 하는 모든 프로젝트는 우리를 텅 비우고 또 우리를 가득 채운다. '비워야 채운다'라는 말은 정말 진실이다. 사실 그럴 정도로 비우고 그럴 정도로 채우며 일했다면, 제대로 일을 했다는 뜻일 것이다. 그러나 실제로 우리가 하는 일들이 우리를 그렇게 비우고 그렇게 가득 채우게 하는지는 의문이다.

현실적으로 프로의 생활이란 '비우고 채우고'를 생각하기는커녕 대부분 일에 치여버린다. 먹고살자고 하는 일들이 얼마나 우리의 진을 빠지게 하는가. 아무리 여유를 부리려 해도 매일매일 처리해야 하는 일과의 양이 적지 않고 하나같이 우리의 시간을 요구하고 우리의 신경을 분산시킨다. 정신없는 하루를 보낸 후 멍해지는 체험은 누구나 가지고 있을 것이다. 주중에 정신없이 일에 치이고 나면 주말에 곤죽이 되어 완전히 뻗어버리고 다람쥐 쳇바퀴 돌듯하는 일상과 거대한 수레바퀴 같은 조직 논리 속에 하나의 톱니바퀴로 전락한 것 같은 좌절감에 빠진다. 더욱 절망적인 것은, 다시 월요일이 되면 할 수 없이 그 쳇바퀴 속에서 잰 걸음을 하고 있는 자신을 보는 것이다.

우리 신세가 이래서야 되겠는가? 우리 신세를 이렇게 내버려두어서야 쓰겠는가? 우리를 구원해줄 수 있는 묘수는 없는 걸까? 물론 우리는 정책과 사회 변화와 같은 큰 이야기도 해야한다. 우리 사회를 어떻게 공정사회로 바꾸느냐, 어떻게 원칙과 상식이 지켜지는 사회로 바꾸느냐, 어떻게 갑과 을뿐 아니라 병과 정까지도 서로 대등하게 협력하는 사회로 만드느냐, 우리 사회를 어떻게 진짜 실력으로 승부할 수 있는 사회로 발전시키느냐와 같은 큰 고민은 고민대로 해야 한다. 그러나 다른 한편 우리의 삶과 일 속에서 일에 소모되지 않고 자신을 보호하는 묘수 역시 필요해진다. 나의 묘수는 역시 '공부'라는 주제로부터 시작한다.

프로젝트마다 공부 주제를 미리 세워놓는다

하기 싫어도 해야 하는 일을 할 때, 나는 배울 것 한 가지를 아예 미리 정해놓는다. 사실 아무리 하기 싫더라도 배울 것 하나 없는 일은 이 세상에 없다. 게다가 아무리 하기 싫은 일이라도 열심히 하다 보면 일 자체에 빠지게 되기도 한다. 인간의 본능 중 하나인 성실성이 작동하는 것이다. 여기에 긍정적인 동기한 가지만 곁들이면 속으로 회심의 미소 하나 지을 게 생긴다.

　배울 것이라면 어떤 종류도 다 가능하다. 특정한 전문 기술이 될 수도 있고, 일의 전모일 수도 있고, 일을 풀어가는 과정이 될 수도 있고, 고객 기반을 넓히는 기회로 설정할 수도 있고, 미래에 같이 일을 도모할 동료를 눈여겨봐두는 기회가 될 수도 있고, 앞으로 절대로 피해야 할 상황이 어떤 것인지에 대한 판단력일 수도 있고, 아예 '막장' 상황이 어디까지 추락할 수 있는지 분석하는 태도일 수도 있고, '팀장'의 역할에 대해서 평가 분석하는 기회일 수도 있다. 아마 책 곳곳에 나의 이런 태도가 젖어 있는 것이 보일 것이다. 어떤 나쁜 상황에 떨어지더라도 배울 것은 꼭 있는 것이다. 이것이 공부하는 태도다. 그리고 실생활에서 공부로 만들면 하기 싫은 프로젝트란 없다고 본다. 학교 공부와 일 공부가 다른 점이 바로 이것이다. 그만큼 리얼하기 때문이다.

　이런 효과를 내려면 자신이 하는 일에 대해서 객관화시켜보는 태도가 절대 필요하다. 일에 빠지는 동시에 잠시 전체를 조감해보는 순간을 가져야 한다. 잠깐 거리감을 두고 전체를 조망하고 평가하는 입장이 되어 보면, 안 보이던 것도 보인다. 왜 이런 상황이 생기는지에 대한 분석 능력도 늘고, 이런 상황에서 내가 어떤 역할을 해야 하는지에 대한 감도 는다.

　가끔 연기자들이 인터뷰하는 것을 보면서 참 부러울 때가 있다. 그들은 작품마다 'role play 역할 연기'를 완벽히 달리 함으로써 캐릭터를 만들어가고 변신을 해나간다고 이야기한다. 그 역할에 완벽히 빠짐으로써 새로운 세계를 열 수 있으니 얼마나 좋은가. 비록 우리는 연기자가 될 수는 없지만, 우리의 일에 있어서 하나의 역할 플레이어로서 진정한 주인공이 될 수 있다고 믿어보자.

나의 테마 프로젝트는 내거다!

나는 먹고살기 위해서 하는 일들은 일대로 하면서 속으로는 나의 프로젝트 리스트를 가지고 있다. 나는 그것들을 '나의 테마 프로젝트'라 부른다. 단 하나가 아니라 여러 개가 있다. 몇 개의 주제를 만들어놓으니 걸릴 데가 많다. 앞에서 이야기한 '서울 프로젝트'는 하나의 예다. 이런 테마 프로젝트에 대해서 대체적인 뼈대를 세워놓고 일하는 사이사이에 각 부분에 대해서 근육과 살을 붙인다. 어느 시점이 되면 피가 돌고 혼이 돌고 기를 불어넣는 작업이 될지도 모른다. 예컨대, '책 쓰기' 작업이란 전형적으로 피와 혼과 기를 불어넣는 작업이다.

이런 과정은 비유를 하자면, 하나의 책을 쓰는 과정일 수도 있고, 하나의 모자이크를 완성해가는 작업일 수도 있다. 자신의 공부 테마를 정하는 태도는 무척 중요하다. 아마 이 책을 읽는 독자들은 내가 하고 싶은 말이 무척 많다는 것을 느낄 것이다. 한 사람이 할 수 있는 말이 얼마나 될지는 모르겠지만, 적어도 남의 귀를 사로잡을 수 있을 만큼의 말을 이어가려면 끊임없이 공부하는 외에는 다른 방법이 없다.

어떻게 보면 나의 하루는 해야 하는 프로젝트들과 내가 하고 싶은 프로젝트가 끊임없이 교차한다고 보면 맞을 것이다. 새로운 자극과 새로운 자료들과 새로운 단서들이 생기는 하루는 아무리 피곤하더라도 은근히 보람차고 에너지가 솟아오른다. 그런 자극과 자료와 단서가 전혀 없는 나날이 이어지면 정말 살맛이 없어진다. 무언가 새로운 시도를 해볼 때가 되는 것이다.

하루 두 시간은 온전히 내 거다

자신의 공부 테마를 성숙시키려면 절대적으로 자신만의 시간이 필요하다. 수많은 외부 자극에서 벗어나 자신의 내부로 향하는 시간이다. 그런 시간을 어떻게 만들 수 있을까? 교수들처럼 몇 년에 한 번씩 재충전 시간을 가지는 '사바티컬sabbatical, 안식기간'을 받을 수도 없는 대부분의 직장인들의 애로 사항이다. 공무원들도 격무직과 한직을 순환할 수 있는 여유가 있는 편이고, 때로는 정부의 지원까지 받으며 공부할 수 있는 기회도 얻는다. 그런데 생존경쟁 치열한 민간 회사에서 격무에 시달리고, 먹고사니즘에 시달리는 전문가들은 어찌 해야만 하는가?

나의 비법은 이렇다. 전형적인 새벽형 인간인 나는 새벽마다 2시간을 온전히 나만을 위해 쓴다. 잘 자고 났으니 머리도 깨끗하겠다, 에너지도 비축되었겠다, 전화도 안 오겠다, 완전히 나만을 위한 시간이다. 깨자마자 컴퓨터 켜고, 커피 한 잔 들고 나 자신에 몰입한다. 천하에 무슨 일이 생기든, 이 시간은 나만을 위한 시간이다. 어차피 새벽엔 온 세상이 고요하다. 조찬 회의가 있더라도 7시 반에 시작이니 최소 2시간, 길게는 3시간 동안 내 시간을 가질 수 있다. 마치 홀로 세계와 대적하듯, 세계가 내 손 안에 들어오는 시간이다.

이렇게 새벽 시간을 온전히 나를 위해 쓰고 나면 하루가 여유로워진다. 낮에 온갖 소모적인 일들에 부대끼더라도 좀 너그러워질 수도 있다. 나는 새벽형이므로 새벽 시간이 나의 시간이지만 꼭 새벽일 필요도 없다. 올빼미 형은 한밤을 이용해도 되고, 저녁형이라면 저녁 시간을 이용해도 된다. 꼭 2시간이 아니더라도 괜찮다. 하루 어느 시점에 온전히 자신만의 시간을 가지면 우선 소모적인 느낌에서 많이 벗어날 수 있다.

새벽 2시간이란 나의 에너지를 유지하는 묘수, 나의 공부를 이어가는 수법, 내가 끊임없이 책을 쓸 수 있는 비법, 그리고 나의 영혼을 지키는 비결이라고 할까?

3년에 하나씩 공부 주제를 정한다

경제학자이자 혁신가로서 엄청난 저술가이기도 했던 피터 드러커가 『프로페셔널의 조건』이라는 책에서 3년에 한 번씩 연구 주제를 정했다고 쓴 적이 있다. 그럴 듯하다. 요즘처럼 변화가 빠른 시대에는 주제를 캐치하는 능력이 절대로 필요하니, 3년은 적절한 사이클이리라. 첫 1년은 배경과 문제들과 기존 이론들과 현황들을 파악하고 주위의 지혜를 듣는 데 쓰고, 2년째에는 자신의 주제에 따라 증거를 수집하고 가설을 세우고 그에 대한 토론을 통해 검증하고, 3년째에는 자신의 이론에 대한 반박을 경청하며 논리정연하게 글로 옮기고 전체를 완성해보는 시간일 것이다. 3년에 하나씩 공부 주제를 정해놓는다면 프로 생활에서 일생에 적어도 10가지 주제는 깊숙한 공부를 하게 될 수 있을 터이니 만만한 내공이 아니다. 그래서 '대가'라는 말도 나오게 될 것이다.

학자가 아닌 나는 사실 훨씬 더 호흡이 짧다. 또 전형적인 '멀티태스커multi-tasker'로서 여러 주제들을 손에 쥐고 또 머리에 담고 일하는 편이다. 하나의 주제에 3년을 깊숙이 빠질 수 있는 환경이 부럽기도 하지만, 내 힘으로는 어림도 없거니와 사실 많은 현장 전문가들이 이렇게 하기 쉽지 않다. 하지만 3년은 여러 면에서 아주 적당한 기준이다. 3년에 한 번은 다시 태어날 수 있고, 새로운 시각으로 사회를 보게 만들면서 자신의 역량을 기를 새 기회를 찾는 것이니 말이다.

3년을 여러 방식으로 응용해보는 것도 좋을 것이다. "3년 이상 한 자리에 있어본 적이 없다"는 사람들도 있다. 하나의 타이틀을 3년 이상 갖고 있으면 매너리즘에 빠지기 때문에 이적을 고민한다는 사람도 있다. 끊임없이 자신을 새롭게 태어나게 하는 방법은 수없이 많다.

매너리즘에 빠지지 않게 하는, 공부

3년 동안 주제 하나를 깊숙이 들이파든, 여러 주제를 손에 쥐고 있든, 이 모든 비결의 핵심은 매너리즘에 빠지지 말라는 뜻이다. 이미 아는 것에만 안주하지 말라, 잘할 수 있는 일만 하려 들지 말라, 하던 대로만 하지 말라는 뜻이기도 하다.

이것이 참 고민은 고민이다. 이른바 고도로 분업화된 시장 사회에서 자기가 잘하는 일을 반복적으로 해야 이른바 생산성과 수익성을 보장할 수 있으니 말이다. 그런데 그렇게 하다가 자칫 다람쥐 쳇바퀴처럼 반복되거나, 헤어날 수 없는 덫에 걸려버릴 수도 있다. 내가 기꺼이 인정하는 나의 단점 중 하나가, '반복을 극도로 지루해한다'는 것이라 나 자신을 반성하기도 하지만, 사실 이렇지 않은 사람이 어디 있겠는가? 지루해지지 않기 위해 필요한 것, 그것은 바로 공부 주제일 것이다.

공부 주제를 정하고, 자기만의 시간을 만들며
매너리즘을 극복해보자.
프로의 공부란 일의 보람을 키운다.

06

인생, 공부, 일,
모든 것에는
단계가 있다

하루 몇 시간이나 공부해야 할까

"하루 몇 시간이나 공부해야 하나?" 자주 받는 질문이다. "하루 몇 시간이나 일해야 하나?"라는 질문도 자주 듣는다. 가방끈이 길이시 공부 비결을 묻는 것이고, 지독한 워커홀릭workaholic으로 알려져 있기 때문에 이런 질문을 하는 것이리라.

'1일 1식으로 충분하다. 배가 고파질 때 먹으면 된다'라는 식습관 이론이 요즘 전파된다고 하던데, 그럴듯하게 보인다. 먹는 행위에 대한 강박관념 이상으로 공부 행위에 대한 강박관념도 만만찮은데, 공부도 배가 고파질 때 하는 공부가 가장 효과가 있는 것 아닐까? 알고 싶어지고 호기심이 나고 궁금해서 견딜 수 없어서 막 고파질 때 하는 공부가 최고인 것이다. 머리도 고프고 정신도 고프고 마음도 고픈 상태이니 그런 허기 상태에서 영양 흡수가 최고조에 오른다.

일에 대해서도 마찬가지일 것이다. 막 하고 싶어서 견딜 수 없을 때, 할 일이 눈 앞에 삼삼할 때 일이 잘 될 것임에 분명하다. 머리도 고프고 정신도 고픈 것만이 아니라 몸도 그 고픔을 느낄 정도로 근질근질해질 것임에 분명하다. 사무실에 나가고 싶고, 작업실에 가고 싶고, 서재에 가고 싶고, 컴퓨터 앞에 앉고 싶어서 어쩔 줄 모른다면 얼마나 행복하겠는가?

하루 몇 시간이나 공부해야? 일해야?

그런데 이렇게 공부하고 싶을 때만 공부하고, 일하고 싶을 때만 일하면 된다면, 그 시간이 얼마나 될까? 여전히 남는 궁금증이다. 도대체 우리는 하루에 몇 시간이나 공부하고 몇 시간이나 일할 수 있는 것일까? 도대체 우리는 하루에 몇 시간이나 공부하고 싶고 몇 시간이나 일하고 싶은 걸까?

이런 질문들에 정답은 없다. 개인 차이도 있고, 인생의 어느 시점에 있느냐에 따라 차이도 있고, 1년의 어느 시점이느냐에 따라 다르고, 날씨에도 영향을 받고, 아드레날린이 팍팍 돌아가는 마감 시간이냐 아직 에너지가 오르지 않는 초기 단계냐에 따라서도 다르다. 그래도 한번 대답해보자. 이건 순수하게 내 체험일 뿐이다.

"공부하고 싶은 마음, 일하고 싶은 마음은 24시간 지속될 수 있다. 하지만 공부하는 시간, 일하는 시간은 총량으로 줄어든다. 나의 경우 한참 일할 때에는 하루 14시간 정도 일한다.

집과 사무실이 같은 건물이라서 출퇴근 시간을 절약하니 가능한 시간이다. 그러나 그 시간 안에는 수없이 다양한 종류의 시간 쓰기가 포함된다. 하루 14시간 일한다고? 몰입하는 시간은 최대 6시간, 사람 만나고 회의하고 전화하고 사교하는 시간은 5시간, 자료 찾고 검색하고 정리정돈하고 서성거리며 사전사후 계획하는 시간은 3시간? 이것도 최대다. 일하기는 총량으로 하루 14시간 할 수 있어도 공부하기 시간은 더 짧아질 수밖에 없다. 사람이 머리를 쓰는 데는 한계가 있기 때문이다. 14시간을 대입해보자. 공부 몰입을 6시간 했다면, 이것도 굉장한 시간이다. 4시간은 공부 내용을 삭이고 이야기하며 마음에 넣어야 진짜 내 공부가 되고, 4시간은 자료 찾고 정리정돈하고 서성거리며 계획하는 시간이 필요하다. 물론 남은 10시간은 먹고 씻고 닦고 입고 벗고, 그리고 무엇보다 잘 자면서 들어온 정보들을 뇌 주름 곳곳에 새겨넣어야 한다."

그러니 "너무 시간, 시간 하지 말라!"는 뜻이다. 시간을 많이 투입하는 만큼 일 생산성, 공부 생산성이 올라가면 오죽 좋을까? 그런데 그렇지 못하다. 우리는 일 기계도 못 되거니와 더욱이나 공부 기계는 절대로 될 수 없다.

시간 이야기를 하는 이유를 짐작하실 것이다. 무작정 시간 들이기보다는, 동기부여가 먼저라는 것을 말하고 싶은 것이다. 하고 싶지 않은 공부, 하고 싶지 않은 일은 아무리 시간을 들인들 별무소용이다. 앞에서 나는 아무리 바쁜 프로 생활에서도 하루 2시간은 온전히 자신만을 위해서 쓰라는 말을 했는데, 적어도 이 시간만큼은 내가 원해서 투입하는 시간이니만큼 2시간이 마치 4시간의 효과를 가질 수도 있는 것이다. 이 2시간이 나머지 12시간을 더 의미 있게 만든다. 동기란 그렇게 중요하다. 우리의 마음은 그렇게 중요하다. 마음을 어떻게 먹느냐에 따라 세상은 완전히 달라 보인다.

나는 지금 어떤 단계에 있을까?

공부에도 분명 단계가 있다. 자신이 어떤 단계에 있는지 파악함에 따라 동기부여가 달라지고 시간을 쓰는 법에도 나름의 비법이 생기게 된다. 나는 다음의 단계를 머릿속에 그리곤 한다.

일생에는 분명 단계가 있다.
첫째 단계: (학교)공부를 통해 '준비된 나'를 써먹는 단계
둘째 단계: 나를 써먹으면서 생긴 노하우로 자신의 '업'을 세우는 단계
셋째 단계: 남을 위한 기회를 만드는 '업業'을 세우는 단계
넷째 단계: 자신'만'을 위해서 새로운 업을 만드는 단계

공부하기에도 분명 단계가 있다.
첫째 단계: 아는 게 뭔지, 모르는 게 뭔지 잘 모르면서 막무가내로 들이파는 단계

둘째 단계: '아하!' 하면서 더 알고 싶고 질문이 자꾸 더 생기며 재미를 느끼는 단계

셋째 단계: 마치 구름 위에 오르고 숲이 보이는 듯 전모가 보이고 자신의 힘을 느끼는 동시에 자신의 한계도 알게 되는 단계

넷째 단계: 드디어 자신이 궁금한 문제를 만들어 이모저모 들여다볼 수 있는 단계

프로로 일하기에도 분명 단계가 있다.

첫째 단계: 주어진 일을 100% 잘하는 데 온 힘을 집중하는 단계

둘째 단계: 다른 일과의 전후좌우가 보이면서 110%의 효과를 보며 일하는, 아주 재미나는 단계

셋째 단계: 처음부터 끝까지 전모가 보이고 구조와 요소를 파악하며 일의 리듬을 타는 단계

넷째 단계: 왜 이 일을 해야 하나 의문할 수 있는 동시에 그 일을 위한 구상까지 스스로 할 수 있는 단계

활동 영역에도 분명 단계가 있다.

첫째 단계: 프로로서 자신의 분야에서 자신의 역량을 입증하는 데에 몰입하는 단계

둘째 단계: 자신의 분야를 조감하며 구조적인 문제가 보이는 단계

셋째 단계: 사회를 향하여 전문가로서의 발언을 하며 분야를

넓히는 단계

넷째 단계: 다른 분야들과의 통섭을 통해 사회변혁을 꾀하는
단계

공부하는 인간으로서의 성장에도 분명 단계가 있다.

첫째 단계: 공부만, 공부만 부르짖는 단계

둘째 단계: 공부만이 인생의 전부가 아니라고 깨닫는 단계

셋째 단계: 공부가 인생의 곳곳에 숨어 있음을 깨닫는 단계

넷째 단계: 인생의 모든 체험을 공부와 연결시킬 수 있는 단계

일하는 인간으로서의 성장에도 분명 단계가 있다.

첫째 단계: '생업'으로서 일하는 인간

둘째 단계: '직업'으로서 일하는 인간

셋째 단계: '작업'으로서 일하는 인간

넷째 단계: '소명'으로서 일하는 인간

우리는 죽을 때까지 자란다

당신은 어느 단계에 있는가? 나는 어떤 단계에 있나? 자신의
단계를 담담하게 인정한다면, 얼마나 모자란지 알게 되어 오히
려 마음이 편해지고, 아직도 자라기 단계가 더 많다는 깨달음
에 오히려 가슴이 설렌다. 앞으로도 더 자랄 것이라는 믿음은
현재의 우리 자신을 지켜준다. 이런 단계는 꼭 따로따로 떨어

져 있는 것만은 아니다. 서로 엮이고 공존하고 때로는 펄쩍 뛰어오르기도 하고 때로는 초기의 불안이 다시 시작되기도 한다. 갈등과 긴장의 딜레마는 계속된다.

사람은 계속 자란다. 죽을 때까지 자란다. 이렇게 여기면 우리는 현재의 자신에게 훨씬 더 너그러워질 수 있을 것이다. 지금 40대라면 80세 이상 살 가능성이 높다. 2030세대라면 90살 이상, 10대라면 100살 이상 살 가능성도 높다. 그야말로 '백수'시대다. 그 길고 긴 시간을 어떻게 살까? 6·3·3·4+2년 공부하고 55~65세 즈음 퇴직할 때까지 하나의 직업에 종사하면서 살 수 있을까? 아니면 15~20년 열심히 일하고, 40대 중반쯤부터 어쩔 수 없는 퇴직 인생을 살게 될까?

확실한 사실이라면, 우리는 '물리적 수명은 길어지고 기능적 수명은 점점 짧아지는 패러독스'를 안고 살아야 한다는 것이다. 이런 모순과 함께 살려면 인생이든, 공부든, 프로 생활이든, 자신의 수준을 자꾸 높이는 작업 자체에 재미를 느낄 수 있어야 한다. 재미란 절대로 끝이 없는 동기다. 즐거움이란 절대로 끝나지 않는 즐거움이다.

공부에도 단계가 있다.

우리는 죽을 때까지 자란다.

공부 재미를 찾으면 더 크게 자란다.

4

공 부 는

놀 이 처 럼 ,

놀 이 는

공 부 처 럼

■

놀 이 공 부 론

01

풍류와 문무는
겸비하는 게 좋다

잘 놀면 공부도 잘 된다

8주 동안의 서머스쿨을 다녀오더니, 딸이 한다는 말. "엄마한
테 고마웠어. 문화적으로 키워줘서. 덕분에 아주 멋지게 놀았
어!" 짬짬이 그 도시의 미술관, 박물관, 다운타운 명소들을 신
나게 누빈 모양이다. "이제 온 세계에 친구들 깔아놨어!" 에티
오피아, 아일랜드, 이탈리아, 러시아 등 온 세계 학생들과 '온
캠퍼스' '오프 캠퍼스' 친구를 삼았단다. "요리는 역시 잘해야겠
어." 멋있게 보이려면 요리도 필수임을 알게 되어 너무 반갑다.
"엄마 말대로 불어 공부 좀 더 할걸." 불어를 알면 좀 더 보이는
게 많을 것 같더란다. 나는 일갈했다. "글쎄, 잘 놀려면 공부 제
대로 해야 한다니까!"

　나의 '교육 방침'을 모처럼 아이가 인정해주니 감격할 지
경이었다. 사실 나는 '교육'이라는 말을 그리 좋아하지 않는다.

내가 이른바 '공식 교육계'에 종사하지 않는 것은 이 때문일지도 모른다. 교육이라는 말 대신 내가 좋아하는 말은 '자라기, 깨닫기, 묻기, 답하기, 해보기' 같은 것들이다. 부풀려 표현하자면, 나는 '소크라테스'적이고, '아인슈타인'적이며, '다빈치'적이다. 우리 식으로 풀어보자면, 나는 '연암 박지원'적이고, '퇴계 이황'적이고, '고산자 김정호'적이다. 해냈던 일 이상으로 이들의 삶의 방식, 자라기 방식이 좋다. 표현하자면, 이들은 인생을 한바탕 잘 놀다 간 것 아닐까? 나도 그렇게 잘 놀다 가고 싶다.

나는 모르고 놀았지만

그런데 내가 한참 자랄 때는 잘 놀기 위해 공부가 필요하다는 것을 잘 몰랐다. 누가 가르쳐 주었더라면 더 열심히 공부하지 않았을까? 더욱 몰랐던 것은, '잘 놀면 공부가 잘 된다'는 사실이었다. 노는 것에 대해 일말의 죄책감을 갖게 만드는 건, 내 어릴 적이나 지금이나 마찬가지다. 아니, 지금이 오히려 더 심해졌다. 의무적 공부 내용이 지나치게 많아졌을 뿐만 아니라 입시 경쟁, 성적 경쟁, 영재 교육, 유아 교육, 외국어 교육, 선행 학습 등이 지나치게 강조되고, 균형 잡힌 공교육보다 시험 대비 사교육이 지나치게 많아진 탓이다. 그러다 보니 놀기란 마치 죽자고 공부를 해야 겨우 얻어내는 보상처럼 되어버렸다.

이래서는 영 효과가 없다. 놀이와 공부란 쌍둥이와 같은 것이기 때문이다. '놀이 효과'는 '잠 효과'와 비슷하다. 일생 동안 우리는 무려 3분의 1시간 동안 잔다. '잠에 시간 허비한다'고 하기도 한다. 그러나 이건 짧은 생각이다. 만약 잠을 안 잔다면 우리는 기억도 못 하고 외우지도 못 하고 논리도 발달시키지 못 하고 생생한 체험조차 못 하게 된다. 뇌라는 존재는 그 작동 원리가 참으로 신기해서, 깨어 있는 동안 얻은 정보들을 잠자는 동안 뇌에 새록새록 새기고 뇌 주름을 만들고 뉴런을 가동시키고 시냅스를 이어놓는 것이다. 잠을 잘 자야 공부도 잘하고 일도 잘하는 이치인 것이다.

　　놀이도 마찬가지다. 우리는 놀이를 하면서 배운 것들 사이의 관계를 터득해간다. 단서들이 더욱 풍부해지고 느낌들이 풍부해지고 생생해진다. 관계를 터득하고, 단서들이 많아지고, 느낌이 생생해질수록 공부의 의미는 분명해지고 머리에 뚜렷이 아로새겨진다. 무엇보다도 나의 딸이 깨달은 것처럼, 이런 과정 속에서 공부할 동기를 생생하게 얻는다. 왜 공부하는가에 대한 자신만의 동기를 찾는 것만큼 효과적인 동력은 없는 것이다.

왜 공부하라 압박하지 않았느냐고?

그런데 두 딸들이 크더니 가끔 부모를 원망한다. "우리 어릴 때 왜 공부하기를 더 압박하지 않았냐?" 우리 부부는 농담조로 답하곤 한다. "우린 공부에 대해서는 한이 없거든!" "아니, 공부는 하고 싶어야 하는 거지, 하란다고 하냐?" 다 맞는 말이다.

최고 학위까지 한 우리 부부가 공부에 대해서 그리 한이 있을 리 없다. "아는 게 힘이 아니라 아는 게 짐이야!"라고 부르짖을 정도로 온갖 짐을 짊어지게 되는 상황에 힘들어하기도 한다. "공부 잘한다고 돈 잘 버는 건 아니야!"라는 사실을 수시로 강조한다. 아이들은 이것만큼은 너무도 잘 이해하며 반격하곤 한다. "공부 많이 하면 엄마 아빠처럼 힘들게만 살 텐데, 뭐!" 우리도 끄덕인다.

아이들이 원망하는 이유는 잘 알고 있다. 학교 성적, 과외 공부, 학원 공부, 대학 진학, 해외 유학 등에 대해서 우리 부부는 별로 나서지 않았기 때문이다. 그래서 그런지 두 딸은 성적이 그저 그랬고, 내로라할 학벌이 있는 것도 아니고, 짧은 연수 외에 해외유학을 한 것도 아니다. 하지만 나는 두 딸을 자랑스럽게 생각하고, 무엇보나도 믿는다.

큰딸은 우리가 유학에서 돌아온 후 초등학교 3학년으로 우리나라에서 학교 생활을 시작했는데, 처음엔 우리말도 잘 못하고 글도 잘 못 써서 고생 꽤나 했지만 학교에 잘 적응해주었다. 이 자체만으로도 너무 고맙고 대견하다. 사춘기 시절 가끔씩 조기유학 얘기를 꺼냈는데, 우리 부부가 단칼에 거절해버리니까 마음의 상처를 받는 기미도 보였지만 기어코 이겨냈다.

가장 대견한 것은 드디어 자신의 공부를 선택했다는 사실이다. 큰딸은 대학을 졸업하고 대학원 공부도 잘하고 있다 싶었더니, 하루는 "전공 바꿔야겠어. 편입시험 봐서 다시 공부할 거야!" 선언을 하는 것이었다. 그 후 10달 동안, 독하게 약속을 지키는 것을 보고 깜짝 놀랐다. 지방대학에 편입하여 어려운 지방생활을 하며 몇 년을 거쳐 다시 수의학 공부를 해내는 딸을 보며 나는 그제야 안심이 되었다. "아, 이 녀석은 이제 독해질 줄 아는군!"

막내는 학교 공부 자체에 별로 매력을 못 느끼는 성향인데, 우리 부부는 이 점을 아주 높이(?) 평가한다. 어릴 적부터 유난히 독립과 돈 벌기에 관심이 많았던 이 녀석은 '내가 벌어서 먹고살 거야!' 했던 내 어린 시절을 떠올리게 만든다. 그럼에도 공부에는 별로 관심이 없으니 더 흥미롭다. 만화책은 소장해야 한다며 바리바리 쌓아놓으면서도 책이라곤 통틀어 10권도 안 되는 딸의 방 광경에 우리 부부는 손들어버리고 말았다. 하지만 우리는 이 친구가 어떤 상황에서건 살아남으리라 믿는다. 남다른 독립심이 있는데 무슨 일을 하건 살아남지 않겠는가?

두 딸에게 우리의 이러한 믿음을 전하면서, 덧붙인다. "근데 잘 생각해봐! 우리가 니들 공부에 정말 관심이 없었는지?" 우리 부부는 생활 속의 공부를 돕기 위해 수많은 방법들을 궁리하고 실험과 도전을 멈추지 않았다. 모두 '놀이공부'와 관련된 것들이다. 우리 가족은 수많은 여행들의 모험을 같이 한 여행 파트너들이다. 아이들의 모험심과 준비 태세와 도전 감각을 키우는 데 여행만 한 게 없다. 유기견과 길냥이를 거둬주며 여러 마리들의 강아지들과 고양이들과 같이 살고 또 슬프게 떠나보냈던 추억들은 강렬한 생명 사랑 체험이었다. "엄마, 책 좀 그만 써!"라는 불만은 내가 쓴 책으로 '독후 토론'을 하던 것 때문이다. 얼마나 괴로웠을까? 하지만 그때 딸들과 했던 독후감 토론의 내용과 분위기는 지금도 강렬한 기억으로 남아 있다.

어릴 적 매주일 하게 했던 '글쓰기 숙제'를 딸들은 악몽의 추억으로 떠올린다. 처음엔 손으로 쓰더니 결국 컴퓨터 자판에 능숙해지는 훈련 방식이 된 일석이조의 숙제다. 그뿐이랴. 글을 쓰는 이상으로 주제를 정하는 게 더 힘들다는 것을 딸들은 깨닫게 되었다. "제발 주제만이라도 엄마아빠가 정해줘!" 그래서 우리 부부는 골머리를 앓으면서 머리를 맞대고 글쓰기 숙제를 정해야 했다. 아이들뿐 아니라 부모도 함께 공부하게 만든 과제였다.

'독립'과 '경제 감각'에 대한 주제도 빠뜨릴 수 없다. 내가 선택한 신의 한수는 '밥해 먹기, 빨래하기, 청소하기, 정리하기' 같은 일상과의 연결이었다. 아이들 스스로 아주 작은 분류까지 항목을 정해서 스스로 단가를 정하고 스스로 청구를 하면 나는 그대로 실행했다. '독한 엄마'라는 소리까지 들으며 집안일을 비즈니스로 만든 나의 아이디어는 아이들의 용돈벌이뿐 아니라 적정 가격 설정, 수요와 공급의 이치에 대해 이윽고 깨닫게 하는 효과를 거두었다. 일상의 생활을 공부이자 놀이로 만드는 비법은 훨씬 더 다양할 것이다.

풍류와 문무는 겸비하는 게 좋다

놀이에 대해서 내가 두고두고 후회하는 게 두 가지 있다. 하나는, 우리 전통 악기 하나 익히지 못한 것이다. 단소나 대금을 배웠더라면 외국 사람들 앞에서 산조 한가락 멋들어지게 뽑을 수 있었을 텐데 말이다. 기타 들고 피아노 치고 색소폰 부는 것보다 더 멋질 텐데, 왜 배우질 않았던가? 또 하나는, 태권도를 못 배운 것이다. 왜 나의 시대에는 여자들에게 호신술을 가르치는 분위기가 없었을까. 지금도 보편적이지는 않지만 그래도 훨씬 더 늘었다. 없는 힘이나마 요령껏 쓰는 방법을 터득하면 남자들 앞에서 훨씬 더 당당할 수 있을 것이다. 뒤늦게 우리 궁술을 배워봤지만 마음정진에는 도움이 되어도 일상에 응용하는 데는 아무래도 부족했다.

그래서 나의 결론이라면, 역시 '풍류風流'는 알아야 하고 '문무文武'는 겸비하는 것이 좋다는 것이다. 손을 움직이면 뇌도 같이 작동한다. 오감을 작동시키면 뇌의 자극이 높아진다. 몸의 각 부분을 많이 움직일수록 우리의 뇌는 왕성하게 작동한다.

나는 지금도 여전히 논다. 어렸을 적부터 익힌 놀이는 물론 어른이 되어 새로 배운 놀이들까지. 다른 사람들의 놀이 기준과는 다를지 몰라도 나에게는 큰 놀이다. 때로는 내가 노는지 일하는지 잘 구별이 안 될 정도다. 사실은 일하는 중간에 짬짬이 노는 것만큼 즐거운 놀이도 없다. 일하고 싶다는 마음을 자극시켜주고 또 더 근사하게 일하고 싶다는 욕구를 불러일으켜주기도 하고, '아직도 공부할 게 너무 많구나' 하는 생각도 나게 만든다.

그러한 놀이 주제들은 수없이 많지만, 이 책에서는 그중 '노래 · 라디오 · 팟캐스트 듣기 놀이, 만화, 영화, 여행과 걷기, 책 읽기와 책 쓰기'의 주제에 대해서 그것들이 어떻게 나의 놀이가 되었고 또 공부가 되었는지 써보려 한다. 공부에도 단계가 있듯 확실히 놀이에도 단계가 있는 것이다.

'놀이'와 '공부'는 쌍둥이와도 같다.

놀이를 잘하면 공부를 잘한다.

멋지게 놀려면 열심히 공부하자!

02

듣기 중독증 덕분에
영어 귀가 트였다

라디오광 · 노래광 · 팟캐스트광

나는 듣기 중독증이 있는 편이다. 주중 새벽에 혼자 작업할 때
는 6시부터 8시 사이의 라디오 아침 시사프로를 늘 듣는다. 저
녁이나 주말에는 또 팟캐스트를 챙겨 듣는다. 얼마 전까지만
해도 〈나꼼수〉나 〈김어준의 뉴욕타임스〉를 즐겨 들었고, 요즘은
〈이슈 털어주는 남자〉〈팟캐스트 윤여준〉〈시사게이트〉 같은 시
사 팟캐스트들을 리플레이해서 듣는다. 예전에는 라디오와 TV
토론 프로들을 리플레이했는데 요즘은 팟캐스트가 훨씬 더 흥
미롭다. 최근에는 책 관련 팟캐스트들을 새로 발견해서 열렬한
청취자로 변하고 있는 중이다. 〈나는 가수다〉〈불후의 명곡〉 같
은 TV 프로에서 기막힌 노래가 등장하는 다음날이면 어김없이
동영상을 찾아서 듣고 또 듣는다. 한번 노래가 좋으면 열 번이
고 스무 번이고 다시 들어야 직성이 풀리는데, 영상보다는 들

기가 훨씬 더 매력적이다. 이 모든 듣기는 컴퓨터 덕분이다. 웹의 다시 듣기, 다시 보기 기능이 어쩌나 좋은지 모른다.

내가 귀가 발달해서일까? 사실은 그게 아니라, 두 가지 단순한 이유 때문이다. 첫째, 홀로 작업의 외로움을 달래준다. 둘째, 듣기는 나의 본 작업을 방해하지 않는다.

라디오로 시작한 듣기 놀이

나는 이 비결을 일찍 깨우쳤다. 사춘기 시절에 라디오 음악신청 프로들의 전성시대가 열렸는데 그 덕을 톡톡히 봤다. 'DJ'라는 커리어가 새롭게 등장하던 시절, 청취자들의 신청 사연을 소개하고 신청곡을 틀어주는 형식인데, 외국 팝송이 주 대상이었다. 음원이나 CD나 MP3는커녕 카세트테이프나 레코드조차도 선택의 여지가 많지 않던 시설에 라디오는 다양한 노래를 들을 수 있는 유일한 매체였다.

내가 이 프로들을 선택한 것은 주로 외국어 노래가 나오기 때문에 가사가 들리지 않아서 공부에 별로 방해가 안 되었기 때문이다. '공부의 외로움을 달래주되, 방해는 하지 말라!'는 것이다. 그러다가 발견한 것이 AF(K)N이다. 영어 방송이니 아예 '소리'로만 들려서 완벽한 묘수였다. 중고시절 내내 켜놓고 살았다. 우리말 라디오는 내용이 너무 잘 들려서 집중할 수가 없고, 외로우니 뭔가 소리라도 듣고 싶고 해서 틀어놓았던 영어 방송에서는 노래가 가장 많이 나왔지만 뉴스도 했고 드라마도 했다. 그런데 어느 날 연속 드라마의 내용이 갑자기 들리는 것이었다. 그 순간의 깜짝 놀람을 지금도 기억한다. 그 다음 드라마 시간을 기다리던 내가 아주 기특할 지경이었다.

'반복'이란 가장 기본적이고 가장 효과적인 공부방식이다. 반복하기에 '듣기'만큼 좋은 방식이 없다. 처음에는 잘 안 들리던 것도 거듭 들을수록 잘 들린다. 게다가 호기심도 유발시킨다. 다들 경험해봤을 것이다. 외국 노래에 반해서 뜻을 알고 싶어 가사 찾아보다가 단어 하나라도 더 알게 되는 경험을 말이다. 그런 행위를 반복하다 보면 어느덧 습성이 된다.

나의 듣기 중독증이 지금은 어느 정도까지 왔느냐 하면, 마음에 드는 영화의 대사를 외울 때까지 영화를 다시 '듣는' 습성까지 생겼다. 영화를 들으면 또 다른 맛이 난다. 내가 중독된 영화 듣기는 〈매트릭스〉와 미드 〈웨스트 윙〉인데, 대사가 어찌나 좋은지 모른다. 〈매트릭스〉에 나오는 짧은 대사들의 철학적 의미는 씹어볼수록 흥미롭고, 게다가 이 영화의 음향은 첨단 영상 이상으로 소리의 혁명을 이루었다.

소리 문화의 이점들을 즐겨보자

발달된 청각을 '예민하다'고 표현하는 것에는 확실히 일리가 있다. 소리 문화의 공부 효과가 만만찮은 것이다. 몇 가지 점들을 생각해보자.

첫째, 콘텐츠를 구별하는 능력이 생긴다. 듣기란 보기보다 훨씬 더 정직하다. 영상에는 적잖은 속임수들이 작용하지만, 소리에는 상대적으로 속임수가 작용하기 쉽지 않기 때문이다. 뮤직비디오를 보고 열광하다가 듣기만 하면 맛이 뚝 떨어지는 경험을 누구나 해봤을 것이다. 잘못된 음이나 '삑사리'는 보통 사람들도 쉽게 구분한다. 귀의 분별력이란 그만큼 높다. 많이 듣다 보면 정보를 거르는 분별력이 이윽고 생기게 된다.

둘째, 그러다가 핵심에 다가서는 법을 익히게 된다. 속지 않는 법, 핵심을 짚는 법, 논리를 파악하는 법이 익혀진다. 이런 훈련에는 TV 뉴스보다 라디오 뉴스가 더 좋고, 뉴스보다 토론이 더 좋고, TV 토론보다 라디오 토론이 훨씬 더 효과가 있다. 소리로만 하기 때문에 핵심을 전달하려는 화자의 노력도 돋보이고, 소리로만 들리기 때문에 논리의 허점이나 부실한 콘텐츠가 금방 전해지기도 하며 기막힌 논리와 전달력에 감탄하게 되기도 한다.

독자들도 익히 아는 방송인 손석희, 정관용 등의 질문 솜씨와 토론 솜씨는 라디오를 통해서 더욱 빛난다. 고백하건대, 그들이 진행하는 토론 프로들을 꾸준히 들은 것도 나의 토론 솜씨를 닦는 데에 큰 도움이 되었을 것이다. 요즘은 지하철에서 이어폰을 꽂은 사람들이 무척 많은데 모니터에 코 박고 있는 것보다 훨씬 더 나은 모습이다. 설마 노래만 듣고 있지는 않겠지?

셋째, 자꾸 들으면 이야기하는 능력도 커진다. 모든 언어는 입이 아니라 귀로부터 시작된다. 듣지 못하면 벙어리가 되는 이치다. 언어의 기본은 듣기가 먼저인 것이다. 언어의 순수함, 아름다움, 세련됨을 즐기게 되고 또한 조악하고 천박하고 비논리적인 언어를 분별하게 되는 이점과 함께, 많이 들을수록 이야기하는 능력도 따라서 자란다. 사람들은 누구나 이야기를 잘하고 싶어 한다. 이야기를 잘하려면 먼저 잘 듣자.

넷째, 분위기를 잡는 법에도 능숙해진다. 소리로 분위기를 잡는 건 동서고금의 이치다. '심금을 울리는 소리'란 말이 괜히 나온 말이 아니다. 마음의 줄을 당기고 때리고 울린다. 분위기에 따라 다양한 음악을 벗으로 삼다 보면 소리의 다재다능한 비법에도 익숙해진다. 알다시피, 최고의 소리는 사람의 목소리다. 목소리의 톤과 강약과 리듬으로 사람의 마음을 쥐락펴락, 가슴을 뛰게 하는 일은 얼마나 근사한가? 내가 음악뿐 아니라 명연설을 챙겨 듣는 이유이기도 하다. 특히 울적해지고 의욕이 생기지 않을 때, 사람의 목소리로 전해 듣는 메시지는 강렬한 동기부여가 되기도 한다.

다섯째, 멀티플레이하는 법도 익힐 수 있다. 공부하면서 라디오를 들었듯, 요즘은 컴퓨터 작업을 하면서 온갖 팟캐스트를 다시 듣는다. 집중하는 데에 방해가 안 되느냐고? 오랜 세월 동안 듣기 놀이를 하면서 작업하다 보니 이젠 우리말을 틀어놓아도 방해받지 않을 정도의 도가 닦인 것 같다. 아마도 나의 뇌가 여러 정보들을 따로따로 해석하고 저장하는 능력이 생긴 게 아닌가 싶을 정도다. 나의 귀가 들어야 할 말, 집중해서 해야

할 생각, 부지런히 노는 손가락이 동시에 가능해진 멀티플레이
는 나 같은 멀티플레이어의 기본기가 아닐 수 없다.

우선, 많이 듣고 잘 듣는 공부를!

공부 놀이의 기본으로 '듣기'를 강조하는 이유가 있다. 듣기가
가능한 환경이란 기본적으로 사람과 사람 사이에 '소통'하는 문
화를 전제하는 것이기 때문이다. 설마 이 시대에 속 빈 콘텐츠,
진심이 담기지 않은 메시지, 우격다짐의 스타일로 듣기를 강요
하는 일은 없을 것이라 믿고 싶다. 알다시피 반복적 듣기란 자
칫 세뇌와 길들여지기의 부작용이 있기 때문이다.

　　잘 듣기를 통해 우리의 분별력과 판단력이라는 지적 능
력이 높아지기를, 말하기와 이야기하기라는 소통 능력이 높아
지기를, 다양한 분위기를 즐기고 능수능란하게 조율하는 능력
이 커지기를, 게다가 멀티플레이 기술까지 보너스로 얻기를 바
란다. 우리가 '많이 또 잘' 듣는다면 그만큼 사람들 간의 소통이
이루어지고 있다는 뜻이 되기도 할 것이다. 공부 놀이의 첫걸
음인 듣기에 눈을 뜨자!

　　많이 듣고 잘 듣자!
　　모든 소통의 근본은 듣기고
　　모든 공부의 기본은 잘 듣기다.

03

만화책도
책이다

"서울공대생도 만화가게 가냐?"

우리 엄마가 나를 질색했던 게 있다면, 내가 '만화가게 붙박이'
였던 사실이다. 대체로 믿을 만한 아이로 통했지만, '만화 중독'
만큼은 정말 못마땅하셨던 모양이다.

지금은 만화를 대여해주니 방에 틀어박혀 공부하는 척
하며 밤새 만화를 봐도 되지만, 내 어릴 적에는 만화가게에 가
야만 만화를 볼 수 있었다. 지금도 만화방이 그리 좋은 환경이
아니지만, 그 당시의 만화가게는 정말 궁색하기 짝이 없었다.
'구멍가게'와 같은 쪽방에다가, 알전구만 달랑 달려 있을 뿐 어
두컴컴했고, 등받이나 쿠션 있는 의자는커녕, 기다란 나무 의자
에 앉아 책장에 기대어 만화를 봤다. 하지만 그야말로 '만화 삼
매경'이었다. 방과 후면 만화가게에 달려가서 해가 지는지도 모
르고 푹 빠져 있다가 엄마가 찾으러온 적도 꽤 많다.

내 만화 중독은 대학생이 돼서도 이어졌는데, 엄마가 드디어 못 참고 던진 한마디. "아니, 서울공대생도 만화가게 가냐?" 아니, 대학생이라고, 서울공대 다닌다고 만화가게 가지 말라는 법 있나? 나는 엄마에게 농을 했지만, 엄마의 기준으로는 도저히 못 참겠던 모양이다.

"엄마, 만화책도 책이야!"

그런데 왜 책 읽는 건 뭐라 안 하면서 만화 보는 건 그리 질색할까? 그때도 엄마한테 내가 했던 말이 바로 "엄마, 만화책도 책이야!"였다. 지금은 교육만화, 여행만화, 철학만화, 역사만화, 과학만화 등 다양해졌고, 아이들이 만화라도 보면 부모들은 감지덕지할 판이다.

나의 만화 중독증의 첫 기억은 김산호 선생의 『라이파이』다. 지금도 '라이파이 클럽'이 있을 정도로 우리 만화의 전설과 같은 존재다. 고구려 무인처럼 머리에 두건을 질끈 동여맨 라이파이도 멋졌지만, 나는 악의 존재인 '녹의 여왕' 캐릭터가 아주 맘에 들었다. "음, 여자도 악인이 될 수 있구나!" 김산호 선생의 발상이 아주 신선하게 시대를 앞서가지 않았는가?

여하튼 온갖 순정만화, 야구만화, 사냥만화, 모험만화의 주제를 섭렵했다. 유학 중에는 어찌나 만화가 그립던지 미국만화를 시도해봤는데, 확실히 문화 자체가 다르다. 유학 중 만화를 못 본 한이 맺혀서, 돌아와서는 시리즈 만화들에 온통 빠졌다. 『바벨 2세』『캔디』『베르사이유의 장미』로 시작해서 『드래곤볼』 시리즈, 그러다 미야자키 하야오의 만화영화 시리즈에까지 빠져버렸다. 지나치게 일본 만화에 심취되는 게 아닌가 우려스러울 즈음에 우리의 웹툰, 촌철살인 시사만화, 힐링만화, 삶의 이야기 만화들이 다양한 소재들로 등장해서 너무도 반갑다.

요즘의 우리 만화는 재미, 오락, 교육을 넘어서 힐링, 예언, 사회비판까지, 게다가 아예 스토리텔링의 원 소재로서 문학의 반열에까지 오를 정도니, 나도 어릴 적의 만화가 꿈을 다시 키워보고 싶을 정도다.

글과 그림이 같이 가는 만화

만화가를 꿈꾸는 건 모든 어린아이들의 특권 중 하나다. 그 꿈이 이루어지건 아니건 만화 습작을 해본다는 것은 아주 좋은 훈련이기 때문이다. 나도 다르지 않았다. 각종 캐릭터를 베껴보고 그려보고, 스토리를 만들어 만화 습작도 해봤다. 만화가가 되는 게 얼마나 어려운 줄도 모르고 만화가를 꿈꾸기도 했었다.

한번은 박재동 화백에게 "시사만화 한번 그려보고 싶어요!"라고 했더니 근사한 덕담을 해주셨다. "잘할 겁니다. 시사만화는 그림을 잘 그리는 게 중요한 게 아니라 핵심 메시지를 짚어내는 게 중요한 거니까요." 한 컷 시사만화에 촌철살인의 메시지를 담기 위하여 시사만화가가 들이는 공은 엄청나다. 박재동 화백이 오랜 세월 동안 시사만화를 그리면서, 그리는 작업 자체는 한 시간이면 끝나지만 주제를 어떻게 잡을지 시각을 고민하는 일이 가장 힘들었다는 얘기를 하셨다. 창작 활동의 고뇌가 담겨 있는 이야기다.

만화란 글과 그림이 같이 가게 만드는 아주 독특한 작업이다. 글 쓰는 작가나 그림 그리는 작가는 아마도 가끔은 만화가를 동경하지 않을까? 글에 아무리 '삽화'를 집어넣은들, 글은 글이다. 그림 속에 아무리 '글 메시지'를 집어넣은들, 그림은 그림이다. 그런데 글과 그림을 같이 구상하는 만화는 독특한 뇌 작동을 자극할 것임에 분명하다. 상상력을 증폭시키는 것은 물론, 짧은 한 컷에 메시지를 축약하는 능력을 키우고, 글 이야기와 그림 이야기가 서로 어떻게 보완하고 증폭되게끔 할 것인지 고민하게 하는 만화는 훌륭한 학습도구임에 분명하다.

만화는 가장 중요한 장면을 포착하는 능력과 가장 핵심적인 특징을 포착하는 능력을 길러준다. 마치 '그 한 장의 사진'처럼 말이다. 실사를 찍듯 부드럽게 넘어가는 서구의 만화영화보다 일본, 중국, 한국의 만화영화가 훨씬 적은 커트를 쓰는 특징이 있다는 것은 잘 알려져 있다. 적은 숫자의 화면으로 메시지를 전하는 기술에는 축약과 강조와 여백의 미학이 담겨 있다.

잘 그린 인물 캐리커처 만화는 얼마나 그 인물의 특징적 성격을 표현하는가? 아마 우리가 캐리커처를 표현하듯 인물과

사람의 특징적 성격을 포착할 수 있다면, 우리의 인간관계는
훨씬 더 풍부해지지 않을까? 만화란 '만화 같다'는 비현실적 특
징을 통해 우리의 현실을 너무도 현실적으로 포착하는 능력이
있는 것이다.

중독에 빠져봐야 중독증을 이긴다

이 김에 중독증에 대해서 한번 이야기해보자. 사실 나에게는
모든 종류의 중독증이 있는 편이다. 만화에 빠지고 소설에 빠
지고 영화에 빠지고 음악에 빠지는 건 기본이고, 스포츠 게임
은 물론이요, 종종 비디오 게임, 카드 게임에도 빠지고. 온갖 종
류의 화투 게임에도 한 번씩은 빠져봤다. 좋게 보자면 몰입 능
력이 있는 것이고, 나쁘게 보자면 중독 습관이 있는 것이다.

　　나의 아주 위험한 소신(?)이라면 "한번 빠지면 갈 데까
지 가보자!"는 것이다. 물론 '갈 데까지 가보자'는 것의 기준은
분명 필요하다. 모든 중독증은 부작용을 수반하기 때문이다. 가
산 탕진까지는 아니더라도 돈 낭비, 시간 낭비, 건강 해치기, 자
폐증, 외부 공포증 등 보통 일이 아니다. 나뿐이 아닐 것이다.
우리 인생에서 중독에 빠지는 것이 최소 수십 종에서 수백 종
이 될 것이다.

　　그래서 나는 중독에 빠지기 또는 중독에서 헤어나기에
대한 나의 기준을 세웠다. "게임의 룰을 마스터할 때까지는 그
냥 빠져버리자!" 게임의 룰에 대한 관심을 가지면, 게임의 맛에

빠져 허우적대는 짓은 상대적으로 덜하게 된다. 마스터할 만한 가치가 있는 룰을 가진 게임인지 아닌지에 대한 판단 기준도 생긴다.

수많이 빠져보고 헤어나는 경험을 쌓다 보니, 지금쯤에는 나 자신을 안다. 그래서 중독될 만한 것이면 아예 시작하지 않는다. 예컨대, 컴퓨터 게임은 '테트리스, 지뢰 밟기' 등 몇 번 빠져본 다음에, 이래선 안 되겠다 싶어서 이젠 아예 시작하질 않는다. 지나치게 단순한 룰이 성에 안 차는 것도 있다. '애니팡'을 시작하지 않는 것도 이 때문이다. 자칫 하트 날리다가 시간 다 보낼 것 같아서 미리 걱정부터 앞서는 것이다.

그렇다고 지금의 나는 중독증이 없을까? 그럴 리가 없다. 모든 사람은 중독증 한두 개 정도는 몸에 지니고 살아가게 마련이다. 내가 요즘 기꺼이 인정하는 것이라면, 트위터 중독이다. 새벽에 일어나 트위터 인사를 해야 일할 기분이 생기고, 컴퓨터 앞에 앉을 때마다 트위터를 열어보고 타임라인을 본다. 일상의 흥미로운 사건이나 시사에 대한 의견을 다른 사람들과 나누고 싶어서 길에서도 스마트폰을 열곤 한다. 그래서 하루 평균 15개의 멘션을 날린다.

사람들은 나에게 물어본다. "트윗 중독증 아니냐?" 기꺼이 인정하되, 내가 게임의 룰을 마스터하고도 여전히 그 게임을 즐기고 있고, 아주 긍정적 의미의 생기를 나에게 불어넣어 주니, 이만하면 생산적 중독증이 아닐까?

여하튼 빠져보자, 그리고 헤어나자!

"남에게 피해주는 것만 아니면 뭐든 해도 좋다"가 나의 소신이고 이것이 나의 '톨레랑스' 기준이다. 물론 이 기준이 언제나 그리 간단명료한 것만은 아니지만, 적어도 자기가 좋아하는 일을 한다고, 남들 보기에 지나치게 열중한다고 보여도 백안시하지 말자는 뜻이기도 하다. 무엇보다도 자기 소신과 자기 감성으로 빠져보지도 못하는 사람보다는 훨씬 더 인간적이지 않은가? 인간적일 뿐 아니라 새로운 가능성을 안고 있지 않은가?

여하튼 제대로 빠져보지 않고는 그 어떤 것도 얻어낼 수 없다. 한 번도 빠져보지 않고는 헤어날 방법도 익힐 수 없다. 중독증은 위험한 것임에는 분명하지만, 중독되어보지 않고 그 무엇을 깨우칠 수 있단 말인가? 그 설레는 가슴의 상태를 어찌 느껴본단 말인가? 그러니 충분히 빠져보자! 그래야 헤어나올 수도 있다.

빠져보지 않고 그 무엇을 할 수 있다는 말인가?

한 번 빠져보면 언제나 빠져볼 수 있다.

그리고, 빠져봐야 헤어난다.

04

시대의 서사,
상상의 보고

무한한 공부 주제를 담고 있는 영화

영화는 단순히 대중오락이 아니라, '이 시대의 문학'이라고 할 정도의 위치가 되었다. '내 인생의 영화'에 대하여 모든 사람이 책 한 권은 쓸 수 있으리라. 나 역시 영화와 더불어 살아왔고 앞으로도 살아갈 것이다. 영화 없는 인생은 상상할 수조차 없을 정도다.

"다시 태어나면 무엇을 할 것이냐?"는 질문을 받으면, "아마, 영화감독?"이라고 답하곤 한다. 내가 조금 뒤의 세대에 태어났더라면, 실제로 영화감독을 지망했을지도 모른다. 내 시대에는 '감히'라는 생각이 지배했으니 말이다. 그래서 "죽기 전에 영화 한번 만들어보고 싶다!"라는 말을 자주 하고, "극영화는 힘들겠지만 다큐 영화는 만들 수 있지 않을까?" 했다가, "영화를 만드는 건 어려울 것 같고, 시나리오는 한번 써보고 싶다!"로 심리적 부담감을 줄이면서 영화에 대한 나의 열정을 불태우고 있다. 꿈이 있어야 그 무언가 일어나기를 기대해볼 수 있을 테니 말이다.

무한한 공부 주제를 던져주는 영화

영화는, 그 어떤 일을 하는 사람에게도, 공부할 주제를 던져준다는 점이 매력적이다. 게다가 '드라마틱'하게 공부하게 만드니 일석이조 아닌가? 이 세상에 존재하는 직업치고 영화의 소재가 안 된 것 있나? 사람이 살아가는 그 어떤 주제치고 영화로 안 만들어진 것이 있나? 사람이 느끼는 그 어떤 감정치고 영화의 감성이 되지 않은 것이 있나? 사람이 살아가는 그 어떤 공간치고 영화의 배경 공간이 되지 않은 곳이 있나? 게다가 사람이 직접 체험하지 않은 상상의 세계가 영화 상상력의 대상이 되지 않은 게 있나?

그러고 보면 영화는 모든 공부의 소재가 된다. 사람 공부, 인물 공부, 역사 공부, 미래 공부, 정치 공부, 대통령 공부, 시장 공부, 경제 공부, 빈곤 공부, 증권 공부, 부동산 공부, 직업 공부, 조직범죄 공부, 폭력 공부, 전쟁 공부, 심리 공부, 감정 공부, 아름다움 공부, 쾌락 공부, 문학 공부, 노동 공부, 환경 공부, 동물 공부, 지리 공부, 우주 공부, 과학 공부, 테크놀로지 공부, 의학 공부, 기계 공부, 디자인 공부, 미술 공부, 음악 공부, 집 공부, 건축 공부, 도시 공부, 공간 공부, 판타지 공부 등. 그

뿐이랴. 연애 공부, 사랑 공부, 결혼 공부, 아이 공부, 성장 공부, 친구 공부, 이별 공부, 죽음 공부 등 다른 사람들은 어떻게 살고 있나 궁금증을 풀어주는 공부도 된다.

영화는 효율적이다. 보기도 쉽거니와 시간도 상대적으로 적게 든다. 짧은 책 한 권이라도 읽으려면 네다섯 시간은 든다. 그런데 영화는 두 시간 안팎이면 된다. 게다가 종합적, 일체적, 총합적으로 체험하게 만들어준다. 가장 강력한 메신저 기능을 하는 영상과 대사와 소리와 음악을 통해서, 자유자재로 축약하고 상상력으로 채우면서 감성과 논리를 동시에 자극하니, 이런 기막힌 매체가 또 어디 있는가? 그러니 모든 사람의 인생에 영화가 스며들고 모든 사람들이 자신의 성장과 영화를 매치시켜 볼 수 있는 것이다.

그러나 영화는 또 소모적이고 수동적이다. 워낙 강렬하기 때문에 자기도 모르게 빨려 들어가게 만든다. 워낙 그 마력이 강하기 때문에 중독성도 심하다. 영화적 상상력은 무한하지만, 감독과 연출자의 상상력의 완성도가 높을수록 오히려 보는 사람들의 상상력을 제한할 수도 있는 맹점이 있다. 사실 바로 이 점 때문에 영화 중독도 생기는 것이리라. 게다가 산업과 연결되면서 물량 공세도 만만찮다. 하루 온종일 틀어대는 영화가 우리의 일상을 꽉 틀어쥐는 것이다. 게다가 물량 공세의 주체가 할리우드니, 자칫 할리우드가 그리는 세계에 우리의 삶이 갇힐 수도 있다.

하지만 능동적으로 영화를 대해보자. 영화를 공부 주제로 삼는 일은, 분명 우리의 일을 풍부하게 할 뿐 아니라 우리의 인생도 풍부하게 한다.

영화를 통해 성장한다

내 인생의 첫 영화는, 상징적이게도, 조지 오웰 원작의 애니메이션 〈동물농장〉인데, 어린 시절에 언니가 데려가준 극장 나들이 덕분이었다. 설레며 극장 가던 길, 극장 앞에서 서성이던 장면, 온통 부끄럽고 어색하기만 했던 기억이지만, 캄캄한 동굴 속 같은 극장에서 봤던 영화는 강렬한 체험이었다.

영화는 나의 사춘기를 갖은 비밀들로 가득 채웠다. 사춘기 시절에 살던 동네가 마침 충무로였다. 대한극장, 아테네극장, 스카라극장, 국도극장, 조금만 더 걸어가면 단성사, 피카디리극장 등, 주위에 극장들이 그득했다. 그중에서도 지금은 '극동극장'이라는 이름으로 남아 있는 '아테네극장'은 중·고등학교 시절 나의 아지트였다. 대한극장 건너편 골목에 있던 아담한 재상영 영화관인데, 대학생들이 많이 이용해서 그런지 영화 고르는 안목이 꽤 높았고, 덕분에 내 안목도 높아졌다. 흥미로운 영화들은 대개 '미성년자 관람 불가' 시대였던지라, "혹시 단속에 걸리는 거 아냐?" 걱정하면서 몰래 보러 다녔지만 영화를 보고 싶은 간절함이 언제나 그런 불안감을 이겼다. 어른스런 외모와 머리를 길게 기르는 이화여중·고를 다닌 덕분에 가능했던 '불량학생 짓'이었지만, 적어도 영화 보기에 대해서만큼은 지금이라도 '무죄'를 주장하고 싶은 심정이다.

어린아이들은 물론 청소년도 약간의 가이드만 있다면 어떤 영화 접속도 가능해야 한다는 것이 내 소신이다. 아이 책, 어른 책을 구분할 필요가 없듯 말이다. 호러 영화, 에로 영화를 빼고는 나는 우리 아이들과 어렸을 때부터 온갖 종류의 영화를 함께 봤다. 사랑 영화, 성에 대해 눈뜨는 성장 영화, 사회 영화, 정치 영화를 아이들과 같이 보는 것에 대해서 주변에서는 이상하게 보기도 하였지만, 영화를 보고 아이들이 의문을 갖고 토론하는 것은 자연스러운 성장 체험이다. 나 역시 어릴 적 이른 바 '미성년자 관람 불가 영화'들을 보면서 세상에 대한 나의 의문을 키웠다.

우리 가족들과의 화제 중에는 영화 이야기가 빠지는 법이 없다. 요즈음엔 CATV의 시리즈 드라마까지 더해져서, 쉼 없이 "그 영화 봤어? 그 드라마 봤어?"가 나온다. 자신이 받은 감동을 공유하고 싶어 하는 심리는 영화에서 최고조에 달한다. 쉽고 재미있게 공유할 수 있기 때문일 것이다.

나는 이제 개봉 영화관을 꼭 찾아가며 열광하는 세대는 아니다. "미치도록 잡고 싶었다"는 영화 카피처럼 '미치도록 보고 싶어서' 고3 딸 몰래 막내와 함께 〈살인의 추억〉을 보러 갔고, 가족 모두 너무너무 궁금해서 '이 영화만이다'라고 다짐하면서 고3 딸까지 대동해서 〈매트릭스 2〉를 보러 갔던 기억은 지금도 생생하다. 〈매트릭스 2〉에 나오는 '아키텍트'의 난해한 대사에 대해서 네 사람이 각기 다른 해석을 했던 그날 밤의 감상 토론회가 무척 웃겼다.

영화란 한 번의 영화 보기로 완성되지 않는다. 감상과 토론이 곁들여져야 완성된다. 놓친 부분을 찾아내고, 놓쳤던 암시를 다시 찾아내고, 감독의 의도를 찾아내고, 연기자들의 미묘한 표현을 찾아내고, 다른 영화와의 상관관계를 찾아내고, 현실 세계의 사실과 비교하면서 또 다른 의미를 찾게 된다. 그래서 어느덧 영화라는 간접체험은 현실의 직접체험과 중첩되는 것이다.

같은 영화 보고 또 보며 공부하기

앞에서 내가 대사를 외울 때까지 영화를 듣기만 한다는 습관이 있다고 했는데, 한번 반한 영화라면 보고 또 보는 게 내 습관의 일환이다. 가족들이 질려할 때까지 보고 또 보고, 듣고 또 듣는다. 내 습성 덕분에 아이들은 영화 〈JFK〉를 통해 사운드의 효과를 감식하는 능력을 키웠고, 절대 그러지 않으리라 싶었던 우리 남편까지 영화 〈매트릭스〉의 대사를 줄줄 외우게 되어 장면이 나오는 순간에 대사를 읊을 정도가 되었다. 내가 반한 미드 〈웨스트 윙〉에 대해서만큼은 나의 열광까지 전염시키기 어렵지만, 그래도 공감도가 높다.

외국 영화에 비해서 우리 영화를 보고 또 보게 되지 않는 이유는 무엇일까, 이에 대해 곰곰 생각하곤 한다. 대사가 잘 들리기 때문이기도 하지만, 우리의 좋은 영화들은 대체로 무거운 주제의 영화이기 때문 아닐까? 〈박하사탕〉〈올드 보이〉〈살인의 추억〉〈친절한 금자씨〉〈스캔들〉〈밀양〉〈봄 여름 가을 겨울 그리고 봄〉 등의 영화를 감탄의 감탄을 거듭하면서 보았지만 다시 보려 들면 영화 속 고통의 순간이 떠올라 머뭇거리게 된다. 우리 영화의 리얼한 감성에 대해서 '영화적 거리감'을 가질 수 없기 때문이 아닐까 싶기도 하다. 사극 〈대장금〉이나 퓨전 사극 〈해를 품은 달〉〈아랑사또〉와 같은 드라마는 극적 긴장을 자아내는 연출과 대사에 감탄하면서 보고 또 보게 되는 것을 보면, 어느 정도의 거리감을 유지하며 엔터테인먼트의 대상으로 기대하는 심리가 영화 보기에 작용하는지도 모르겠다.

대상에 대한 일체감을 갖는 것과 대상에 대한 일정한 거리감을 유지하는 것은 어떤 대상이든 공부의 대상으로 만드는 비결이 아닌가 싶다. 영화에 감정적으로 빠지면서도 영화에 적당한 거리를 유지할 수 있는 것, 마치 연애와도 같지 않은가? 너무 빠지면 금방 매력을 잃어버릴 수 있으니 말이다.

직업적 관심으로 영화 공부하기

직업적 관심으로 영화 보기를 하는 것도 있다. 건축과 도시의 공간들은 영화의 배경으로서 영화의 분위기를 좌우하는 중요한 변수 중 하나다. 나뿐 아니라 많은 건축인들, 도시인들, 디자이너, 문화예술인들이 영화에 매료되는 이유도 이 때문일 것이다.

영화와 건축은 비슷한 점이 무척 많다. 상당한 자본이 동원되어야 한다는 점이 그러하고, 수많은 분야의 협업을 오케스트라처럼 끌어가는 마에스트로가 필요한 종합예술이라는 점이 그러하다. 그런데 우리의 영화가 그동안 발전해온 만큼 우리의 건축이 그리 발전했느냐 생각하면, 쥐구멍에라도 들어가고 싶은 심정이다. 땅에 발을 붙일 수밖에 없는 것이 건축의 제약이고, 무한하게 날개를 달 수 있는 기획의 대상이 영화라는 점을 아무리 감안하더라도, 부끄럽다.

나는 천생 공간에 대한 관심이 높으니, 영화를 보면서 어떤 공간적 상상력이 어떤 방식으로 표현되는지에 대해서 관찰하지 않으려야 않을 수 없다. 그래서 세계 곳곳의 도시, 세계 곳곳의 동네, 최신 건물과 옛 건물, 여러 용도의 건물들, 공원들, 자연환경들이 어떠한 이미지로 그려지는지 예의 분석하곤 한다. 특히 SF영화에서 그리는 미래의 공간들에 대해서는 각별히 분석하고 연구하고 또 비판하곤 한다. 건축가를 주인공으로 하는 영화들이 무척 많은데, 대부분은 실망을 하는 편이다. 워낙 현실 속의 건축가와 다른 모습을 그리기 때문이다. 다만, 최근에 나온 이용주 감독의 우리 영화 〈건축학개론〉과 영국 감독 피터 그리너웨이의 영화 〈건축가의 뱃속The Belly of An Architect〉은 영화의 재미와 함께 건축가의 본 모습을 포착할 수 있는, 아주 권할 만한 영화다.

　내 인생 중 어느 시점이 되면 영화와 건축·도시·공간에 대한 집필을 하리라는 생각을 하곤 한다. 해낼 수 있을지는 모르지만 나의 개인적 공부 프로젝트로 계속 지니고 있다. 독자들 역시 자신의 직업적 관심과 영화를 연결시킨다면 훌륭한 공부 프로젝트가 될 것임에 분명하다.

시대의 서사, 상상의 보고

그렇게 수많은 영화들을 보았으니 이제는 어떤 영화를 보아도 별 감흥이 없을 것이다 싶으면, 또 놀라운 영화가 나타난다. 처음에 영화에 빠질 때는 그저 신기하기만 했던 것이 이젠 신기함만이 아니라 분석하고 비교하며 공부하는 안목까지 생겼다. 영화에 빠지는 단계도 여러 가지다. 처음에는 스토리로만 이해하다가 메시지로 이해하고, 드라마틱한 구성에 관심이 있다가 컨텍스트에 관심이 가고, 사람에 빠지다가 배경에 빠지고, 영상에 빠졌다가 대사에 빠지고, 노래에 빠졌다가 사운드에 빠지고, 감동에 빠지다가 감동의 원인을 파악하려 들고, '이 영화를 왜 이렇게 만들었지?' 하며 동기에 대한 탐구까지 하게 된다.

　영화를 통한 인간성 탐구는 그치지 않으리라. 상상에 관한 한 영화는 무한하게 진화하리라. 서사敍事의 힘은 영화 속에서 영원하리라. 사실 일하는 사람이라면 누구나 죽기 전에 다큐 영화 한 편쯤 만드는 꿈은 가져야 하리라. 동영상 촬영과 편

집이 쉬워진 지금에는 누구나 영상으로 자신의 작업을 표현할
수 있는 시대이니 말이다. 나 역시, 영화와 공간의 관계를 공부
해서 죽기 전에 책도 쓰고, 시나리오도 한 편 쓰고, 다큐 영화
도 하나 만들고, 다시 태어나면 영화감독을 꼭 해보리라 꿈을
꾼다.

영화에 빠졌다가 이제 영화를 통해 공부한다.

직업적 흥미로도 영화는 완벽한 대상이다.

우리 모두 다큐를 만들 꿈도 꾸어보자!

05

정처 없는
길에서
깨닫는 것들

새벽 7시부터 밤 11시까지 걷기

'휴休'의 가치를 새삼 발견하고, '치유'의 가치를 부각시키는 요즘이다. 아마도 요즘 가장 많이 쓰이는 말 중의 하나가 '휴'일 것이다. '휴'는 '쉴 휴'의 의미로 가장 많이 쓰이지만, 사실 '아름다울 휴'의 의미도 있다. 나무 밑에 사람이 있는 모양인 한자 '休'는 가장 아름다운 모습을 그리는 것이라고, 이름에 이 '휴' 자가 들어간 나의 옆지기가 항상 주장하는 말인데, 나도 흔쾌히 공감해주고 있다.

'휴' 하려면 떠나는 게 최고다. 일상에서 떠나고 습관에서 떠나고 모든 인연에서 떠나면 새 세상이 열린다. '휴'에서 멈춤이 생기고, 새로운 자극이 생기며, 모험이 일어나고, 새로운 시작을 할 마음도 생긴다. 여행이란 최고의 '휴'인 것이다.

떠나고 싶다, 모험하고 싶다

어릴 적의 나에겐 여행이란 누릴 수 없는 사치였다. 아주 어릴 적에 유성온천으로의 가족 여행 한 번, 고교 시절 여름방학의 강원도 여행 한 번, 이 두 번이 전부다. 다행히 산본에 시골 할머니가 계셔서 할머니 댁으로의 떠남이 언제나 기다려지곤 했다. 가족이 함께 가는 명절 외에도 나는 혼자서 시골로 떠나곤 했다. 핑계 확실한 외박, 핑계 확실한 떠남이었기 때문이다. 서울역 앞에서 버스 타고 마을 어귀에서 내려 성황당 고개가 있는 십리 길을 걸어서 할머니 댁으로 가던 홀로 여행은 틀에 박힌 내 어린 시절에 가졌던 근사한 모험 시간이었다.

방과 후에는 서울 동네 곳곳을 탐험하곤 했다. 이른바 '사대문 안' 동네이니 오죽 정겨운 풍경이었겠는가? 이층 한옥이 즐비하던 종로, 시계탑이 너무 예뻤던 서울의대 본관, 물 흐르던 대학로 천변, 너무 신기해 보였던 동그랗게 생긴 혜화동 로터리, 없는 물건 없는 오장동 중부시장, 울긋불긋 포목시장이 신기했던 광장시장 등. 그러다가 이화여중·고를 다니면서 근처의 서대문, 서소문, 광화문, 시청 앞, 남대문이 걸음걸이 안에 들어오며 내 세계는 넓어졌다. 친구 집에 놀러 가면 근처 동네를 탐험하다가 창덕궁 옆 북촌, 남산 밑 필동, 동대문과 약수동 동네들까지 알게 되었다. 버스표가 없어서 서소문 이화여고부터 충무로 5가 우리 집까지 걸어오던 그 하루는 각별한 도시 걷기 추억으로 남아 있다.

유신 시절, 대학 문을 닫아버리는 바람에 공부는 제대로 못한 대신에 우리나라 방방곡곡을 철철이 찾아다녔다. 해외여행은 꿈도 못 꾸던 시절이다. 해외여행이 아니더라도 우리 강산, 우리 도시들을 걷기만 해도 탐험의 세계는 넓디넓다. 땅의 크기는 작지만, 치마 주름처럼 겹겹으로 연이어진 산들과 사이사이 흐르는 강과 천이 굽이굽이 펼쳐지는 우리 산천은 그 안에 수많은 이야기를 담고 있다.

아이들은 그저 밖으로 돌아다녀야 한다는 게 나의 소신이다. 아파트 안, 단지 안에 묶이면 세계가 좁아진다. 동네를 탐험하고 도시를 탐험하고, 강산을 탐험해야 호기심도 커지고 모험심도 커지고 용기도 우러난다. 아파트 단지에 살다가 일반 동네로 이사 온 후, 우리 아이들도 완전히 달라졌다. 세상이 엄청나게 복잡하고 세상엔 참 여러 종류의 삶이 있음을 알게 되었고 점차 탐험의 반경이 넓어졌다. 내가 제일 좋아하는 곳, 부석사를 갔다 온 후 큰 아이가 그렸던 입체적인 그림이 인상적이었고, 소쇄원과 식영정 등 가사문화권 여행을 한 후 우리 막내가 썼던 글이 교지에 실려서 우리 가족들은 두고두고 그 여행 이야기를 한다. 여행이란 가족을 엮어주는 추억이다.

새벽부터 밤까지 걷는다

그런데, 나는 '휴' 하는 여행과는 거리가 멀다. 어느 한군데 길게 붙어 있지 않고 계속 움직이기 때문이다. 새벽 7시부터 밤

11시까지 걸어다니며 부지런히 걷고, 부지런히 묻고, 부지런히 보고, 부지런히 사진 찍고, 부지런히 먹는다.

국내를 여행할 때 미리 숙소를 정하지 않고 떠나는 것이 우리 가족 여행의 습성이다. 하루 종일 다니다 피곤에 지치면 그제야 모텔을 찾는다. 이런 습관 덕에 한번은 섬진강 벚꽃구경을 갔다가 방이 없어서 가로등 하나 없는 시골길을 달려 밤 2시에 겨우 여관방을 찾아 고꾸라졌지만, 이런 모험이 아이들의 추억에는 더 깊이 박힌다. 새벽 4시경에 떠나 밤 2시경에 돌아오는 무박 여행도 곧잘 하는데, 한번은 어스름한 새벽하늘을 배경으로 '죽음 이야기'를 했다. 그 시간은 우리 가족의 아주 특별한 기억으로 남아 있다.

여행 이야기를 담은 책들이 수없이 있고 온갖 여행 다큐도 있지만, 아무리 책과 사진과 영상을 통해서 간접 체험을 하더라도 실제 그 공간에 가면 완벽하게 다르다. 특히 내 발로 한 걸음 한 걸음 걸으면 완전히 다른 모습들이 보이고 그곳에 사는 사람의 변수까지 겹치면, 공간은 완전히 새롭게 태어난다. 막연한 '공간'이 아니라 이야기가 있는 '장소'가 되는 것이다. 규정할 수 없는 '스페이스space'가 아니라 삶이 담긴 '플레이스place'가 되는 것이다.

건축도시 분야에서 일하는 사람에게 주어진 선물 중 하나는, 업무 중 하나가 여행이라는 사실이다. 여행 떠나며 일하러 간다, 공부하러 간다고 핑계를 댈 수 있다. 사진인, 미술인,

영화인 등은 비슷한 혜택을 누리며 일하는 사람들이다. 그러나 요즘에는 어디 이들뿐인가? 음악이 있는 여행, 만화가 있는 여행, 인물이 있는 여행, 전쟁의 아픔이 있는 여행, 혁명이 있는 여행 등 모든 사람들에게 여행은 테마를 던져준다. 여행을 통해 세상을 보고, 걷는 만큼 세상을 느낀다.

끊임없이 움직이는 나의 여행 방식은 악명이 높다. 공무원, 연구원들과 함께 네덜란드 여행을 한 적이 있었는데, 새벽 7시에 아침 먹고 떠나서 밤 11시에 돌아오는 일정을 며칠간 했다. 네덜란드는 혁신적인 도시 실험, 건축 실험이 일어나고 있는 현장일 뿐 아니라, 암스테르담 - 헤이그 - 로테르담과 작은 도시들을 엮으며 성공적인 지역 혁신이 일어나고 있는 현장이다. 하루에 공식 방문 일정 3개는 기본이고, 사이사이에 동네 걷기 하고, 밤 10시까지도 환하게 밝은 유럽의 여름이라 저녁을 늦게 먹고, 또 걷고, 또 한잔 하는 참으로 농축된 여행이었다. 이때 나의 강행군 여행 스타일이 소문나는 바람에, 같이 가겠다는 사람들이 줄기도 하였고 또 늘어나기도 했으니 모든 것에는 좋은 점, 나쁜 점이 다 있다.

걷기 덕분에 탄생한 나의 명언들

여행과 걷기를 통해서 탄생한 나의 명언(?)들도 있다. "길을 잃으면 길을 찾을 수 있다. 길을 잃어보라!" 이 말은 참 여러 사람들이 좋아해주신다. 대개는 길을 잃지 않으려고 온갖 애를 쓰지 않는가? 대개는 바른 길을 찾는 데 더 신경을 쓰지 않는가? 대개는 편한 길, 넓은 길, 쉬운 길을 찾으려 들지 않는가? 그러다가 가지 않은 길, 가보지 못한 길을 그리워하지 않는가? 그런데 길을 찾으려고 집착만 하지 말고, 길을 잃고 온몸을 맡겨보라. 자연히 가보지 못한 길도 가보게 되고, 길을 찾는 단서를 발견하면서 길 찾는 감각도 발달된다. 특히 젊은이들이 이 말을 좋아하는 이유가 짐작이 간다. 길 잃은 방황감, 길 찾는 막막함에 지쳐 있는 것이다. 그러니 여행을 하라. 길을 정하지 말고 길을 잃어보라. 이윽고 길을 찾을 것이다. 인생의 길도 보일 것이다.

"걷고 싶은 도시가 가장 좋은 도시"라는 말을 유학에서 돌아오자마자 계속해왔다. 신문 칼럼이나 인터뷰에서도 자주 이 말을 했더니 확실히 효과가 있었다. 많은 사람들이 이 말에 공감하게 된 것이다. 엉뚱하게도, 관에서는 '걷고 싶은 길'이라는 관제 거리를 만드는 사업으로 둔갑시켜서 안타깝기도 했지만, 시간이 지나니 걷는 길에 대한 관심이 꽤 높아지지 않았는가. '걷고 싶은 도시'란 안전하고, 여유 있고, 볼거리 많고, 먹을거리 많고, 사람 구경하고, 자기도 멋지게 보여주고 싶은 건강한 도시다. 우리가 해외여행으로 가고 싶어 하는 도시들은 모두 다 '걷고 싶은 도시'라는 특징이 있다. 실제 여행을 가면 우리는 계속 걷지 않는가?

'제주올레'는 걷기 열풍을 불게 한 최대의 히트다. '강화도 나들길, 강릉 바우길, 지리산 둘레길, 서울 성곽길' 등 계속해서 길 시리즈가 나오니 더욱 반가운 현상이다. 그런데 '제주 올레'라는 이름의 작명가가 실은 나다. 지인들과 저녁 먹는 자리에서 서명숙 이사장이 제주에 걷는 길을 만들려고 하는데 이름을 고민한다고 해서 즉석에서 제안을 했는데, 좌중에서 너무 괜찮다고 호응을 해주었고, 서명숙 이사장이 받아들이고 제주 시민들을 설득해서 그 이름으로 낙착이 되었던 것이다. 지금도 작명을 잘해주어 제주올레가 더 성공했다고 서명숙 이사장은 만나기만 하면 나에게 고맙다고 하는데, 나는 서명숙 이사장의 걷기 의지가 성공한 것이 더 고맙다. '올레'라는 이름은 내가 제주 건축을 공부했던 대학생 때부터 좋아했던 말이다. 집으로 들어가는 아주 작은 골목길의 이름이 '올레'라니, 어감도 좋고 공간도 좋고 의미도 좋지 않은가?

홀로 모험이 최고다

이렇게 길에 대한 명언들이 튀어나오게 된 배경에는 내가 그만큼 걷기 여행을 많이 했기 때문일 것이다. 틈만 나면 이 동네 저 동네 탐험하는 습관 때문이다.

　나는 여전히 홀로 여행이 최고의 여행이라고 굳게 믿고 있다. 가족들과의 여행, 친구들과의 여행, 동료들과의 여행, 모르는 사람들과의 여행은 하나하나 다 즐거운 체험이지만, 홀로 가면 완전히 다르다. 여행은 근본적으로 모험이기 때문이다. 우리 아이들이 타지로 홀로 떠나는 모험 여행을, 속으로 물론 걱정을 하긴 하면서도 기꺼이 응원하는 것은, 그들이 여행을 통해서 얻어올 지혜를 알기 때문이다. 내가 백 마디 하는 것보다 직접 가서 부딪치고 고생하고 체험하고 오는 것이 백배 낫다. 백문이 불여일견인 것이다. 인생은 여행이다.

떠나자, 걷자, 묻자, 듣자, 모험을 하자!

그리고 가끔은 말없이, 그저 느끼자.

인생은 여행이다.

06

글은
모든 창조의
출발점이다

죽기 전에 써야 할 책 리스트를 가져라

놀이공부의 소재 중에서 책에 대해서 제일 나중에 쓰는 것은 할 말이 그만큼 많기도 하려니와 그만큼 소중하기 때문이다. 놀이로 가장 먼저 기억나는 것이 책이고, 나의 공부는 책 때문에 비롯되었으며, 나의 공부는 책 쓰기 숙제 때문에라도 죽을 때까지 이어질 것이 분명하기 때문이다.

아무리 영화가 이 시대의 문학이라고 해도, 아무리 스마트 영상이 우리의 눈과 귀를 사로잡는다 해도, 아무리 온갖 재미있는 드라마들이 우리의 시간을 빼앗으려 들어도 여전히 책의 위력은 강하다. 그리고 보면 컴퓨터 · 웹 · 스마트폰을 일상적으로 사용하면서 나의 책 읽기 시간도 많이 줄었다. 하지만 여전히 책은 주변에서 떠나는 법이 없다. 항상 네 종류의 책이 나를 기다린다. 베갯머리에 있는 책, 소파 옆에 있는 책, 책상 위에 있는 책, 화장실에 놓여 있는 책. 각 책은 성격이 다 다르다. 이야기의 세계로 들어가는 책, 성찰의 세계로 들어가는 책, 처절한 현실 세계로 들어가는 책, 명상과 상상의 세계로 들어가는 책 등. 아무리 자투리 시간이라고 해도 여전히 나의 일상의 시간은 사이사이 책으로 채워진다. 책이 놓여 있는 그 일상의 공간에 가면 다시 책 세계가 펼쳐진다. 그 공간에 놓여 있는 책을 보면, 도대체 무슨 세계를 저 안에 숨겨놓고 있을까, 궁금증이 발동한다.

텍스트는 모든 창조의 시작

책은 모든 정보, 모든 지혜, 모든 논리, 모든 감성, 모든 소통, 모든 상상, 모든 창조의 시작이다. '글'로 구성되는 책이 훈련에 좋은 이유는 수없이 많다. 첫째, 인간의 가장 보편적인 소통 매체이기 때문이다. 책을 잘 읽으면 소통 능력이 커진다. 둘째, 말보다 훨씬 더 강도 높은 정제 과정을 거치기 때문이다. 정제된 훈련으로 글만큼 좋은 수단이 없다. 셋째, 조근조근 풀어가고 차근차근 쌓아가야 하기 때문이다. 구조적이고 구축적이며 논리적인 훈련이 된다. 넷째, 정직하기 때문이다. 영상보다 정직하고 말보다 정직하다. 기록으로 남기 때문에 더 그렇다. 다섯째, 균형 감각을 잡아준다. 책을 비교하며 읽을수록 균형적 시각이 발달된다. 여섯째, 상상력을 극도로 자극하기 때문이다. 영상의 상상력은 이미 구현이 되어 있지만 글은 여백과 행간으로 더 다양한 상상력을 자극한다. 일곱째, 창조의 무수한 단서들을 포착하는 감각이 발달한다. 글은 창조의 시작이다.

나는 이런 책 예찬을 백 가지라도 만들 수 있다. 책 사랑일 뿐 아니라, 책 존중론이고, 책 긍정론이고, 책 효용론이다. 그래서 책을 제대로 읽는 사람은 책을 안 읽는 사람보다 여러 점에서 유리한 고지를 점령한다. 말도 잘하게 되고 글도 잘 쓰게 된다. 훨씬 더 세련되고 수준이 깊어지고 또 높아진다. 논리적이 되고 전체를 조감하는 통찰력이 커진다. 사실을 포착하는 구조적 능력도 높아지고 윤리적 수준도 높아질 수 있다. 전후좌우를 살피고 종합적으로 파악하고 비교 안목이 높아지니 균형 감각이 높아질 수 있다. 상상력이 높아짐은 물론 창조 역량도 높아진다.

이렇게 말하고 보니, 정말 이상하기만 하다. 대체 왜 책을 안 읽는 건가?

어릴 적 달달 외웠던 어른 책 3권

1부에서 이야기했지만 나는 어릴 적에 입을 꽁꽁 닫고 살았다. 일가친척들은 나를 '비실비실 약해 빠지고, 새하얀 낯빛에 수줍음 많아서 어른들 앞에서 인사도 제대로 못하던 아이'로 묘사한다. 하물며 중고 동창들도 나를 만나면, "니가 그 김진애 맞니?" 하곤 한다. 항상 교실 책상 앞에서 코를 박고 앉아만 있던 친구로 기억하는 것이다. 그만큼 다른 사람들에게 비친 나는 수줍고 내향적이고 말수 적고 심약한 모습이었다.

"너는 참 이상하구나!"라는 어른들의 말에 상처가 깊었던 것은 사실이다. '말이란 아예 안 하는 게 상책'이란 내 나름의 비결을 터득하고 아예 입을 꽁꽁 닫았다. 어른들은 경계의 대상이었고 회피의 대상이었다. 내가 이윽고 터득한 묘책이 있었는데, 바로 '책을 읽고 있으면 어른들이 안 건드린다'는 사실이었다. 건드리지 않는 정도가 아니라 아예 존중의 기색조차 있다는 것을 나는 이윽고 알아챘다.

그래서 나는 책 세계로 도망쳤다. 책이 귀하던 시절이라 손에 걸리는 책이라면 다 읽었다. 어린이용 도서가 별로 없던 시절이니 주로 어른 책을 읽었다. 명저만 읽었느냐? 그렇지도 않다. 집에 굴러다니던 '야동' 소설까지도 다 읽었다. 물론 '몰래' 읽었지만 말이다. 꽤 나이 차가 나는 오빠 언니가 들여오는 온갖 '고전 시리즈'는 늘 내 차지였다. 한국문학 선집, 세계문학 선집, 명작 전집은 물론이고, 역사서, 철학서, 사회과학서들을, 말 그대로 '닥치고' 읽었다. 문자중독증 수준이라 할 정도로 빠졌던 것이다. 책은 나의 멘토이자 선생님이었고, 나의 동지이자 친구였다.

열 살 무렵 수십 번을 읽어서 달달 외웠던 3권의 책은 각별히 기억이 난다. 『그리스·로마신화』『플루타르코스 영웅전』그리고『공자 이야기』. 다 두툼한 어른 책이었다. 책이 너덜너덜해질 때까지 읽었고, 등장인물들의 이름과 에피소드들을 달달 외웠다. 특히 나는 그리스·로마신화 속의 온갖 인간적인 신들, 요정들, 반신반인들에게 반해버렸다. 나중에 이화여중·고 6년 동안 '성경'을 열심히 공부했는데, 이 두 텍스트 공부는 서양문화의 핵심 축인 헬레니즘과 헤브라이즘의 근원을 이해하는 바탕이 되었다. 만약 어릴 적에 한국 문화와 역사, 특히 한국 근대사와 현대사에 대한 책을 달달 외울 정도로 읽었더라면 아마도 내 인생은 또 완전히 달라지지 않았을까?

내 돈으로 샀던 첫 책은 지금도 기억난다. 초등학생 시절이었다. 왜 그 책을 골랐는지는 모르겠으나 혜화동 로터리에 있던 한 작은 서점에서 『괴도 루팡』을 사들고 집에 걸어오던 길은 영화 장면처럼 생생하게 기억난다. 가슴 설레며 뿌듯했고, 내 자신이 아주 멋지게 느껴졌다. 그때 시작된 나의 '추리소설' 중독은 지금도 계속되어서, 일의 리듬이 좀 여유로워지는 듯싶으면 추리소설 몇 권을 아예 준비해놓곤 한다.

책 읽기에도 확실히 사이클이 있다. 특정 주제의 책들을 어느 기간 동안 우르르 보게 되는 것이다. 어떤 때에는 역사 주제가, 어떤 때에는 뇌 과학이, 어떤 때는 경제 서적이, 어떤 때는 정치 주제가, 어떤 때는 사회 서적이, 어떤 때는 심리 주제가, 어떤 때는 사랑 소설이, 어떤 시기엔 추리 소설이, 어떤 때에는 우주 과학이, 어떤 때에는 건축 서적이, 어떤 때에는 여행 서적이, 어떤 때에는 도시 주제가 마치 밀물과 썰물처럼 드나든다. 나의 결벽증이라면, '베스트셀러'에 오른 책들은 그 당장은 잘 안 읽는다는 것이다. 어느 정도 시간이 지나고 스테디셀러가 되면 그제야 찾아 읽곤 한다.

나는 사람들이 책을 좀 더 읽으면 좋겠고, 우리 아이들이 책을 좀 더 읽으면 좋겠다고 바라기는 하지만, 책을 의무로만 읽을 수는 없다고 생각하는 편이다. 의무적 책 읽기는 시험 공부나 리포트를 쓰려고 할 때 외에는 거의 별무소용인 것 같다. 그때는 잠시 소용이 닿았을지 몰라도 그다음에 전혀 생각이 나지 않는 책 읽기가 무슨 의미란 말인가? 책을 읽고 싶을 때가 누구에게나 어느 시점에든 온다고 나는 믿는다. 그리고 한번 맛을 들이면 책 읽기 맛은 오래간다.

6년 차이 임에도 불구하고, 작은 아이의 독서량이 큰 아이의 독서량보다 크게 줄었다. 개인 차만이 아니라 세대 차가 분명히 있는 것 같다. "그렇게 책을 안 읽어도 되니?" 하고 큰 아이가 막내에게 비판할 정도이니 말이다. 하지만 그렇게 책을 안 읽던 막내도 어느 시점이 되니 책을 이야기하기 시작하고, 어느 덧 자신의 일과 개인적 흥미에 따라 관련 책을 찾는다. 천지개벽할 일이라고 우리 가족들은 놀려대지만, 그런 천지개벽이 책을 통해 일어나니 그저 고마울 따름이다.

책 읽기에서 책 쓰기로

인생의 어느 시점에 나는 책 읽기에서 책 쓰기로 넘어가게 되었다. 어릴 적에는 꿈도 못 꾸던 일이다. 물론 어린 시절에 '소설가'란 '만화가'와 함께 '하고 싶다' 리스트에 등장하는 단골 꿈이었지만, 소설가와 책 쓰기란 전연 다른 것으로 생각했던 것 같다.

내가 처음으로 책 쓰기에 관심을 가지게 된 것은 대학 시절, 에드워드 T. 홀의 『보이지 않는 차원』이라는 책의 짧은 서문을 읽었을 때였다. 사회심리학 책인데, 인간을 움직이는 숨은 동기들에 대한 책이다. 책도 길지 않지만, 왜 이 책을 쓰는가에 대한 동기를 밝힌 간명한 서문에 혹해버렸다. "나도 이런 서문을 쓸 수 있는 책을 쓰고 싶다!"라는 생각을 처음으로 했다. 그러고도 첫 책을 쓰는 데 20여 년이 걸렸다. 스물다섯여 권을 쓴 지금 생각하면 이상하리만큼 왜 그렇게 책을 쓴다는 것이 힘든 일이라고 생각했는지 모르겠다.

1991년에 나의 첫 책으로 『서울성Seoulness』을 낸 후 '1년에 책이나 한 권씩 쓸까?' 하는 농담을 했는데, 지나고 보니 예언처럼 되어버렸다. 장안의 화제가 되는 베스트셀러도 써봤고, 스테디셀러도 써봤고, 좋은 책으로 선정되어보기도 했고, 내 책을 기다리는 고정 독자들도 나름 생겼다. 무엇보다도 나는 지금도 꾸준하게 글을 쓰고 있다. 예전에 누가 나에게 해주었던 이 말을 항상 기억하면서 말이다. "단 열 명에게라도 깊이 다가갈 수 있다면 책의 가치는 충분하다."

책 읽기뿐 아니라 책 쓰기가 내 인생에 들어온 후에 나의 인생은 달라졌을까? 달라지기는 분명 달라졌다. 3부에서도 이야기한 것처럼 나의 프로 생활에 대하여 객관적인 관찰을 하고 있는 나를 느낀다. 삶의 여러 체험들을 가벼이 넘기지 않는다. 호기심이 더욱 발동하게 되는 것이다. 책을 읽을 때 책을 쓰는 사람으로서의 공부 태도가 작용하는 것도 확실히 느낀다. 모든 것이 책을 쓰기 위한 소재가 될 수 있다는 생각이 든다. 주변 세계의 현상을 자세히 관찰하고 사람들의 행위를 예의 관찰하고, 무엇보다도 나 자신을 관찰하는 것이 습성이 되었다. 좋은 변화일까, 부담스러운 변화일까? 하지만 이것 한 가지는 분명하다. 나의 인생은 훨씬 더 풍부해졌고 또 정교해졌다.

요즈음의 고민은, 어느 한 가지 체험을 할 때마다 책 쓸 거리가 넘쳐나는 현상이다. 프로젝트를 끝내도 그렇고, 어느 직책을 해보고 난 후에도 그렇다. 세상엔 왜 이렇게 책 쓸 거리가 많으냐고 불만도 토한다. 그러나 많은 경우, 그 책 쓸 거리들을 마음속에 잠재운다. 어느 시점에 그 잠재운 주제들이 더 큰 폭발력을 가지고 다시 활화산이 될지도 모를 일이다.

나에게는 죽기 전에 꼭 쓰고 싶은 책 리스트가 있다. 스물다섯여 권이나 썼는데 무슨 책을 더 쓰냐고? 아직도 알고 싶고 공부하고 싶고 내 생각은 무엇인지 궁금한 주제들이 여전히 있기 때문이다. 근본적인 호기심을 불러일으키는 주제들이다. 여전히 십여 가지 주제가 살아 있으니, 내 인생이 계속 바쁠 것임에 틀림없다. 내 인생에서 감히 가지 못했던 길을 책 쓰기라는 방법을 통해 다시 걸어보리라는 생각도 한다. 예를 들면, 영화 시나리오를 써보면 어떨까, 소설로 써보면 어떨까 하는 상상이다. 소설을 쓴다면 내가 유일하게 잘할 수 있을 것 같은 추리소설을 생각한다. 상상만 하는 것이 아니라 구상도 해놓는다. 책 쓰기에 관련된 이 모든 계획들이 내 인생을 여전히 두근거리게 만든다.

어떤 사람이든 일생에 책 세 권은 써야 한다고 나는 주장하곤 한다. 자신의 일을 시작할 무렵 두근두근하는 선택과 희망에 대해서 쓰는 책, 본격적으로 일한 경험을 토대로 냉철하게 자신의 노하우를 알리는 책, 상당한 경험이 쌓인 후에 통찰과 지혜를 담아 전체적인 조망을 하는 책이 그것이다. 어떤 분야에서 일하는 프로이든 이런 세 가지 책의 개념을 머릿속에 갖고 있다면, 일에 대한 공부와 자신에 대한 공부와 사회에 대한 공부를 철저히 하게 될 것임에 분명하다.

일생에 단 한 권의 책을 쓴다면, 어떤 책을 쓰겠는가? 이 상상은 우리의 인생살이를 훨씬 더 의미 있게 만들어줄 것이다. 우리의 인생은 아직 다 쓰지 않은 책이다. 어떤 내용으로 인생의 책을 쓸 것인가?

놀이공부의 힘

놀이공부의 예로 '라디오 듣기, 만화 보기, 영화 보기, 걷기 여행, 책 읽기와 책 쓰기' 이야기를 하다 보니, 참 많이도 놀았구나 하는 생각이 든다. 혹시 건축과 도시를 나의 일로 택한 것도 잘 놀기 위해서였나 하는 생각도 든다. 물론 시작할 당시엔 어림도 없었다. 놀기 위해서는커녕 어떻게든 일 잘하고 싶은 마음만 앞섰다. 그런데 지금에 와서 보니 나의 일은 일하기와 놀기가 잘 구분이 안 간다. 여행도 일이요, 영화 보기도 일이고, TV 보기도 일의 한 부분이 된다.

칼을 갈며 하던 공부도 일을 놀이처럼 만드는 데 도움이 되었다. 그냥 "잘하면 돼!"보다는 "이번 프로젝트의 핵심은 무엇일까, 선례는 어떤 게 있나, 어떤 의미가 있나, 역사와 어떤 관련이 있나, 어떤 문학적 연상이 있을까, 영화와는 어떤 관계일까, 사람의 어떤 심리를 건드릴까?" 등, '얼마나 큰 프로젝트이냐'에 관계없이 '얼마나 뜻있는 프로젝트로 만드느냐' 하는 의문을 풀어가는 데에는 역시 공부가 도움이 된다.

지금의 나는 '잘 놀려고 열심히 공부한다' 정도는 졸업했을까? 그렇지 않다. 여전히 나는 잘 놀려고 열심히 공부한다. 나는 잘 놀고 싶다. 이왕이면 멋지게 놀고 싶다. 나는 내 딸들이 멋지게 놀았으면 좋겠다. 나는 모든 사람들이 멋지게 놀면 좋겠다. 물론, '놀다'와 '일하다'를 바꾸어도 마찬가지다. 멋지게 놀기란 돈으로만 되는 것도 아니고 시간이 있다고 되는 것도 아니다. 물론 돈과 시간은 도움이 되지만, '플러스 알파'가 꼭 필요하다. 놀이공부 이야기를 시작했을 때 소개했던 우리 딸의 에피소드에서 딸은 왜 '멋있게 즐겼다'고 했을까? 다음에서 내가 정의하는 '제대로 공부하며 제대로 놀아보는 여섯 가지 비결'을 어느새 터득했기 때문이리라.

첫째, 새록새록 더 찾아보고 싶은 마음이 자꾸 들어서.
둘째, 보이고 들리고 느껴지는 게 자꾸 더 커져서.
셋째, 새로운 느낌과 생각을 사람들과 이야기하며 나누고 싶어져서.
넷째, 날개가 돋고 머리가 부푸는 듯, 자라는 느낌이 좋아서.
다섯째, 인간이 할 수 있는 것은 참 많구나, 인간은 위대할 수 있구나 느껴서.
여섯째, 살아 있음이란 참 좋은 것, 참 뜻있는 것임을 느끼게 되어서.

잘 놀고 싶은가?
공부 잘하고 싶은가?
놀면서 공부하는 비법이 책 안에 있다.

팀 워 크 가

최 고 다

■

훈 련 공 부 론

01

전체는
부분의 합보다
크다

좋은 팀워크로 일하고 싶다

"김진애와 1년쯤 같이 일하면 힘은 들겠지만 많이 배울 것 같다!"는 트위터 멘션을 본 적이 있다. 나는 그때 속으로만, 이렇게 답을 했다. "1년 차도, 2년 차도, 3년 차도 힘들답니다!^^" 이런 말을 공개적으로 했다가는 나와 함께 일하고 싶어 하는 사람들이 없어질까 봐 걱정도 된다.

나와 같이 일한다는 게 무척 힘들다는 사실을 나는 잘 안다. 수많은 멘트들을 들었다. "끝까지 포기하지를 않는다" "요구 수준이 높다" "안 그럴 줄 알았는데 꼼꼼하고 치밀하다" "질문이 끊이질 않는다" "브레인스토밍하자고 하면 무섭다" "도대체 위아래 안 가린다" "처음부터 끝까지 디맨딩demanding,쉽게 만족하지 않는하다" "어그레시브aggressive, 공격적인하다" "서울포럼 스쿨 하나 만들어야 한다!"'서울포럼'은 내가 운영했던 회사 이름이다. 프로젝트를 같이하던 협력사

"등. 내가 직접 들은 멘트들이 이 정도이니, 내 귀에 들어오지 않은 반응이 어떠하리라는 것은 미루어 짐작할 수 있다.

모든 일은 팀이 한다

나는 이런 말들에 크게 구애받지 않는다. 일하기에 대해서만큼은 악명이 높음을 워낙 잘 알고 있다. 대범해서가 아니라 구애받은들 별로 달라지는 게 없음을 진즉부터 알기 때문이다. 물론 나도 눈치는 적잖이 본다. 팀워크가 없이 일하기란 불가능하고, 같이 일하는 팀원들이 지쳐버리면 결국 일에 지장이 생기기 때문이다.

일정한 수준 이상의 일을 해본 사람들은 모두 안다. 팀을 만들고 유지하고 끌고 가는 것이 얼마나 에너지가 드는지, 팀워크를 쌓아가는 작업이 얼마나 힘든지, 팀 관리에 얼마나 많은 힘을 쏟아야 하는지, 그런가 하면 선순환 사이클을 한번 타면 팀워크가 얼마나 큰 힘을 발휘할 수 있는지, 또 자칫 잘못했다가는 악순환이 반복되고 결국 팀워크가 깨지고 종국에는 팀까지 깨지는지 등, 팀을 운영하는 데 온갖 머리를 쓰고 시간을 쓰고 에너지를 써야 하는지 모른다. 시작도 팀이요, 끝도 팀이다. 결국 '사람'인 것이다.

가끔은 팀 작업 자체가 너무 피곤해서 혼자서만 일하고 싶다는 생각도 불쑥불쑥 든다. 그런데 혼자서만 할 수 있는 일이 이 세상에 어디 있는가? 글쓰기는 혼자 하는 작업 아니냐고? 하지만 책 쓰기 역시 나 혼자 할 수 있는 작업은 아니다. 글을 쓰면서도 이 책의 주문자, 기획자, 에디터를 의식함은 물론이고, 독자들의 존재도 의식할 수밖에 없다. 책을 쓰느냐 마느냐라는 선택, 책의 컨셉을 잡고 내용의 틀거리를 만들고 진도를 나가는 작업 모두 숙의와 독려가 필요하다. 일단 원고가 내 손을 떠나면 에디터의 작업, 디자이너의 작업, 마케터의 작업에 전적으로 기댈 수밖에 없다.

자신이 하는 일을 곰곰이 들여다보라. 팀 작업이 얼마나 필요한지, 팀워크 분위기가 얼마나 평소 우리의 삶에 영향을 주는지, 팀원 때문에 받는 스트레스가 삶의 퀄리티에 얼마나 영향을 주는지, 팀 작업이 없다면 우리의 업무는 얼마나 힘들어질지, 금방 깨닫게 될 것이다.

근사한 팀워크로 일하고 싶다는 이 갈구!

그래서 진심으로 바란다. 근사한 팀워크로 일하고 싶다. 좋은 팀이 되고 싶다. 신나게 같이 일하고 싶다. 뿌듯하게 하루를 마감하고 싶다. 오늘 하루가 끝나는 게 아쉬워지는 하루를 즐기고 싶다. 가슴 설레며 내일을 기다리고 싶다. 팀워크를 믿으면서 또 다른 프로젝트를 구상하고 싶다. 또 다른 팀워크를 그리며 그들을 만날 계제를 만들고 싶다.

팀은 항상 동일할 필요는 없다. 일에서의 파트너란 평생

가는 것도 아니고, 일에 따라 들락날락, 만났다 헤어졌다, 새로 만났다 다시 만났다를 반복하는 게 자연스럽다. 개인적인 친소 관계에 의해 팀을 만드는 게 아니라면 말이다. 혈연·지연·학연 등의 개인적인 인연이 업무에 개입되면 생산적인 팀 작업을 만드는 데 방해가 된다. 연이란 무척 중요한 변수이지만, 연에만 기대는 일이란 한계가 뚜렷하기 때문이다. 팀이 해낼 과제를 정의하고, 필요한 역할을 정의하고 그 역할에 맞는 사람들로 팀을 꾸리고, 그 일의 성격에 맞는 프로세스를 디자인하고, 공정하게 일의 결과를 나누고 공유하면서 신나게 일하도록 하는 것이 중요하다.

팀은 '전체는 부분의 합보다 크다'는 개념을 성취하는 팀워크를 해나가면 좋겠다. 개인의 힘으로 일을 끌어가면 당장은 효율적으로 보여도 팀의 힘으로써 일을 끌어가는 시스템보다 결국은 뒤처진다. 팀의 힘으로써 일을 끌어가면 그 자발성과 창의력과 협력체계가 놀라운 힘을 발할 수 있다. 팀 플레이와 개인 플레이란 서로 상충하는 것만은 아니다. 잘만 작동하면 서로 보완 작용을 하면서 에너지를 끌어올릴 수 있다.

팀과 팀워크는 나날이 새로워지는 것이 좋겠다. 그 팀워크는 참여하는 모든 사람들의 각기 다른 잠재력을 끌어내주는 것이면 좋겠다. 모든 사람들이, 담당하는 프로젝트의 성격에 따라, 팀장과 팀원을 넘나드는 역할을 능수능란하게 하면 좋겠다. 가장 근사한 팀이란, 위아래 가리지 않고, 왜 이 일을 하는지

에 대한 가치를 공유하고, 일하자고 만났으면 5분 만에 일로 돌
입하고, 서로의 시간을 아껴주고, 서로의 특성을 독려하고, 서
로의 능력을 키워주며, 소모적인 실적 경쟁이 아니라 일의 대
승적인 퍼포먼스를 위하여 생산적인 경쟁 협력을 하는 팀이다.
그런 팀워크가 가동된다면 얼마나 좋을까.

　　좋은 팀워크에 필요한 것은 수도 없이 많다. 그중 팀장
의 리더십 역할에 대해서는 아무리 강조해도 지나치지 않다.
팀에 기를 불어넣어주고 힘을 키워주는 것이 팀장의 역할이다.
그렇다고 팀워크의 리더십에 하나의 정답만이 있는 것도 아니
다. 때로는 카리스마가 필요하고, 때로는 헌신이 필요하며, 당
근과 채찍을 적절히 구사해야 하기도 하고, 왜 이 일을 하는지
에 대한 가치를 공유할 수 있도록 해야 하며, 밀고 당기는 리듬
도 필요하고, 에너지의 높낮이를 조절하는 호흡도 필요하다.

공부냐, 훈련이냐?

지금의 나는 솔직히 공부를 얼마나 많이 했느냐, 잘했느냐, 잘
할 것이냐보다도 훈련이 되어 있느냐, 훈련을 시킬 만한 기본
소양이 있는가, 훈련하면 얼마나 클 수 있는 잠재력이 있는가,
어느 정도의 훈련을 거치면 자발적인 학습을 할 만한 사람인
가, 어떠한 방식으로 훈련을 시키는 것이 가장 적합할 것인가
등에 대한 관심이 훨씬 더 크다.

　　'공부' 방식과 '훈련' 방식은 다를까? 영어로 하자면 '스

터디Study'와 '트레이닝Traning'이다. 다르긴 다를 것이다. 공부는 학문적인 냄새가 나고, 훈련은 실무적인 냄새가 짙다. 공부란 호기심을 충족시키고 지적 욕구를 충족시키고 지적 기반을 올리면 충분하지만, 훈련이란 공부에 그치는 것이 아니라 그 어떤 일을 해내는 데 도움이 되는가 아닌가 하는 퍼포먼스 평가가 따르기 때문이다. 공부가 개인적인 단련에 방점이 찍힌다면, 훈련은 여럿이 하는 단련 과정이 필수적이다.

나는 훈련 방식에 관심이 무척 많다. 실천적 성향이기 때문이기도 하거니와 내가 프로로서 일하는 입장에 서 있기 때문일 것이다. 그런데, 참으로 훈련이란 어렵다. 고백하자면 다음과 같다. "나는 일에 시간을 꽤 많이 투입한다. 경험도 많다. 공부도 많이 했다. 호된 훈련도 받아봤다. 엄하게 훈련도 시행해봤다. 칭찬도 많이 해봤다. 격려도 많이 해봤다. 꾸지람도 많이 해봤다. 조목조목 절차까지 제시하기도 하고 큰 원칙들만 제시하기도 했다. 전폭적인 신뢰를 표시할 때도 있고 전반적인 회의를 표시할 때도 있다. 호탕하게 웃음을 터뜨리기도 하지만 불같이 화를 내기도 한다. 인내와 끈기를 발휘할 때도 있지만 때로는 분노와 짜증을 폭발시키기도 한다. 그런데 이 별별 방법을 다 동원해봐도 여전히 훈련은 어렵다. 그만큼 팀을 꾸려가고 팀워크를 해가고 팀업을 올리고 팀스피릿을 살리는 것은 무척 어렵다."

이 책이 '공부'에 대한 책이므로, 공부를 잘하는 사람은 일을 잘하는 사람이라고 생각할지도 모른다. 꼭 그렇지만은 않고, 또 그렇기도 하다. 학교 공부 잘하던 사람이 꼭 일을 잘하는 것은 아니다. 그런데 '공부 머리'로 일하는 사람들은 '일 머리'도 빠르게 늘어난다. '일 머리'를 아는 사람들은 일 자체에 대한 습득이 빠를 뿐 아니라 생산성과 효율성도 높으며 어떻게 일 잘하는 노하우를 만들 것인가에 대한 학습 능력도 탁월해진다. 생각하면서 일하는 사람과 주어진 일을 관성대로 반복만 하는 사람은 그렇게 다른 것이다. 자신의 동기를 지니고 있는 사람과 남이 부여한 목적만 따라 하는 사람과의 차이는 엄청나게 큰 것이다.

그래서 깊이 고민해보자. '팀'이란 그렇게 중요하기 때문이다. 공부와 훈련으로 가능한가 하는 회의가 들 때도 있지만 공부와 훈련이 아니면 또 어떤 방법이 가능하겠는가? 어떻게 스스로 공부하고 스스로 훈련하면서 스스로를 단련할 것인가? 절대로 끝나지 않을 의문이지만, 그렇기에 언제나 도전해볼 만한 과제가 아닐 수 없다.

좋은 팀이 되고 싶다!

근사하게 팀 작업을 하고 싶다!

팀으로 일하면 용기 백배다.

02
일은 우리의
존재감을
확인하는 과정

전체 수준이 올라야 내 수준도 오른다

"더 크게 자라세요, 건투!" "무럭무럭 자라기를!" "더 근사하게 자라기를!" "더 멋지게 자라기를, 건투!" 내가 책에 즐겨 써주는 사인이다. 이런 말을 써주면서 공연히 나도 가슴이 설렌다. "나중에 이 사람을 보면 얼마나 커 있을까? 이 사람은 어떤 일을 해낼까? 이 책의 독자들이 자라는 만큼 나도 자라리라!" 이런 생각을 하면서 즐거운 마음이 되는 것이다. 사람들이 잘 자라는 걸 보는 건 참으로 즐겁다.

아마 모든 선생님들은 이런 유쾌한 기분을 가지시리라. 학교 공부를 잘하던 학생이든 못하던 학생이든 몇 년 후에 보면 훌쩍 자라 있고, 10여 년 후에 만나면 사회 한 자락에 포진해 있을 것이며, 20여 년 후에는 자신을 추월해서 새로운 지평을 만드는 모습을 보게 될 수도 있으니 얼마나 보람찰 것인가?

나는 공식 교육계에서 일한 적이 없고 잠시 잠깐씩 강의를 해본 경험만 있을 뿐이지만, 선생님의 근본 심정을 알 것 같다.

2부에서 선생님의 모델을 이야기하면서, 나는 과연 선생의 자질을 갖고 있을까 의문했던 이야기를 썼다. 비록 교수는 안 했지만 나는 내가 같이 일하는 사람들이 크게 자라주었으면, 내 책을 읽은 독자들이 자라고 싶은 마음을 더 키워주기를, 멀리서 나를 보는 사람들이 어디에서 무슨 일을 하든 근사하게 살 수 있다는 믿음을 키워주기를 바란다. 더 깊은 속마음을 고백하자면, 비록 현실 세계에서 나를 좋아하지 않거나 의견이 달라서 나를 비판하거나 반대하는 사람들에게도, 같은 시공간에 있는 사람으로서 내가 긍정적인 자극을 주기를 바란다.

나도 칭찬을 받아야 더 잘한다

몇 가지 에피소드를 들어서 내 자랑을 해보자.

"건축계에서 20년 일한 중에 가장 보람찬 시간이었습니다!" 여러 프로젝트를 하고 수많은 책들을 쓴 것보다 내가 건축 분야를 위해 기여한 일이라면 '건축기본법'을 제정하고 국책 연구기관인 '건축도시공간연구소'를 설립하는 데 핵심 역할을 했던 것이다. 참여정부 시절에 '대통령자문 건설기술·건축문화선진화위원회' 위원장을 2년 반 동안 맡았을 때였다. 대중적으로는 별로 알려지지 않았지만, 이 두 사안은 건축계에서 반세기 동안 숙원하던 과제였다. 위원장직을 맡을 때, '다른 과제들은 몰라도 이 두 가지만큼은 정말 자신 없다'고 했다. 정부의 여러 부처들 또한 국회를 통과해야 하는 과제였기 때문이었다. 그런데 나도 믿을 수 없을 정도로 이 일들을 해냈다. 수많은 사람들이 엄청난 열정을 투입한 덕분에 가능했던 일이었다. 그중에서도 가장 열심히 일했던 한 팀원이 위원회 기획단을 마감할 때 이 말을 했었다. 사실은 내가 내 자신에게 해주고 싶었던 말이었는데, 바로 그 말을 해주어서 많이 기뻤다. 이 친구는 훌쩍 자라리라.

"4학년 마지막 학기입니다. 카이스트에서 항상 우울했습니다. 우연히 듣게 된 이 강의로 카이스트에 다닌 의미를 찾았습니다." 카이스트 학생이 하던 이 말을 들었을 때는 참 착잡했다. '도시 상상'이라는 과목이었는데, 카이스트답게 여러 학과의 학생들이 들어와 역동적인 분위기가 가득했다. 흥미로워 보였던지 60여 명의 학생들이 수강한 탓에 나는 무척 고달팠음에도 불구하고, 개인 프로젝트와 팀 프로젝트까지 했다. 학생들에게 강의 자평서를 쓰게 했고 마지막 시간을 '학생의 한마디씩'으로 마감했다. 이 말을 했던 학생은 키는 천장을 찌를 것 같고, 항상 모자를 깊게 눌러 쓰고 토론 중에도 별 말이 없었는데, 팀 프로젝트의 최종 프레젠테이션에서 팀장으로서 나를 감격시켰던 학생이었다. 이 학생은 카이스트에서 얼마나 외로웠을까? 그 심정을 충분히 알 것 같다. 우울했던 나의 대학 시절도 생각났다. 그런데 그런 학생들이 오죽 또 많으랴. 뜻을 찾은

이 학생, 앞으로 훌쩍 커서 내 앞에 나타나리라.

"월화수목금금금, 고생 많이 했습니다. 앞으로 더 잘할 수 있을 것 같습니다." 2012년 국회의원직을 떠날 때 우리 의원실 보좌관들이 했던 말이다. 아마도 내 평생 같이 일했던 사람들 중에서 가장 고생을 많이 했던 사람들일 것이다. 마음 고생, 몸 고생이 다 컸다. 분명히 밝히자면, 제대로 일하고 싶어 하는 국회의원의 참모가 된다는 것은 보통 고생이 아니다. 또 분명히 밝히자면, 내가 '월화수목금금금 일하자'고 한 적은 없다. 하지만 나는 잘 안다. 높은 직위의 사람이 직접 나서서 일하면 같이 일하는 사람들이 얼마나 힘들어 하는지 말이다. 높은 자리에 있는 사람은 큰 방향이나 제시하거나 아예 모른 척해줘도 상관없고, 바깥 로비나 잘하고 돈 잘 따오는 사람들을 선호하는 것이 현실인 것이다. 특히 국회의원쯤 되면 폼이나 잡고 자리나 빛내주면 된다고 하는, '황당 시추에이션 드라마'가 대부분의 현실인 것이다.

이 참모들이 다른 국회의원들의 참모가 되어서 얼마나 일을 잘할지, 확신은 그리 없다. 이들 각자의 기량이 높아졌고 기개도 드높아졌지만, 어떤 방향성의 환경에서 일하느냐에 따라서 그 기량을 제대로 못 써먹고 기개도 제대로 못 펼칠 위험도 높기 때문이다. 하지만, 부디 잘해다오! 국회를 바꾸는 보좌관들이 되어다오! 국회의원의 기량과 기개를 높이는 보좌관들이 되어다오! 몇 년 후 이들의 '건투 이야기'를 들어봐야겠다.

"완전히 새로 배우는 방식이었습니다. 여러 분야 전문가들이 모여서 브레인스토밍하던 게 제일 기억에 남습니다. 저도 실천해보렵니다." 한 국토부 관료가 하던 말이다. '거버넌스governance'의 효용성을 깨달은 것이다. 국토부 관료들 사이에서 내가 악명 높은 것은 내 자신도 익히 알고 있다. 내가 워낙 가열차게 정책 비판을 해왔기 때문이고, 그들의 관성과 관행을 잘 알기에 더욱 핵심을 아프게 짚어내곤 했기 때문이다. 그런 공무원들도 나와 같이 일해보고 나서는 일 머리를 풀어가는 방식에 대해서 인정하게 된 것 같아서 기분이 괜찮았다. 이 관료, 그리고 나와 함께 일했던 공무원들은 어떻게 더 자랐을까? 속으로 칼을 갈고 있을까? 언젠가 이들의 '건투 이야기'도 들어보고 싶다.

"건빵주머니 속에 쏘옥 들어가는 책을 써주어서 고맙습니다." 방황하는 젊은이들로부터 참 많은 팬레터를 받았다. 그중에서도 한 군인이 보낸 편지는 인상 깊었다. 젊은이들을 위한 『매일매일 자라기』라는 책이었는데 판형을 아주 작게, 빡빡한 글씨로 채운 책이었다. 보초 서러 나갈 때 이 책을 건빵주머니에 넣고 가서, 보초 서는 사이사이에 희미한 전등 밑에서도 책을 읽으며 길을 찾았단다. 지하철에서 읽으리라 여겼지만 건빵주머니에 들어갈 줄은 차마 몰랐다. 책을 작게 만든 보람이 있군, 크게 웃었다. 그 군인 독자는 지금 어디에서 무슨 일을 하고 있을까? 어떤 상황이든, 그때 보초를 서면서 읽었던 책, 그 순간 뛰었던 가슴을 잊지 않으리라.

나 역시 시시때때로 이런 칭찬을 들어야 또 열심히 일할
마음이 든다. '립서비스' 칭찬도 섞여 있겠지만, 립서비스로 하
는 말과 진정이 담긴 말과의 차이를 알아채지 못할 만큼 내가
어리석지는 않다. 비록 나와 일할 때 무척 힘들었음을 잘 알지
만, 이들은 모두 일을 잘하고 있으리라, 잘 자라고 있으리라, 잘
크고 있으리라, 더 근사하게 자라서 언젠가 만나게 되리라.

일을 통해서 말하고, 배우고, 존재한다

우리는 일을 통해서 말한다. 일을 통해서 배운다. 일을 통해서
존재한다. 일을 잘하는 것만이 중요한 것이 아니다. 일하는 과
정 자체가 우리가 어떤 사람인지 알고 남들에게 알리는 과정
이며, 배우는 과정이며, 우리의 존재감을 확인하는 과정인 것
이다.

학교 공부를 통해 지식의 뼈대를 만들고, 다양한 강연회
를 통해 지적 허기를 채우고, 다양한 학원 수업을 통해 특정한
기법을 연마하는 것은 물론 좋은 공부다. 하지만 가장 좋은 공
부는 역시 일하는 현장을 통해 이루어진다. 직접 계획을 짜고
실행해보고, 성공과 실패를 거듭하고, 익숙하지 않던 방식을 접
해보고, 수많은 변수들이 예측불허하게 펼쳐지는 현장에 대응
하며, 변화를 파악하고 그 변화를 대하는 방식을 새로 짜고 실
천을 모색하며 머리를 맞대고 고심하고, 각기 맡은 바 역할을
해내고 서로 비판도 하면서 그 결과를 평가하는 과정을 통해

새록새록 배우게 되는 것이다. 일을 직접 하면서 배우는 것, 바로 '러닝 바이 두잉learning by doing'이다.

'해냄'의 경력을 쌓는다는 것은 무척 즐거운 일이다. 갑자기 일을 기적처럼 잘하게 되는 경우란 절대로 없다. 모든 스타들에게 무수한 훈련 시간이 뒤에 있고 잠 못 이루는 밤들이 헤일 수 없이 많은 것과도 같은 이치다. 물론 특혜와 반칙으로 그 자리에 오른 사람들도 있겠지만, 결코 오래가지 못한다. 연기력, 음악성, 발성법, 독해력, 기술력, 설득력, 소통력 같은 내공을 갖춘 스타일수록 더 고되고 혹된 훈련을 거치면서 오랜 무명의 생활을 견뎠을 가능성이 높다. 반짝 스타들보다도 진정한 영화인, 음악인, 아티스트, 작가들의 생명력이 긴 이유이기도 하다.

그래서 우리는 '성공담'보다는 '실패담'을 더 많이 이야기해야 하고, 기꺼이 '무용담'을 이야기하고, '건투기'와 '분투기'를 써야 하며, '훈련담'을 논해야 한다. 젊은 시절일수록 배울 만한 일, 어려운 일, 고된 일, 분투가 필요한 일들을 자청하는 것이 좋다. 초짜 시절이든 경력 시절이든, 배울 게 있어 보이는 팀장과 프로젝트를 찾아서 어려운 일을 자처하는 것이 좋다. 나와 만나서 일했던 사람들이 이렇게 생각해주기를 정말 바란다. 이 부분을 읽는 독자들이라면, "김진애와 한번 같이 일해봐도 괜찮을 것 같다"는 생각이 드시지 않았을까? 나의 희망 사항이다.

전체 수준이 올라가야 내 수준도 올라간다

2부에서 MIT의 공부생태계를 묘사했던 바 있다. 잘 작동하는 공부생태계에서는 팀 플레이와 개인 플레이가 잘 엮여진다. 모든 사람들의 수준을 같이 올려주면서 같이 자라는 것이다. 그렇게 팀플레이를 하다 보면 특출한 개인은 죽어버리지 않느냐고? 절대 그렇지 않다. 전체적으로 수준이 올라갈수록 특출한 개인은 더욱 찬란하게 나타난다.

이것이 나의 교육 철학이자 팀워크 철학이다. 전체적으로 수준을 올리는 것에 목표를 두는 것이 훨씬 건강한 생태계를 만든다. 특출한 사람들을 키우는 데 중점을 두지 말고 전체적인 수준을 올리는 데 중점을 두는 분위기가 형성되면 특출한 사람은 저절로 피어나는 것이다. 왜 그런가? 좋은 작업, 좋은 성과를 평가하는 분위기가 자연적으로 배어들기 때문이다. 진짜 '실력 사회'가 되는 것이다.

이래서 지나친 경쟁 체제는 건강하지 못하다. 지나친 경쟁 체제에서는 잘하는 사람을 끌어내리려는 부정적 분위기뿐 아니라, 경쟁에 이기기 위한 요령이 판치게 되어 결국 실력이 떨어지게 되고, 수단과 방법을 가리지 않고 경쟁에서 이기려다가 반칙과 특권이 판치게 된다. 진짜 실력 사회란 절대로 '제로섬 사회zerosum society'가 아니다. '제로섬 사회'에서는 승자와 패자의 합이 언제나 같으니 승자가 더 많이 가져갈수록 패자가 나눌 수 있는 몫이 줄어든다. 하지만 실력 사회란 '제로섬'이 아니라 '무한섬'이 될 수 있는 사회다.

여기에 나의 철학이 있다. 어디에서나 '특이한, 천재적인, 하나밖에 없는, 세계 최고의, 세계 최초의, 국내 최초의' 같은 어리석은 기록 경쟁을 하지 말고, 그런 경쟁으로 사회를 황폐화시키지 말라는 것이다. 대신에 '좋은, 건강한'에 중점을 두어야 한다. 예컨대, 건축에서라면 특이한 건축이 아니라 '좋은 건축', 즉 안전하고 인간의 정서에 도움이 되고 좋은 도시를 만드는 데 기여하고 자연에 죄를 덜 짓는 좋은 건축에 중점을 두어야 한다. 뛰어난 건축가를 키우는 것이 아니라 좋은 건축인들, 건강한 건축인들의 기반을 넓히는 것이 건축 교육의 요체가 되어야 한다.

어떤 분야에서도 마찬가지다. 정책에서, 행정에서, 사회학에서, 정치학에서, 언론에서, 현실 징치에서 모두 '좋은, 건강한'에 힘을 주어야 한다. 좋은 사회가 되면 나도 좋아지는 것이고, 전체 수준이 올라가야 내 수준도 올라가는 것이다. 부디 모든 사람들이 좋은 전문가, 건강한 사회인으로 역할을 하도록 하는 것이 우리 공부의 궁극적 목표가 되기를 바란다.

우리는 일을 통해 배운다.

우리는 일을 통해 말한다.

우리는 일을 통해 존재한다.

03

깨달음을 얻은 그대여, 떠나라

언제나 다른 삶의 옵션을 준비할 것

"열심히 일한 당신, 떠나라!"라는 광고 카피를 패러디해보자. "깨달음을 얻은 그대여, 떠나라!" 놀러 가라는 뜻이 아니다. 열심히 일해서 일정 수준 이상으로 올랐으면 이제 그 자리를 떠날 때가 되었다. 떠나서 또 새로운 자리를 개척하라! 이왕이면 새로운 일감과 일자리를 만드는 역할을 해보라! 일 머리를 습득했으면 이제 그 역량으로 새로운 도전을 실천해볼 때가 되었다.

내가 이런 말을 하면 '야박도 하다' 하실 독자들도 계실지 모른다. 사회가 점점 예측불가능해지고, 불안 요소들이 더 많아지고, 안정성과 안전성이 최대의 선택기준이 되고, '평생 일자리'를 원하는 요즘 시대 아닌가. 우리 사회 현실을 알 만한 사람이 왜 이런 말을 하는 건가? 하지만 현실을 냉정하게 알고 대처하자는 것이 나의 요점이다.

'평생 일자리'란 없다

우선 현실을 파악하자. 시대의 큰 수레바퀴는 거세게 돌아가고 있다. 전형적인 산업 사회에서 첨단기술 사회로 넘어갈수록 기존의 일자리, 통상적 일자리는 점점 줄어든다. 사람이 하는 일을 기술이 대체해버리는 현상이 점점 더 가속되는 것이다. 세계 자본이 자유자재로 국경을 넘나들수록 그 자본은 노동력이 싼 곳으로 움직이고 이익률이 높은 곳으로 몰릴 것이다. 자본의 본능이자 기술의 유전자이자 세계 자본주의의 잔혹사다.

사회 안정성은 점점 더 흔들릴 것이다. 비예측성과 불안정성이 높아지고 변화 속도가 빨라질수록 더하다. 고속성장 시대의 거품은 걷히고 저성장 사회가 기본이 될 것이다. 노동은 대체 가능한 것으로 여겨지고 평생 일자리란 보장받을 수 없게 될 것이다. 부익부빈익빈 현상은 악화될 것이고 빈부 격차는 더 심해질 것이다. 일자리가 불안하면 사회 안전망이라도 잘 작동되어야 하련만, 불안이 가속되는 속도에 비해서 안전망을 구축하는 속도는 기대만큼 빠르지 않을 것이다.

거대한 수레바퀴가 돌아가는 이런 사회에서 자신만은 살아남을 수 있다고 생각하는가? 자신만은 살아남아야 한다고 생각하는가? 이렇게 생각하기 시작하는 순간, 과잉 경쟁의 잔혹한 수레바퀴에 치이는 대가를 감수해야 할 것이다. 자본과 권력이란 워낙 잔혹하다. 당신이 아무리 우수하고 탁월하더라도 이용당하며, 시시때때로 밟히고, 어느 시점에는 배신을 당할

것이다. 그 자리에 연연할수록 잔혹한 수레바퀴 사이에 끼어서
으스러질 위험만 커진다. 조직의 논리 속에서 개인의 능력이란
아주 미미한 변수가 될 뿐이다.

개인의 유연성과 사회의 유연성

이런 황폐한 현상을 극복하는 방법으로 나는 딱 한 가지밖에
없다고 생각한다. '유연성'이다. 개인의 유연성과 사회의 유연
성을 동시에 키워야 하는 것이다. 개인으로서도 삶의 대안에
대한 유연성을 가져야 하고, 사회적으로도 다양한 대안 모델들
이 공존할 수 있도록 유연성을 발휘해야 하는 것이다.

유연성의 필수 조건은 물론 다양성이다. 우리 사회의 획
일적인 모범답안 찾기 현상은 숨이 막히고 우리의 숨통을 조일
정도로 답답하다. 게다가 한 방에 모든 문제를 해결할 수 있는
묘수 찾기 현상 같은 것은 무책임하기 짝이 없다. 모범 답안도
없거니와 문제를 한 방에 풀 수 없을 만큼 복잡한 사회인데 왜
지금도 획일적 답안을 강요하고 한 방 터뜨리기를 부추기는가?
모범주의와 획일주의와 한건주의를 벗어나야 유연성과 다양성
의 지평이 넓어진다. 삶의 방식에 대한 옵션도 다양하고, 경제
활동의 옵션도 다양하고, 놀이의 옵션도 다양하고, 살아가는 공
간의 옵션도 다양하고, 쓰는 물건도 다양하고, 먹거리도 다양
하게 만들고, 그 다양한 옵션 속에서 자신의 선택 기준과 적응
력을 높이는 유연성을 가져야 이 피곤한 사회를 버텨나갈 수

있다.

사회의 유연성을 높이는 과제는 별도로 하더라도, 우리 자신의 유연성을 높이는 것은 우리 자신이 해야 할 일이다. 당신의 유연성을 높여라. 다양한 옵션에 눈을 열어라. 한 분야에서 오랫동안 일을 하더라도 일하는 환경은 끊임없이 바뀌는 것이 정상이다. 일하는 프로젝트가 바뀌고, 주제도 바뀌고, 직책도 바뀌고, 일하는 조직도 바뀐다. 특정한 일을 통해 그 어떤가를 배웠으면, 그 다음 단계를 생각하고, 관련되는 다른 일을 구상하라. 아직 변화를 실천으로 옮기지 못했다 하더라도 머릿속에 시나리오를 계속 만들어두라. 실천으로 옮길 '때'는 반드시 올 것이다.

매너리즘에 빠지기 전에 떠나자. '숙달된 조교'라는 말이 있다. 일에 숙달되는 것은 좋은 일이지만 계속해서 숙달된 조교만 하다가는 매너리즘에 빠지고야 만다. 지금 하는 일에 숙달되었다고 생각되면 이제 떠날 때가 되었고 다른 일을 찾을 때가 되었다. 변화란 항상 위험을 동반하는지라, 주변에서 말리고 가족들이 말리고 또 주저하는 자신을 느끼게 될 것이다. 그러나 위험이 다가오기 전에 주체적인 선택을 하는 것일 뿐이다. 잘리기 전에 먼저 떠나자. 정체하기 전에 먼저 새 길을 찾자. 떠나기를 강요받기 전에 자신이 선택해서 새로운 길을 찾아 나서는 것이 길게 보면 훨씬 더 좋다.

새로운 오아시스와 새로운 길을 찾아나서는 유목민처럼

끊임없이 변화해왔고, 위험을 무릅쓰고 새로운 길을 찾아왔던 나의 모험적 삶을 너무 강조하는 것 아니냐고? 그런데 주변을 잘 보고, 사회변화를 잘 보라. 모험 없이는 삶을 살아갈 수 없을 정도로 사회는 빠르게 변화하고 있다. 그 옵션을 개척해보자.

일감과 삶의 옵션을 잘 엮어보자

한 가지 좋은 소식은 있다. 비록 사회가 점점 더 불안정해지고 있지만, 사회가 복잡해질수록 다양성을 포괄할 가능성은 커지고 있다는 사실이다. 이런 사회에서 새로운 일감의 가능성은 무척 넓어진다. 여태까지는 일감으로 여겨지지 않던, 구석구석에 존재하는 이른바 틈새 일감들까지도 다 일감이 된다. 바쁘고 지친 사회생활을 이모저모 도와주는 다양한 사회 서비스가 필요해졌다. 다양한 삶을 사는 사람들을 위한 '삶의 서비스', 이른바 '생활 서비스'라 불리는 각종 서비스들이 많아졌다. 지역 활동이 다양해지면서 '로컬 서비스'도 다양해지고 있고, 여행이 삶의 한 부분이 되면서 다양한 '여행 도우미 서비스'들도 새롭게 등장하고 있다. 기존의 제조, 유통, 공산, 농산업까지 다양한 수요에 대응하느라 더욱 다양하고 전문적인 서비스를 요구하고 있다.

이런 변화 속에서 할 일은 그야말로 무한대다. 일단 기존의 '거대 조직 논리'와 '다람쥐 쳇바퀴' 체제를 벗어나면 새로운 가능성이 보이게 된다. 건축 분야를 예로 들어보자. 건축 분야는 전형적으로 '갑을 관계'와 '부동산 거품'과 '불공정 거래'에 꽉 막혀 있는 분야다. 화려한 겉모습과 달리 대기업 위주의 '턴키사업'과 '대형개발사업'이 무분별하게 진행되는 과정에서 오히려 정통 건축 분야는 위축되어왔다. 사업 규모가 커질수록 자본 논리와 권력 논리와 분양시장 논리만 횡행할 뿐이다. 땅 확보하고 인허가 잘 따내고 분양 잘하는 것에만 혈안이 되고 기술 개발이나 좋은 설계는 뒷전이 된 것이다. 이런 과정에서 대기업의 자본으로 세워지고 대기업 일감으로 지원받는 대형 설계회사들만 살판났을 뿐이다. 외국의 스타 건축가들을 데려오고, 하청 회사들 관리만 하면서 기름살만 찌웠다. 부동산 거품이 꺼지자 죽는 소리를 하고 있지만, 기실 더욱 큰 문제는 이들이 번영을 누리는 동안 정통 건축 시장은 고사되었고 생태계가 무너져버렸다는 사실이다.

정통 건축 분야는 기술력과 설계력으로 경쟁해야 생태계가 튼튼해진다. 유럽의 강소국들의 건축 경쟁력이 뛰어난 것은 좋은 설계, 좋은 기술을 발탁하는 시스템이 확고할 뿐 아니라, 전 세계를 상대로 실력 경쟁을 할 수 있기 때문이다. 우리나라처럼 시장 규모가 크지 않고 상대적으로 해외 진출 기반이 취약한 사회에서 대형 규모의 시장이 횡행할수록 돈 벌기에 혈안이 된 세력들만 득을 볼 뿐, 이 분야의 정통 실력은 자라나기 어렵다.

이런 이야기를 시작하니 한없이 이런 구조적인 문제를

지적하고 싶어지지만, 적당한 선에서 참자. 나의 실무 생활도 힘이 들었지만, 가면 갈수록 궁핍해지는 후배들, 일감이 없어 궁핍할 뿐 아니라 앞으로의 희망을 갖지 못하는 후배 건축인들을 보면 정말 죄스럽고 마음이 아프다.

이런 어려운 상황 속에서도 새로운 일감을 찾아내는 건축인들도 있다. 이른바 '동네 건축가', '마을 건축가'로서 소규모 '디자인 빌드Design & Build'를 실천하는 건축인들의 등장이다. 작은 집이나 작은 리모델링 프로젝트를 설계부터 시공까지 맡아서 하는 사업이다. 주로 전원이나 지방 도시나 작은 마을, 낙후된 동네에서 일을 한다. 속칭 돈이 되서 시작한 사업이 아니다. 일감이 없어서 시작한 사람들도 있고, 돈 없는 고객들이 딱해서 시작한 사람들도 있다. 직접 자기 손으로 처음부터 끝까지 하니까 경비는 줄어들고, 정직해서 믿을 수 있다. 전문가가 자신의 이름을 걸고 하니까 더욱 믿음직하다. 몇백억, 몇천억 규모의 사업을 기업브랜드만 걸고 수익률만 생각하고 하는 턴키방식과는 근본이 다른 것이다.

내가 MIT에서 같이 공부하던 미국인 친구가 생각난다. "졸업하면, 트럭에 장비 들고 다니며 시골 집들 고치면서 일하겠다!" 아주 뛰어난 친구라서 내가 배운 게 아깝지 않느냐고 어설픈 질문을 했더니 하는 말, "그렇게 제 손으로 설계하고 짓는 게 진짜 건축가지!" 하는 것이었다. 사실 미국뿐 아니라 유럽에서는 이렇게 소규모 디자인 빌드가 많다. DIY가 많은 현상과도 비슷하다. 작은 프로젝트들이 많아야 일감도 늘어나고 동네 경제의 활력도 커지는 것이다.

동네에 뿌리를 박고 동네 사람들의 신뢰를 받으며 적은 비용으로 자재부터 조립까지 제 손으로 하면서 비용을 아끼고, 색깔 있는 작업도 해나가는 건축인들의 등장이 반갑다. 기성의 구조에서 도저히 살아남을 수가 없어서 시작한 틈새 시장, 그들이 건강한 건축 세계, 건강한 동네 활력을 만드는 기수가 되기를 바라는 마음이다. 그들의 목표는 쉬운 돈 벌기가 아니라 먹고살 만큼 벌면서 땀흘려 보람 있는 일을 하는 것이다. 출발은 어려워도 지평은 넓다.

삶의 옵션을 준비해두자!

바로 지금, 지금과는 다른, 삶의 옵션을 준비해두자. 어차피 우리 인생은 제2, 제3의 인생을 할 만큼 길기도 하다. 5년 후에 어디에서 어떠한 일을 할 것인가? 10년 후에는 또 어디에서 어떠한 역할을 할 것인가? 오직 한 가지 일만 들이파는 것으로써만 인생이 완성될 수는 없다. 주제는 하나이되 수없는 변주를 해나가야 자신의 음악이 완성되는 것이다.

관건은 타이밍이다. 언제 어떻게 새로운 일감을 찾아서 자신의 일로 만드느냐 하는 것이다. 인생의 타이밍은 참으로 중요하다. 평생을 생각하고 타이밍을 고민해보자. 우리는 100살 무렵까지도 살 가능성이 무척 높다. 정년이 보장되는 직종은 한정되어 있고, 그 정년을 대개 다 채우지도 못하려니와, 정년이 되어도 앞으로 살 인생은 너무도 길게 남아 있는 것이다.

공부하고 일하는 방식은 변하지 않는다. 말하자면, 고기 잡는 방식은 크게 바뀌지 않는다. 다만 잡는 고기와 배 띄우는 바다가 달라지는 것뿐이다. 당신이 학교와 프로 생활에서 배우는 공부와 일하기 방식은 큰 흐름 속에서 하나의 단계일 뿐이다. 그 어느 자리에서 그 어느 일을 통해 잘 배우고 깨달음을 얻었다면, 이제 다음 과정을 생각해보라. 새로운 도전과 모험을 향하여!

매너리즘에 빠지면 끝이다.

충분히 배웠으면, 떠나자!

새 일감, 새 일자리를 만들어보자!

04

우리 사회의
'리더십 콤플렉스'

우리는 팀으로 일할 뿐이다

리더, 리더, 리더! 우리 사회의 '리더십 콤플렉스'는 깊다. 그리고 그 리더십 콤플렉스란 사실 '리더 콤플렉스'다. 그리고 '리더 판타지'와 섞여 있는 이상한 형국이다. 리더에 대해서 쏟아지는 불만과 비판, 그러면서 내가 리더가 되겠다는 환상, 리더가 모든 문제를 풀 수 있고 풀어야 한다는 기대, 리더가 바뀌면 세상이 바뀌리라는 기대, 새로운 리더의 등장에 대한 막연한 기대 등 리더 콤플렉스와 리더 판타지는 마구 섞여 있다. 대통령, 시장, 자치단체장, 기관장, 회장, 사장, 국장, 부장, 팀장 등 모든 조직의 장들은 기대의 대상이지만 동시에 불만과 비판의 대상이 되고 언제나 교체의 대상이 되어버린다. 리더 딜레마다.

그런데도 불구하고, 아니 그래서인지, 리더를 키우겠다는 온갖 종류의 과목과 코스와 강연회 전성시대다. 대학뿐 아

훈 련 공 부 론 **251**

니라 중고등학교에서도, 심지어 초등학교에서도 리더십을 거론한다. 온갖 종류의 리더십 아카데미들이 실무자들, 경영인들, 기업인들, 정치인들을 위해서 운영되고 있다. 이런 현상을 도대체 어떻게 봐야 할까? 이런 리더십 열풍이 건강한 걸까? 이런 열풍으로 진정한 리더십이 탄생하고 커질 수 있는 걸까?

서문에서 이야기했던 바와 같이, 미국의 시사주간지 〈타임〉지가 나를 '차세대 리더 100인'으로 꼽아서 우리 사회에서 시끌벅적하게 주목을 받았던 사건 이후에, 나는 '리더십'에 대해서 새삼 생각하게 되었다. 세상이 던지는 리더십 질문에 대해서 나도 대답을 해야 했고, 그러다 보니 새삼 세상의 리더들의 행태를 관찰하고 분석하게 되고, 여러 종류의 리더십에 대해서 공부하게 되기도 했다.

손목 리더십

나 자신이 지향하는 리더십에 대해서는 일찍이 정의를 내렸다. 카리스마 리더십, 권위주의적 리더십, 민주적 리더십, 소통의 리더십, 네트워크형 리더십 등 세상은 참 여러 종류의 리더십을 분류하고 있으나, 나는 '손목 리더십'이라는 말을 자주 한다. 손목은 손가락들이 자유자재로 움직일 수 있도록 받쳐주는 역할을 하고 흩어지지 않도록 중심을 세워준다. 좋은 리더십이란 바로 이런 손목 리더십 아닐까? 흩어지지 않도록 중심을 세워주고 사람들이 자유자재로 스스로 움직이도록 하는 손목 리더십이 바로 내가 지향하는 리더십이다.

앞에서 내가 '근사한 팀을 이루고 싶다, 근사한 팀워크를 하고 싶다, 팀 스피릿이 살아 있게 하고 싶다'라고 언급했던 말들이 모두 다 이 손목 리더십과 통한다. 손목은 팀장의 역할을 한다. 손가락들은 팀원이다. 손목과 손가락들은 뼈도 연결되어 있고 관절도 연결되어 있고 혈관도 통하고 기도 통한다. 그리고 멀리 심장과도 통하고 뇌와도 통한다.

손목 리더십이 잘 작동되려면 손가락의 원함도 알아야 하고, 손가락의 자유도 인정해줘야 한다. 엄지, 검지, 중지, 약지, 소지 등 각 손가락의 역할도 알아야 하고, 서로 간의 움직임의 관계도 파악하고 있어야 한다. 물론 심장이 원하는 바, 뇌가 판별하는 바에 대해서도 잘 인지하고 있어야 한다. 손목이 중심을 잡아주니 손가락은 안심하고 움직인다. 그래서 손가락은 실수를 좀 해도 괜찮고 그래서 더 용기를 낼 수도 있다. 손목의 존재에 대한 신뢰는 손가락의 용기를 더해준다.

그러나 이런 정의가 현실에서 그리 간단한 것은 아니다. 현실에서는 손가락 다섯 개의 액터만 있는 것이 아니라 훨씬 더 큰 그룹이 작동하므로 더욱 복잡해진다. 한 그룹만 있는 게 아니라 수많은 그룹들이 있다. 세계가 커질수록 고민은 더 커진다. 도대체 이렇게 수많은 그룹들이 있는데 도대체 어떻게 큰 충돌과 파괴적인 갈등 없이 조화롭게 작동하도록 할 것인가?

리더가 아니라 리더십에 초점을!

우리 사회에서 '리더십'이라고 할 때는 리더의 리더십, 즉 지도력, 지휘력, 통솔력 등에 중점을 두는 경우가 많지만, 실제 '리더십leadership'이란 단어는 '리더의 지휘력'뿐 아니라 '리더 그룹'을 지칭하는 것이다. 지도적 위치에 있는 '지도부'라 표현하면 정확할 것이다. 회사라면 대표와 이사진을 포함한 임원진일 것이고, 정당이라면 대표, 원내대표, 최고위원들을 아우르는 지도부이고, 정부라면 대통령과 청와대와 내각을 포함하는 지도부, 협동조합이나 사회적 기업이라면 조합원들의 신뢰를 바탕으로 선출된 임원일 것이고, 시민단체라면 이사장, 대표, 이사들을 아우르는 지도부일 것이다. 이 리더그룹은 하나의 팀으로 역할을 하게 되고, 해야 한다.

우리가 특정한 사람을 주목할 때는 그 사람의 능력뿐 아니라 그 사람과 같이 일하는 사람들까지 포함해서 보는 이유가 이 때문이다. 좋은 리더의 재목이라면 어떤 사람들과 일하고 의견을 교환하고 꿈을 공유하느냐가 중요한 것이다. 한 사람의 판단력과 퍼포먼스는 그 한 사람의 것뿐 아니라 같이 일하는 리더 그룹, 또는 팀의 역량에 따라 나오기 때문이다.

그런데 리더를 강조하는 리더십 과목이나 강연을 듣다 보면 의문이 들지 않는가? "그렇게 다 리더가 되면 대체 팔로우를 할 사람은 누구야?" "모든 사람이 다 리더가 될 필요는 없잖아?" "모든 사람이 다 리더가 될 수도 없잖아?" "다 사장이

되면 누가 팀장을 하고 누가 직원을 하라는 거야?" 이런 반응
이 나오게 되는 것은, 대개 리더십 강좌에서 리더의 리더십만
을 강조하고 '너도 그런 리더가 되라!'라는 전제가 깔려 있기
때문이다.

사실 리더의 리더십에 대한 별도의 강의는 필요 없다.
팀 플레이가 왜 필요한지에 대한 공감대를 갖고, 팀 플레이에
대한 요령을 익히고, 실전에서 다양한 종류의 팀 플레이를 경
험하게 되면, '같이 일하고 같이 책임지는 리더십'에 대해서 확
실한 감이 생기게 마련이다. 우리 사회에서 지나치게 '리더'를
강조하는 것은 우리 사회에 깔려 있는 개인주의라고 할까, 개
인의 카리스마에 대한 지나친 기대라고 할까, 스타의식이라고
할까, 이런 고정관념에서 비롯되는 현상이다. 이런 '리더 중심
사고'가 오히려 건강한 리더십을 저해한다.

우리 부부의 정상회담에서

우리 부부는 분야가 다르고 직업은 달라도, 대학 시절 만나서
유학을 같이 했고, 초짜 시절부터 성장 과정을 서로 관찰하고
의논했고, 우리 사회의 모든 들끓는 사건들을 같이 겪고 분노
하고 토론해온 파트너다. 우리는 마치 정상회담을 하듯 새벽이
면 만난다. 마음 놓고 만날 수 있는 시간이다. 이 만남에서 뜨
겁게 뉴스를 토론하고, 일터에서 일어나는 문제들을 이야기하
고, 정치와 정책과 제도와 관행에 대해서 같이 고발하고 같이

분노하고 같이 해결책을 모색하는 사운딩보드Sounding board 역할을 서로에게 해주곤 한다.

우리가 공통적으로 분노하는 주제는 대개 비슷하다. 무능한 사람들이 그 자리를 꿰차고 앉는 경우, 가만히 있으면 모른 척이라도 해주련만 목에 힘주고 오히려 일을 방해하는 경우, 조금만 성의 있게 처리했더라면 대비할 수 있던 문제를 방치하는 경우, 탐욕만 가득 찬 인물이 저지르는 부정부패의 경우, 자기 이익만 생각하다 전체 일을 그르치는 경우, 일 추진의 기본 프로토콜을 지키지 않는 경우, 소모적이고 관료주의적인 행정 처리만 잔뜩 늘어놓는 경우, 정직하지 못한 인물이 결국 일을 망치는 경우, 자리를 이용해 떡고물 챙기려는 경우, 학연과 지연을 챙겨주다가 일의 본질을 흐뜨려놓는 경우 등이다. 우리 사회에 너무도 비일비재한 사례들이다. 그러니 우리 부부의 정상회담이 얼마나 자주 뜨거워지겠는가?

우리의 토론 마지막쯤 가서 자주 등장하는 말이 있다. "그 자리에 갈 때, 잊지 말고, 잘합시다!" '초심을 잊지 말자'는 다짐이고, '우리도 잘 자라보자'라는 격려이고, '우리도 잘 할 수 있을 때가 올 거야!'라는 위로성 희망이다. 그러다가도 "그런 날이 오겠어?" 하는 자조성 멘트도 나오는가 하면, "그래도, 좋은 사람들 많이 키워놓읍시다!"로 마무리하곤 한다.

우리 부부 사이에서 자주 등장하는 화두가 있다. "어떻게 세종 시대, 정조 시대에는 그렇게 탁월한 인물들이 많이 나왔을까? 서구의 르네상스 시대에는 그렇게 근사한 인물들이 쏟아졌을까?"라는 화두다. 정말 이상하지 않은가. 어떻게 한 시대에 그렇게 많은 업적들이 이루어지고 그렇게 탁월한 인물들이 쏟아졌을까? 인물을 발탁하고 좋은 일들을 발굴하는 '리더'의 역할도 분명 클 것이다. 당시의 정치 리더들은 강력한 혁신 리더들이었으니 말이다.

그런데 아마 그 시대에 일어났음직한 수순은, '개인의 리더'에서 '그룹 리더십'으로 발전되었던 것 아닐까? 좋은 사람은 좋은 사람들을 끌어들이고, 인물은 인물을 알아본다. 탁월한 일은 시기와 질투의 대상이 아니라 더욱 탁월한 일들을 자극하게 되는 것이다. 사람들은 이런 선순환 구조에 더욱 자극을 받고 더욱 노력하고 모색했던 상태였을 것이다. 탁월한 공부생태계가 자연적으로 만들어졌던 행복한 상황이었을 것이다.

사실 우리가 배워야 할 것은, 이런 선순환 구조를 만드는 팀 리더십에 대한 고민이다. 어떻게 하면 악화가 양화를 구축하지 않게 할 수 있을까? 어떻게 하면 서로의 능력을 인정하고 발휘하도록 격려하는 분위기를 만들 수 있을까? 누가 어떤 자리를 꿰차느냐 같은 데 신경전을 벌이지 않고, 어떻게 리더 역할과 팀원 역할을 넘나들 수 있을까? 팀장을 잘하는 사람들은 팀원도 잘하고, 좋은 리더가 되는 사람은 그 사람 혼자 뛰어난 것이 아니라 그룹 리더십의 결과로 꽃 피운다는 것을 알게 될까?

'리더 하나'보다 '그룹의 리더십'을 고민하자!

우리가 리더를 인정하는 것은 어떤 경우에나 총괄 지휘가 필요하다는 것을 알기 때문이다. 우리가 리더의 리더십을 인정하는 것은 그 리더가 꼭 특출하거나 훌륭해서만은 아니다. 리더십이 흔들리면 플레이가 당장 깨질 위험이 높기 때문에 인정해주는 것뿐이다. 리더란 잠시 잠깐 책임과 권한을 가지는 것일 뿐이다. 리더가 진정한 리더십을 똑똑하게 고민한다면, 자신의 리더십으로 어떻게 그룹의 리더십을 끌어낼 수 있을까 고민해야한다. 리더는 자신이 그 자리에 있는 이유는 바로 그 때문이고, 자신이 물러난 이후에도 사회의 리더십이 뿌리내리는 것의 중요성을 알아야 한다.

리더십을 고민하지 말라고는 하지 않겠다. 다만 우선적으로 팀 플레이를 고민하라. 팀 리더십을 고민하라. 당신이 꼭 리더가 될 것이라 전제하지 마라. 우리는 팀으로 일할 뿐이다. 당신이 만약 리더가 된다면 그때 정말 잘하자. 우리 사회의 팀 리더십을 높여보자.

'리더'보다 '리더십'을 고민하라!
리더의 리더십이 아니라 팀의 리더십이 되면
그 리더십은 깨지지 않는다.

허영의 거품에
속지 않는 공부

이 시대 공부 중의 공부

'공부 중의 공부'라면 독자들은 어떤 것을 꼽으실까? 청소년이라면 수학, 영어, 논술? 청년이라면 이력서 쓰기, 인터뷰하기? 초짜 전문가라면 프레젠테이션? 경력 전문가라면 토론, 보고? 직업마다 필요한 '공부 중의 공부'는 아마 다 다를 것이다.

그런데, 나는 '이 시대의 공부 중의 공부'는 '허영에 넘어가지 않는 공부'라고 정의하고 싶다. 각별히 이 시대의 공부 중 공부라 꼽는 이유는? 허영이란 이 시대에 '악으로 불리지 않는 악'이라고나 할까? 이 시대는 허영을 먹고사는 시대라고 할 만하기 때문이다. 자신의 분야에서 경력을 쌓아갈수록 허영에 넘어가지 않는 공부를 해야 하는 시대다. 허영은 불안을 부르고 탐욕을 부르고 타락을 부르고 불행을 부른다.

허영의 시장, 베니티 페어

세상에는 워낙 좋은 명언들이 많다. 그 명언대로만 산다면 인간 사회가 이렇게 되지는 않을 텐데 말이다. 영화 〈세븐〉의 소재가 된, 기독교에 전해 내려오는 일곱 가지 죄악seven deadly sins은 '탐욕·정욕·교만·시기·탐식·나태·분노'다. 허영이란 그중에서도 '교만'에 가까울 것이다. 마하트마 간디가 정의한 일곱 가지 '사회악'은 더욱 명확하게 사회를 무너뜨리는 악을 의미한다. '원칙 없는 정치·양심 없는 쾌락·노동 없는 부·인격 없는 지식·양심 없는 상행위·인간성 없는 과학·희생 없는 종교'라는 일곱 가지 사회악을 듣자면 어떻게 이 세상이 돌아가고 있는지 의문이 들 정도다. 아마 허영이란 '양심 없는 쾌락'에 가깝고 다른 여섯 가지 악을 도구로 사용하는 것 아닐까?

허영은 한자로 '虛榮', 즉 '텅 빈 영화'이니 부질없기 짝이 없다. 영어로는 'vanity'다. 그런데 한 가지 흥미로운 예화가 있다. '배니티 페어Vanity Fair'라는 말인데, 어원은 『천로역정』이라는 책에서 나온 '허영을 파는 시장'이다. 그런데 대중에게는 '배니티 페어'라는 영화패션 잡지가 더 잘 알려져있다. 아예 허영을 팔겠다고 작정하고 만드는 이 잡지는 백 년 넘게 장수하며 여전히 허영의 시장을 구가하고 있다. 인간에게는 누구에게나 허영심이 있음을 간파하고 있는 것이다.

그렇다. 이 책을 읽는 독자나, 쓰고 있는 나나 우리는 본능적으로 허영심을 갖고 있고 세상은 알게 모르게 우리의 허영심을 자극하며 유혹한다. 더구나 인간의 다른 악들은 법적으로 또는 사회적으로 억제할 수 있는 장치들이 있는 반면, 허영이란 그렇지 않다. 예컨대, 탐욕은 세금이라는 수단으로 공적 제어가 어느 정도 가능하다. 정욕이나 분노에 대해서도 역시 사회적 억제 장치가 있다. 탐식이나 나태와 시기는 누구나 악으로 인정하며 자율적으로 조정하고자 노력한다. 그런데, 허영이란 알게 모르게 부러움을 사는가 하면 사회적으로 부추김도 받는다. 시장 사회가 성행할수록, 미디어 사회가 될수록 더하다. 모든 광고는 과소비를 부추기고 모든 미디어들은 허영심을 자극한다.

속 빈 강정, 빛 좋은 개살구가 되지 말자!

허영은 특히 프로페셔널을 지향하는 사람들에게는 '절대악'이라고 할 만하다. 프로란 일의 본질에 대한 정직성으로 전문 역량을 익히고 쓰는 사람들이다. 그런데, 허영은 이런 본질을 흐트러뜨릴 뿐 아니라 역량을 쌓는 데에도 결국 해악으로 작용하기 때문이다. 이렇게 말하면 복잡해 보여도, 우리말로 "속 빈 강정, 빛 좋은 개살구가 되지 말자!"라고 하면 누구나 다 금방 이해하지 않을까? 허영에 좇다 보면 자칫 속 빈 강정, 빛 좋은 개살구가 되어버리는 것이다.

　　프로페셔널들은 어떤 허영의 유혹을 경계해야 하는가? 일곱 가지 죄악을 따라서 분류해보자. '속 빈 강정으로 만들려

는 유혹 · 빛 좋은 개살구로 만들려는 유혹 · 들러리로 세우려
는 유혹 · 공범이나 종범으로 만들려는 유혹 · 방관자로 만들려
는 유혹 · 꽃꽂이로 만들려는 유혹 · 떡고물에 취하게 만들려는
유혹'.

지위에 취하다 보면 권위만 내세우고 공부를 게을리하
다가 금방 속 빈 강정이 되어버리고 만다. 유명세에 취해서 여
기저기 미디어에 자주 나타나다 보면 금방 빛 좋은 개살구가
되어버린다. 권력의 주변부에서 서성거리다 보면 자칫 잘못
된 정책과 제도의 들러리 역할로 전락한다. 특정 집단의 이익
을 대변하는 유혹에 휘둘리다 보면 잘못된 정책 사업의 악세서
리, 공범 또는 종범이 되어버리고 만다. 거대 정치 권력 · 자본
권력 · 언론 권력의 위협 때문에 전문가로서 입을 다물고 있다
보면 자칫 무책임한 방관자가 되어버리고 만다. 지위와 경력과
이미지를 활용하다 보면 자리만 빛내주는 생명력 없는 꽃꽂이
꽃이 될 뿐이다. 지위와 프로젝트와 언론 조명이라는 떡고물로
유혹하는 권력들에 넘어가다가는 프로페셔널의 정직성을 잃어
버리고 타락하게 된다.

유혹은 갖은 모습으로 나타난다. 가지각색의 공공 위원
회, 강의, 강연회, TV나 라디오 출연, 프로그램 진행, 예능 프로
그램 출연, 기사의 취재 인용, 언론 칼럼, 공직 진출, 공공 기관
의 직위, 정부 프로젝트, 기업 프로젝트, 언론 기사 등. 유혹은
모든 분야의 프로페셔널들에게 마수를 뻗친다. "나와는 상관

없어, 우리 분야와는 상관 없어!"라고 하는 사람들도 있을지 모르겠는데, 전혀 그렇지 않다. 유혹은 모든 분야의, 모든 경력의 프로페셔널들에게 마수를 뻗친다. 연예계, 인문사회계, 의학계, 법조계, 문화계, 도시계획계, 건축계, 디자인계, 제조업계, 경영계, 농업계, 연구계, 공무원계 등 허영의 유혹과 관계 없는 분야가 있으면 나와 보라. 워낙 사회가 다양하므로 다양한 수요들이 있다. 경력이 짧아서 아직 그런 유혹을 받아본 적이 없다고? 글쎄다. 자신이 아니라면 주위나 상사들의 경우를 보라. 그런 상황은 곧 들이닥친다.

이런 일곱 가지 유혹에 빠지게 되는 미끼는 '학벌 · 지위 · 경력 · 지식 · 유명세 · 재력 · 스타일_{미모와 매력까지}' 일곱 가지다. 사실 이 일곱 가지는 모든 프로들이 갖고 싶어 하는 것 아닌가? 그러니 허영의 딜레마라는 것이다.

세속적 허영과 지적 명예 사이에서

모든 프로들은 세속적 허영과 전문가로서의 지적 명예 사이에서 딜레마를 겪는다. 허영의 유혹이 무서워서 세상에 나갈 기회를 마다하라는 것은 아니다. 세속과 떨어져 고고하게 사는 삶을 선택하는 사람도 있겠지만, 우리 대부분은 어차피 세속에 산다. 나는 참여하라는 쪽을 권하고 싶다. 참여해서 세속적 허영의 유혹을 견뎌내고 프로로서 허영의 거품을 걷어내고 정직하게 본질로 들어갈 수 있는 계제를 만들라고 하고 싶다.

쉽지 않다. 어려운 일이다. 사실은 프로의 생활에서 가장 견디기 어려운 유혹이기 때문이다. 나서고 싶은 유혹, 끼고 싶은 유혹, 과시하고 싶은 유혹, 편들고 싶은 유혹, 비판하고 싶은 유혹, 입 다물고 싶은 유혹, 대충 넘어가고 싶은 유혹, 가르치고 싶은 유혹, 바꾸고 싶은 유혹 등 모든 유혹들이 동시에 일어나고 그 즉시 자신의 포지션을 선택하여 행위해야 하기 때문이다.

항상 그렇듯이, 아무 유혹 거리 없는 사람들보다는 유혹을 견뎌내며 그 무언가를 해내는 사람들이 훨씬 의미 있지 않은가. 갖은 유혹을 미리 알고 능수능란하게 대응하면서 참여하는 보람을 찾아내는 계제를 만들어보자. 생각을 같이하는 사람들이 많을수록, 전문가들이 세속에서 자신의 소신을 지킬 수 있는 기회도 늘어난다. 혼자 문제를 제기하는 것보다는 여러 사람들이 문제를 제기하면서 세상이 바뀌는 것이다. 또한 똑같은 메시지를 전달하더라도 유명인사들에게는 훨씬 더 효과적으로 무게가 실리게 마련이다. 허영의 시장에서 벌어지는 이런 세속적 역학을 이해하면서 잘 대처해보자.

어떤 프로페셔널이든 가슴 속 깊이 자신의 분야와 자신의 소신에 대한 정직성을 간직하고 있다고 나는 생각한다. 지적 명예에 대한 깊은 자긍심이 있다고 나는 믿고 싶다. 잠자고 있는 자긍심을 살려내는 것이 우리가 해야 할 일이다.

약간 모자랄 때가 최고의 상태

2부에서 나는 '분수를 알고 분수를 키우자'라고 했다. 한참 자라는 시절에는 아무래도 '분수를 키우자'에 방점이 찍힌다. 일정한 경험을 거쳐 분수를 키우고 나면 '분수를 알자'에 더 방점이 찍히는 것이리라.

'들 자리, 나설 자리를 분별하는 것', 그리고 우리는 항상 '약간은 모자라다'고 생각해야 하고, '약간은 모자란 상태'로 있는 것이 분수를 아는 기본이리라. 그렇게 약간은 모자라야 또 분수를 키우고 싶은 본질적 욕구가 생기는 것이리라. 프로의 자존심을 무너뜨리려고 하는 허영의 유혹에 지지 말자. 끝나지 않는 공부, 끝내지 못하는 공부가 아닐 수 없다.

탐욕은 공적으로 억제할 수 있어도

허영만큼은 무한대다.

세속적 허영과 지적 허영 사이에서.

06

착하고 유능하게!
개념 차게 살고 싶다!

바른 방식으로 이기는 습관

요즘 내가 즐겨 쓰는 구호성 말귀 중 하나는, "착하고 유능하게!"다. 우리는 착하면서도 유능할 수 있다. 우리는 유능하면서도 착할 수 있다. 유능하게 착하면 최고의 덕이다.

우리 사회에는 잘못된 편견이 참 많다. 사람들은 왜 유능한 사람은 자기 이익만을 위해서 일하는 사람이라고 생각할까? 왜 자기 이익에 밝은 사람을 유능하다고 생각할까? 왜 이른바 '공부 좀 했다'는 사람들은 유능하게 자기 이익만 따지는 사람이 된다고 생각할까? 왜 권력기관의 한 위치를 차지하거나, 세도를 부리는 사람들을 유능하다고 생각할까? 왜 '대의'를 위하는 사람들은 착하긴 할지언정 속세에서는 도움이 안 된다고 생각할까?

이렇게 왜곡된 현실에서 '착한'이라는 형용사가 아주 신선한 방향으로 등장하고 또 좋은 뜻으로 정착하고 있는 현상은 참 반가운 일이다. 어른들이 아이들에게 '착하다'라는 말을 자주 쓰는 게 어른들의 상식대로 아이들을 길들이려는 것 같아서 영 찜찜했던 참이었다. "사람이 참 착해!"라고 남을 평하는 말은 그 사람에 대해서 별 할 말이 없을 때 적당히 무마하는 말처럼 들려서 또 찜찜했다. '차카게 살자'라는 조폭의 반어법이 영 못마땅했다. 그런데, 어느덧 '21세기형 착하다'가 등장한 것이다.

21세기형으로 착하게!

'21세기형 착하다'는 뜻은 아주 신선하다. '값이 싸다, 정직하다, 거품이 없다, 환경을 생각한다, 불공정을 바로 잡으려 노력한다, 소외된 이웃을 생각한다, 동물을 생명으로 대한다' 등의 뜻을 포함한다.

가격 거품을 빼고 적정한 이익만 붙이는 상거래, 재료 사용을 정직하게 밝히는 것, 불필요한 치장과 같은 거품을 빼는 것, 리사이클링을 고려하고 쓰레기를 남기지 않는 것, 국제 자본이 착취하는 세계 노동시장을 극복하기 위해 산지와 직거래하는 공정무역, 이익금을 기부 등으로 돌리는 사회환원, 동물실험을 거치지 않은 제품, 최대한 생명의 존엄성을 존중하는 것 등 아주 세련된 방식으로 착하다.

지구를 생각하고, 환경을 생각하고, 생명을 존중하고, 노동을 존중하고, 소외된 이웃을 배려하는 따뜻한 경제학이 착한 사회학을 만들고 있는 것이다. 착한 소비자가 착한 기업을 불러오고, 착한 정부를 불러올 수 있는 것이다. 씨앗은 심어지고 있다. 씨앗을 뿌리는 주체는 착한 소비자다. 그들로부터 좋은 파장이 시작되어 퍼지고 있다.

그런데 이렇게 21세기적으로 착하려면 도덕성만으로는 안 된다. 마음만으로는 안 된다. 아주 영리해야 한다. 머리를 써야 하고, 시간을 들여 정보를 파악해야 하고, 거짓말을 분별해내야 하고, 왜 착한 소비가 결국 나와 우리를 위해 좋은지 논리를 펼칠 수 있어야 한다. 그리고 그것을 개인의 착한 행위에 그치는 것이 아니라 동료와 친구와 이웃과 사회에 전파하는 설득력까지 가져야 한다.

자신의 일자리에서 하나의 트렌드로 만들고, 이왕이면 자신이 일하는 기업의 윤리적 모토로 만들어서 그에 합당한 상품과 서비스를 개발해야 하고 정착시키면서 기업의 이미지까지 '21세기 착한 기업'으로 만들 수 있으면 금상첨화다. 더 나아가 제도로 만들고 이에 관련된 정책을 제안할 수 있어야 하고 여론을 만들어 행정과 정치권에 압력을 가해야 하고, 결국은 사회 속에 하나의 큰 흐름을 만들어야 한다. 이 모든 과정에서 우리 모두가 아주 유능해져야 하는 것이다.

착한 목표를 가지면서도 그것을 그저 한 개인의 과제뿐 아니라 사회의 과제로 만들고 풀어가는 과정은 새로운 종류의 유능함을 필요로 한다. 단순하게 계획하고 집행하는 것, 제조하고 판매하는 것, 출근하고 월급받는 것 이상의 유능함이다. 착함을 정의하기 위해서 소통하고 귀를 기울이고, 새로운 대안을 만들고, 그를 실천하는 네트워크를 만들고, 한정된 재원을 지혜롭게 배분하고, 성과를 모니터하면서 더 효과적인 대안을 모색해야 하는 것이다. '21세기적 유능함'의 정의가 되어야 할 것이다.

사악하고 무능하게?

'착하고 유능하게'의 반대말은 무엇일까? 사악하고 무능하게? 악하고 졸렬하게? 탐욕스럽고 뻔뻔하게? 이악스럽고 변칙스럽게? 수없는 조합이 가능할 것이다. 착하지는 못해도 사악하지까지는 않으면 좋겠고, 무능해도 탐욕스럽지까지는 않으면 좋겠고, 무능해도 뻔뻔하지는 않으면 좋으련만, 인간의 현실은 그렇지만은 않다.

　　MBC드라마 〈대장금〉은 인상적인 대사가 많은 작품이었다. 최근에 〈대장금〉을 다시 보는데 문정왕후의 대사가 새삼 귀에 들어왔다. 중종의 지병 원인을 어의도 알아내지 못하는 상황에서 위험을 무릅쓰고 병인을 밝히려 나선 장금에게 하는 말이었다.

　　"장금이, 너의 선의를 믿는다. 그러나 선의를 가지고도 능력이 없으면 사람을 상하게 할 수 있다. 너는 할 수 있겠느냐?"

내가 좋아하는 미드 〈웨스트 윙〉에도 인상적인 장면이 나온다. 어려운 상황에서 재선을 준비하는 대통령 바틀렛은 유능한 선거 컨설턴트를 기용한다. 그는 승부사로서 이기기 위해서는 수단과 방법을 가리지 않는 냉혹한 컨설턴트다. 대통령 선거운동을 본격적으로 시작하며 그 컨설턴트를 방에서 내보내고 참모들에게 이야기한다. "저 컨설턴트는 이기는 데에만 관심이 있지요. 하지만 우리에게는 한 가지가 더 있습니다. 우리는 '바르게' 이길 겁니다!"

착한 사람이 정정당당하게 실력으로 이기는 일은 드라마에서나 가능할까? 드라마 스토리에 감동을 받는 것은 현실 세계가 워낙 비정상이라서 그런 걸까? 착한 사람들은 현실에서 결국 패하고 마는 걸까? 설령 현실이 그렇다 하더라도 우리는 포기할 수 없다. 바보같이 당하고만 있을 수는 없는 것이다. 착한 동기를 가지고 바른 방식으로 이기는 습관을 만들어야 한다.

'착하고 유능하게!'를 습득하는 법

세상은 항상 착한 사람, 착한 동기를 가진 사람을 속이려 들고 무시하려 든다. 성실함과 부지런함과 배려심을 악용하려 든다. 착한 방식을 폄훼하려 들고 짓밟으려 들기도 한다. "세상 사는 게 다 그런 거지, 뭐!" "물이 너무 맑으면 고기가 못살아!" 하면서 같이 물들기를, 모른 척하기를, 눈감아주기를, 나서지 말기를 권하고 유혹하고 강제하기도 한다. 이런 세태에서 우리는 어떻게 '착하고 유능하게' 일하는 방식을 습득해야 할까?

첫째, 현실 메커니즘을 꿰자! 세상 돌아가는 메커니즘을 알고 대응해야 한다. 먹이사슬의 정체를 알아야 하고, 탐욕스러운 이너서클의 정체를 알아야 하고, 정당하지 못한 꼼수들의 정체도 알아야 하고, 사악하기까지 한 정치 메커니즘도 꿰고 있어야 한다. 당해주더라도 알고 당해야 하고, 속아주더라도 알고 속아야 한다. 물론 당하지 말고 속지 않는 것이 최고이지만, 언제나 이길 수 있는 것은 아니다. 타이밍을 포착할 그때는 기필코 온다.

둘째, 경제 감각은 필수다. 어떤 경우에나 돈 감각, 경영 감각, 산업 감각, 거시경제 감각을 갖고 있어야 설득력 있는 대안을 만들어낼 수 있다. 사회의 많은 대안들은 이익을 어떻게 만드느냐, 누구에게 이익이 가느냐, 누가 일할 수 있게 만드느냐, 어떻게 안정을 꾀하느냐에 대한 대안이 포함되어야 설득력을 가지며 그래야 통한다.

셋째, 추진력은 필수다. 추진력이란 실천력이다. 일을 한다는 것은 추진한다는 뜻이다. 구상만으로 아이디어만으로 일은 완성되지 않는다. 현장에서 추진력을 가지려면 조직과 돈과 사람과 절차에 대해서 면밀하게 파악하고 동력을 만들어야 한다. 추진력 있는 사람은 신뢰를 몰아온다. 그래서 일을 맡기고 싶어진다.

넷째, 친구와 동료를 넓히는 소통력을 기르자! 혼자 세상을 바꾸지는 못한다. 생각을 같이하고, 의견을 같이하고, 가치관을 같이하는 사람들이 많아질수록 일이 돌아가고, 더 좋은 일이 많아지고, 궁극적으로 세상을 바꿀 수 있는 동력이 커진다. 자기 주장만이 아니라 상대의 의견을 귀 기울여 듣고, 대의를 위해서 대승적으로 어떻게 하는 것이 우리 전체를 위해서 좋을지 말을 걷자!

개념 차게 일하고 싶다!

이렇게 세상 돌아가는 메커니즘을 꿰고 있고, 경제 감각이 있고, 추진력이 있고, 소통할 줄 아는 사람은 어떠한 팀에서든 환영받을 것이다. 팀장인지 팀원인지는 중요하지 않다. 만난 지 5분 만에 일을 시작하고, 일의 핵심을 포착하고, 일을 나누고, 각 손가락들의 역할을 지정하고, 손목의 역할을 규정하고, 팀장과 팀원 가리지 않고 브레인스토밍에 참여하고, 생산적으로 프로덕션에 참여하고, 일의 성과를 논하고, 일의 과정을 반성하고 개선하고, 일의 의미를 나누면 얼마나 개념 찬 팀이 될 것인가? 얼마나 개념 차게 일하게 될 것인가?

나는 '사람이 사람을 도구로 여기는 풍토가 가장 나쁜 사회, 사람이 사람을 이용하려고 드는 것이 가장 나쁜 정치'라고 규정한다. 우리가 팀으로서 개념 차게 일할 수 있다면 이런 풍토, 이런 정치는 절대로 발붙이지 못할 것이다. 팀으로 일하고 싶다. 팀워크를 즐기고 싶다. 팀 스피릿을 살리고 싶다. 정말 개념 차게 일하고 싶고, 개념 차게 살고 싶다.

모쪼록 우리는 착해야 한다.

모쪼록 우리는 유능해야 한다.

착하고 유능하게, 세상을 바꾸자!

6

당 신 의

' 야 무 진 꿈 ' 은

무 엇 인 가

■

공 부 진 화 론

01
왜 나는
지금도
공부하는가

개인을 넘어선 꿈이 진짜 꿈이다

나는 왜 지금도 공부할까? 사람들도 나에게 자주 이 질문을 하지만 새삼 나도 나 자신에게 물어본다. 공부도 꽤 했으련만, 이제 지치기도 하련만, 여전히 공부하는 이유는 무엇일까?

물론, '호기심'은 가장 강렬한 작동 기제다. 공부하면 아는 게 많아지기도 하지만 모르는 게 무엇인지 점점 더 선명해지고, 모르는 게 선명해질수록 더 궁금해지고 알고 싶어진다. 어렸을 때 공부하는 나를 보고 공부 안 하기로 유명했던 언니 친구들이 정색을 하고 묻던 적이 있다. "너는 공부하기가 재밌니?" 글쎄다. 공부가 놀이보다 싫증이 덜 나는 건 사실이다. 놀이는 '과하다'라고 느끼게 만들고, 공부는 항상 '모자라다'고 느끼게 만들기 때문일 것이다. 사람의 심리란 '약간 모자라다'고 느낄 때 지루하지 않고 무언가 더 하고 싶게 만든다. 모자라서 뭔가 해야 한다고 느낄 때 사람의 기가 오르기 마련이다. 그래서 공부가 사람을 활력 있게 만드는 모양이다. 더 곰곰이 생각해보니 내가 여전히 공부하는 이유는 다음 세 가지 때문인 것같다.

첫째는, '야무진 꿈'이 있기 때문이다.
둘째는, 그 야무진 꿈들은 모두 이루기 힘든 '실천'과 관계가 있기 때문이다.
셋째는, 혼자서는 안 되고 '여럿이 같이 해야 이룰 수 있는 꿈이기 때문이다.

"꿈도 야무져!"라는 말을 우리는 흔히 쓴다. 대부분 은근히 비꼬는 뜻이 들어 있다. "별 꿈 다 꾼다, 네 분수에 맞지 않는 꿈이다, 어차피 이루지도 못할 텐데, 뭐!" 같은 의미가 들어 있으니 그리 기분 좋은 말은 아니다. 그런데 말이다, 야무진 꿈이 아니면 꿈이 아니다. 당장은 허황되게 보이는 꿈을 꿔야 하고, 별별 꿈을 꿔야 하고, 분수를 키우는 꿈을 꿔야 하고, 이루기 힘든 꿈을 꿔야 진짜 꿈인 것이다. 부디, 야무진 꿈을 꿔보자!

개인의 꿈을 넘어서는 실천의 꿈이 진짜 야무진 꿈
야무진 꿈이란 어떠한 꿈일까? 각자의 정의가 있겠지만, 나는 위에서 말한 바와 같이 '개인의 꿈을 넘어서는 꿈' '실천될 때까지 꾸는 꿈' '여럿이 같이해야 이룰 수 있는 꿈'을 '야무진 꿈'이라 정의하고 싶다.

우리는 대개 개인에 관련된 꿈을 꾼다. '성적, 커리어, 학벌, 일자리, 승진, 출세, 재산, 명성, 집, 건강, 체력, 미모, 몸매, 사랑, 행복' 등의 꿈이다. 물론 개인의 꿈은 소중하다. 하나하나 노력 없이는 이루어질 수 없고, 강력한 성취 동기가 되며, 개인의 성취가 사회의 성취로 이어지고, 개인의 행복이 사회의 행복 수준을 올리기도 한다.

그러나 어느 시점이 지나면 깨닫게 된다. 그것은 '꿈'이 아니라 '욕망'이었음을, 내가 열심히 한다고 해서 나 개인의 꿈이 이루어지지는 않는다는 것을, 예전에 꾸었던 꿈들이 이루어진 것 같은데도 여전히 채워지지 않는 목마름이 있다는 것을, 여전히 어딘가 마음이 고프다는 것을, 그 꿈들이 다 부질없다는 것을! 이런 깨달음이 오는 순간 불현듯 허탈과 공허가 찾아오기도 한다. 그 공허함을 다른 욕망으로 채우려 해도 잠시일 뿐 더 큰 공허감이 찾아오곤 한다.

바로 그래서 우리에게는 개인을 넘어서는 더 큰 꿈이 필요한 것이다. 개인의 꿈을 넘어서는 꿈이 무슨 뜻일까? 나 혼자 잘한다고 이루어지는 게 아닌 꿈, 많은 사람들이 비슷한 꿈을 꾸어야 비로소 실현될 수 있는 꿈, 발상을 바꾸어야 실천이 가능한 꿈, 사회의 근본 구조를 혁신해야 실현될 수 있는 꿈, 그리고 그 꿈의 실현에 어떤 방식으로든, 아무리 작은 역할이든 자신이 참여할 수 있는 꿈, 그래서 여전히 희망으로 마음을 설렐 수 있는 꿈이다.

야무진 꿈은 살아가는 동기가 될 수도 있고, 일하게 만드는 소명이 될 수도 있고, 우리를 앞으로 나아가게 하는 동력이 될 수도 있고, 뜻있게 사는 보람이 될 수도 있다. 무엇보다도 공부를 하게 만드는 꿈이자 궁리를 하게 만드는 꿈이다. 여전히 못 이룬 꿈이기에 더 간절히 바라게 되는 꿈, 이루기 힘들기에 더 간절히 바라게 되는 꿈이다.

시민으로서의 꿈을!

독자들은 금방 의문할 것이다. 개인을 넘어서는 꿈이라면 '공적인 꿈' 또는 '공동의 꿈' 아닌가? 한 개인이 꼭 그런 꿈을 꿀 이유가 무엇인가? '공인'이라면 또 모를까, 한 개인이 무슨 힘이 있다고 공적인 꿈을 꾸겠는가? 게다가 실천까지 생각하고 참여까지 해야 한다니 개인에게 너무 부담을 지우는 것 아닌가?

그러나 곰곰이 생각해보면, 개인의 꿈을 혼자의 힘만으로 이룰 수 없는 경우가 너무 많다는 것을 금방 알게 될 것이다. 예컨대, 우리 아이들이 성적에 찌들지 않고 왕따당하지 않고 건강하게 자랐으면 좋겠다는 꿈이 과연 개인의 힘만으로 되는가? 교육 환경에 대한 근본적인 발상을 바꾸지 않고서는 실현되기 어려운 꿈이다. 예컨대, 이웃과 정을 나누고 서로 기대고 부비며 살고 싶다는 꿈이 과연 나와 우리 가족의 노력만으로 되는 일인가? 사람들이 모여 사는 방법을 고민해야 하고, 우리의 아파트 단지 개발이 과연 좋은 방법인지 고민을 해봐야 하는 일이다.

예컨대, 범죄 걱정하지 않고 안전하게 살고 싶다는 꿈이 과연 여성과 노약자 들의 개인적인 방어나 노력만으로, 또는 CCTV만 설치한다고 해결되는가? 상대적으로 치안이 안전한 부자 동네에 가서 살라고만 할 수 있는가? 우리 도시의 길에 활력이 넘쳐서 사람들이 서로서로를 지켜줄 수 있게 근본적인 방향을 고민하지 않고서는, 일자리와 복지 등 사회적 안전망을 튼튼하게 받쳐줌으로써 사회의 낙오층을 줄이지 않고서는 과연 근본적인 해결책이 있는가?

예컨대, 쫓겨날 걱정 없이 안정되게, 살고 싶은 만큼 불안하지 않게, 전월세 가격이 너무 오를까 걱정하지 않고 살고 싶다는 꿈이 당신과 가족들이 허리 휘어지도록 일한다고 다 가능한가? 근본적인 주택 정책을 고치지 않고서는, 주택 시장을 부동산 시장으로만 몰고가는 관성을 고치지 않고서는 이런 문제는 결코 사라지지 않는다.

공동으로 풀어가야 할 것, 공적으로 풀어가야 할 과제는 수없이 많다. '꿈을 개인의 주제로만 축소시키는 것, 너의 개인 능력으로 돌파하라고 하는 것, 너의 개인 힘으로 이겨내라고 하는 것'과 같은 압력은 우리 사회에서 지나친 편이다. 개인의 힘으로 어떻게든 경쟁에서 이기라는 유언, 무언의 압력은 참으로 무책임한 현상이다.

곰곰이 생각해보면 우리 안에는 모두 공적인 꿈이 들어 있다. '시민으로서의 꿈'이다. 예컨대 평화, 정의, 공정성, 평등, 안전, 안정, 건강, 지속가능성 같은 가치들은 공인들만이 주장하는 꿈이 아니라 보통 시민들 모두가 바라는 꿈인 것이다. 그런 꿈을 떠올려보자.

물론 공인들은 시민들보다 '공적인 꿈'을 제시하고 퍼뜨리고 실천해야 하는 의무가 더 크다. 노무현 대통령은 '사람 사는 세상' '원칙과 상식이 통하는 세상' '특권과 반칙이 통하지 않는 세상' '정치개혁' '지역균형발전'과 같은 공적인 꿈을 실천하려 노력했다. 김대중 대통령의 꿈은 다른 어떤 것보다도 '남북 평화, 민족 평화 공존'이었다. 이명박 대통령의 공적인 꿈이 무엇이었는지는 잘 모르겠다. '선진화'라는 말을 쓰기는 했으나, '4대강 사업 강행' 외에는 별로 떠오르는 꿈이 없으니 갑갑할 일이다. 박근혜 대통령이 말하는 '창조 경제'나 '국민 행복'이 과연 이 시대를 아우르는 공적인 꿈이 될 수 있는지에 대해서는 논쟁거리가 될 수밖에 없을 듯하다.

나의 '야무진 꿈' 리스트

여기서, 나의 공부에 대한 야무진 꿈 리스트를 한번 써볼까 한다. 꿈은 구체적일수록 좋다는 말은 확실히 맞다. 죽기 전에 꼭 해봐야 할 일들을 적는 '버킷리스트_bucket list'처럼 말이다. 사형수가 목이 매달리기 직전에, 내 발밑의 양동이가 밀쳐지기 전에 바라는 소원이니 얼마나 절박하고 얼마나 구체적이겠는가? 구체적으로 야무진 꿈을 꾸어보자.

나의 야무진 꿈들에 대해서 웃어도 좋다. 독자들의 웃음을 자아낼 수 있는 꿈이라면 분명 좋은 꿈일 것이다. 수많은 야무진 꿈들이 있지만, 그중에 김진애답다고 할 만한 꿈들을 적어본다.

꿈 하나. 우리 모두가 어릴 적부터 공간 공부할 때까지: 우리 사회의 공간 감각은 너무 무딘 편이다. 우리 사회의 상상력과 창의력이 살아나지 못하는 큰 이유 중 하나다. 주체적으로 선택하지 못하고 상업적 소비에 휘둘리게 되는 이유 중 하나다. 풍부하고 다양한 삶의 공간을 만들지 못하는 이유 중 하나다. 어릴 적부터 교과 과정에서 자연스럽게 공간 감각을 익히도록 하는 것이 나의 꿈이다. 집에서부터, 놀이터에서부터, 동네에서부터, 학교에서부터 탐험하고 만들고 그리는 능력을 키워줘야 상상력과 창의력이 자란다.

꿈 둘. 국민 모두가 자기 집을 그려볼 때까지: 우리의 집이 지나치게 '상품화, 명품 소비'의 대상이 되는 건 참 우려할 일이다. 집의 지나친 상품화가 삶의 상품화, 도시의 상품화, 국토 공간의 상품화로 이어진다. 스폰서 상품과 광고로만 뒤덮인 세상에서 살 수는 없지 않은가? 자기 집에 대한 주인의식이 살아나면 집에 대한 건강한 가치관이 살아난다. 그 묘수 중 하나가 자기가 사는 집을 직접 그려보는 것이다. 어설픈 실력이나마 자로 재고 차근차근 그림으로 그려보면, 놀랍게도 자기의 집 세계가 보인다. 누구나 자기 집을 그려볼 때까지, 이 꿈을 펼쳐보자.

꿈 셋. 건축의 '원죄'를 씻을 때까지: 건축과 도시는 필연적으로 자연에 죄를 짓게 마련이다. 그 죄를 줄이는 지혜가 필요하련만, 우리 시대에 '4대강 사업'과 같은 죄악이 행해지는 것은 참으로 부끄러운 일이다. 자연이 망가지면 결국 사람에게 그 피해가 돌아온다. 인류의 지혜는 다행스럽게도 이런 원죄를 의식하고 그 폐해를 줄이는 방향으로 발전하고 있다. 자연 파괴를 최소한으로 줄이고, 에너지를 절약해서 쓰고, 자연의 순환과 호흡을 같이하고, 자원의 리사이클링과 환경의 지속가능성을 고민하는 것이다. 우리 사회 곳곳에 이러한 가치가 뿌리내려서 건축의 원죄를 속죄할 수 있을 때까지 해야 할 일은 무한하다.

꿈 넷. 'ㅂ자 돌림병'이 사라질 때까지: 건축을 종속 변수로 하는 건설업과 개발업에 만연한 'ㅂ자 돌림병', 즉 부정·부패·부실·비리를 어떻게 사라지게 할 것인가? 건설업과 개발업은 또한 자본 권력과 정치 권력의 종속 변수이기도 하다. 한마디로 정치 권력과 자본 권력이 깨끗해지기 전에는 연쇄 범죄를 막을 수 없고 돌림병도 사라지지 않는다. 지난한 과제다. 완벽하게 치유되기도 어려운 병이다. 그러나, 이 병이 고쳐지지 않는 한 사회정의는 절대로 이루어질 수 없고, 특혜와 반칙은 오히려 사회를 퇴행시킨다. 고치려는 의지에 대한 사회적 신뢰가 절대적으로 필요하다. 정의로운 권력이 필요한 이유이기도 하다.

꿈 다섯. 모든 사람들이 '말하는 건축가'가 될 때까지: 모든 사람들이 '만드는 건축가'가 될 수도 없고 될 필요도 없지만, 모든 사람들은 '말하는 건축가'가 될 수 있고 또 되어야 한다. 감수성과 이성적 판단을 말로 표현하는 사람들, 즉 '말하는 건축가'들이 많아질수록 좋은 건축, 건강한 건축, 행복한 건축이 많아질 가능성이 높아진다. 이에 대해서 뒤에 더 자세히 얘기해보자.

꿈 여섯. 우리 사회가 건강한 '공부생태계'가 될 때까지: 활력 있고 재미나고 근사한 '공부생태계'가 건강하게 작동할 때까지, 해야 할 일은 너무도 많다. 공부생태계가 건강해지고 활발해져야 우리 사회의 생명력이 높아지고 우리 자신의 성장 가능성도 높아진다. 이 꿈에 대해서는 아무리 강조해도 모자랄 정도이니, 뒤에서 다시 한 번 자세히 얘기해보자.

꿈 일곱. 모든 사람들이 잘 자라는 비결을 익힐 때까지: 사람은 죽을 때까지 자란다. 자라기가 멈춘 삶은 생명력이 멈춘 삶이다. 계속 공부하는 이유이고, 열심히 놀이를 하는 이유이고, 열심히 자신의 일을 찾는 이유이고, 내가 이 책을 쓰는 이유이기도 하다. 모든 사람들이 자라기에 대한 건강한 꿈을 가질 때까지, 자신의 분수를 알면서도 분수를 키우는 노력을 그치지 않을 때까지, 잘 자라는 비결을 공유할 때까지, 그래서 우리 사회가 건강하게 자랄 때까지 나의 야무진 꿈은 계속될 것이다.

'한'과 '꿈'의 차이란?

우리말에 '한(恨)'이란 말이 있다. 한이 맺혀서, 한스러워서, 한을 풀기 위해서 그 무엇을 하게 된다는 것이다. 한에는 부정적인 의미만 있는 것은 아니다. '한'이란 말에는 원망과 회한이 담겨 있지만 흥미롭게도 그 안에 여전히 희망이 담겨 있다는 점에서 의미심장하다. 마음속 응어리는 풀어야 한다. 그러나 긍정적인 방향으로, 건강한 방향으로 풀어내야 진정 한이 풀리는 것이다.

자신의 깊은 속에 맺힌 한에서 비롯된 꿈이 훨씬 더 강력한 동기가 될 수 있다. 자신의 한과 사회의 한이 공명을 하면 더욱 큰 꿈, 더욱 야무진 꿈이 된다. 사적인 한과 공적인 한이 공명함으로써 사회를 바꾸는 더욱 큰 꿈, 더욱 야무진 꿈이 된다.

꿈의 크기가 있을까? "큰 꿈을 꾸라!"는 말을 많이들 하지만, 나의 경험에 의하면 일상의 '작은 꿈'이 오히려 훨씬 이루기 어렵다. 그 작은 꿈의 실현을 막는 것이 사회 구조의 문제라는 것도 알게 되었다. 그래서 작은 꿈이라 치부하지 말고 야무진 꿈으로 키우는 것이 필요하다. 당신의 야무진 꿈을 사람들이 비웃는다 해도 구애받지 말자. 오히려 그 야무진 꿈을 주위 사람들과 나누자. 그래서 야무진 꿈의 실현에 한 발자국 더 나아가자. 그것이 죽을 때까지 우리를 즐겁게 공부하게 만들 것이다.

개인을 넘어서는 '야무진 꿈'을 꾸자!

살아가게 하는, 움직이게 하는,

여전히 공부하게 하는 동력이다.

02
건축은 축복,
건축업은 저주

건축을 지망하는 후학들에게

'왜 공부하는가'에 대한 책을 쓰면서 건축 공부에 대한 생각을 밝히지 않고 책을 마무리할 수는 없다. 내가 가장 많이 받는 질문 중 하나이기 때문이다.

"건축과를 가려는데, 괜찮은가? 내 적성에 맞겠는가? 전망은 어떤가?" 학생들로부터 정말 많은 질문을 받는다. 이메일로, SNS로, 친지를 통해서, 강연회에서 만나게 되는 단골 질문이다. 특히 수능 전후가 되면 더 많아진다. 해가 바뀔 무렵이면 전과를 고민하는 학생들과 다른 일을 하다가 다시 늦깎이 건축학도가 되고 싶다는 경력자들, 혹은 건축을 하다가 다른 일로 바꾸고 싶다는 경력자들의 문의도 많다.

이런 질문들에 즉답을 하기란 참 어렵다. 한 사람 한 사람이 다 유일무이한 존재이거니와, 상황을 잘 모르면서 조언하기도 어렵고, 건축 일은 아주 다양하고 복합적인 분야라서 어떤 적성 하나만을 강조하는 것도 적절치 않기 때문이다. 그래서 내가 평소 강조하는 몇 가지만 정리해보려 한다. 나는 잘 모르고 택했지만, 여러분은 알 만큼 알고 택하시기를 정말 바란다.

첫째, "건축은 축복, 건축업은 저주"

내가 후학에게 첫 번째로 해주는 말이 있다. "건축은 축복이고 건축업은 저주다!"라는 말이다. 많은 사람들이 부지불식간에 건축에 매력을 느끼는 것은 '건축 작업의 창조성'에 이끌리고 '내가 사는 집을 내 손으로 짓고 싶다'는 인간의 본원적 속성이 자연스럽게 우러나기 때문일 것이다.

정말 그렇다. '꿈꾸고, 그리고, 만들고, 짓고, 관계를 맺고, 머리를 맞대며 구상하고, 차근차근 전체를 만들어가고, 이윽고 불이 켜지고, 사람이 들어가며 살아나는 공간을 느끼는 건축 작업'은 그 하나하나의 과정이 축복이다. 뿌듯하고, 보람차고, 가슴 설레고, 행복감이 솟아오르고, 마음속에 기쁨이 차오른다. 이러한 축복에 대하여 나의 다른 책, 『인생을 바꾸는 건축수업』에 열 가지로 정리했던 적이 있다.

하지만 건축을 자신의 업으로 택하려면 이러한 축복만을 꿈꿀 수는 없다. 오히려 각오해야 할 것이 적잖다. 이른바, '건축업의 저주'라고 내가 일컫는 것이다. 물론 '현실 속의 업'

이 되면 이 세상에 쉬운 일이란 하나도 없다. 돈과 조직과 사람과 권력게임을 다루어야 하고, 치열한 경쟁을 피할 수 없으며, 성공에 대한 기약은커녕 실패를 감수해야 하며, 수없는 시행착오를 헤쳐가는 과정을 거듭해야 하는 것이 현실 속의 '업'이다.

한데, 유독 건축업에 '저주'라는 말까지 붙이는 것은, 정말 더럽고 치사하고 불합리하고 한심하고 분노스러운 일들이 허다하기 때문이다. 내가 이른바 'ㅂ자 돌림병'이라고 부르는 '부정·부패·비리·부실, 그 외에도 부조리, 비합리' 같은 악성 돌림병이 만연하는 업이 건축업이다. 게임의 룰 자체가 공정치 못한 경우가 너무도 많은 것이다.

두 가지 근본적인 이유가 있다. 하나는, '건축물이란 땅이라는 유한한 존재 위에 세워지는 유일무이한 존재'이기 때문이다. 유일무이의 존재를 창조한다는 것이 멋지게 보이지만 바로 이 점에서부터 저주가 시작된다. 건축은 땅을 소유한 자, 또는 땅을 주무르는 자들의 '주문'에 의해서 시작되는 대상인 것이다. '건축은 건축주의 수준을 반영한다'라는 말은 바로 이 때문이다. 건축인들은 공부와 훈련을 통해 얻은 전문적인 깨달음을 제공하는 전문가이지만, 근본적으로 '을'이 되는 운명을 벗어날 수 없는 것이다.

다품종 소량생산의 경우 일단 소비자의 선택을 가능해서 물건을 제작하므로 만드는 사람들의 기획력이 돋보일 수 있다. 제작의 위험부담이 만만치 않지만, 위험을 줄이고 위험을 분산시킬 수 있는 다양한 방법들을 쓸 수 있다. 그러나 건축은 '주문'이 있기 전까지는 본격 액션을 하기 어렵다. 자본가나 권력자들뿐 아니라 건설회사나 개발회사들이 큰 파워를 휘두르는 것도 그들이 위험에도 불구하고 커다란 수익을 꿈꾸며 '갑'으로 행세하기 때문이다.

그래서 다른 하나는, 건축은 자본과 권력에 의해 휘둘리는 경우가 적잖다는 결과를 낳는다. 이 세상에 권력과 자본에 무관한 것은 없지만, 건축은 유일무이성이라는 속성상 훨씬 더 권력과 자본의 종속변수로 작동한다. 도시는 더하다. 도시 공간이란 자칫 선거로 힘을 획득한 정치인들의 왜곡된 욕망에 의해 좌우되고, 정치 권력과 결탁한 개발자본이 호시탐탐 탐욕의 기회를 노리는 공간이 되어버린다. 이런 과정에서 건축인들은 만년 '을'로서 권력의 시녀, 자본의 하수인으로 전락할 위험이 크다.

많은 건축인들이 건강한 권력과 건강한 자본, 건강한 의사결정 구조, 건강한 환경의식, 건강한 기술의식, 건강한 사회의식, 건강한 가치를 간절히 바라는 것은, 바로 이러한 저주에 대한 한이 맺혀 있기 때문일 것이다. 건축인들은 이른바 '먹고사니즘'에 종속되는 위험도 안고 있지만 그들이 마음 깊이 '이상주의'의 순수함을 견지할 수 있는 가능성도 이 때문일 것이다.

둘째, 설계만이 건축의 전부는 아니다

두 번째로 내가 강조하는 것은, '결코 설계만이 건축의 전부가 아니다'라는 것이다. 건축을 지망하면서 그리는 이미지란 대개 '건축가가 되겠다'이다. 드라마나 영화의 주인공으로 나오듯 여유 있고, 시간 많고, 멋스럽고, 돈 잘 벌고, 잘나가는 이미지에 혹함은 물론, '건축가의 작업에 비친 감성적이고 창조적이고 멋진 이미지'에 은근히 혹하는 것이다.

그런데, 현실에서는 건축가가 그린 설계대로 되지도 않거니와, 그렇게 그릴 수 있는 위치에 올라가는 건축가의 비율도 무척 적다. 다소 과장되게 표현하자면, 건축을 공부하는 사람들 중에서 프로젝트 전체를 총괄하는 위치의 건축가가 될 확률은 10% 미만이고, 뜻있고 혁신적인 작업을 할 수 있는 건축가는 1% 미만이고, 이른바 유명 건축가가 되는 비율은 0.1% 미만이고, 역사 속에 흔적을 남기는 건축가가 될 확률은 0.0000001%도 안 될 것이다.

이런 말을 하는 뜻을 이해할 것이다. '거품 환상을 갖지 말라!'는 뜻이다. 건축을 공부한다고 해서 꼭 건축가가 되는 것도 아니고, 건축가가 된다고 해서 자신의 업에 성공하는 건축가가 되리라는 법도 없다. 물론 '성공'을 어떻게 정의하느냐에 대해서는 각기의 소신이 있겠으나, 이른바 세속적 성공에 대해서 환상을 갖지 말라는 뜻이다.

셋째, 건축 분야는 무척 넓다

세 번째로 내가 해주는 말은 '건축 분야에서 할 수 있는 일은 무척 넓다'는 사실이다. 이루 헤아릴 수 없이 넓다. 약간 과장하자면, 누구나 건축 관련 일을 할 수 있을 정도로 넓다. 한때 우리 사회 총생산의 3분의 1까지 건설 분야가 차지하고 일자리의 3분의 1정도를 차지한 적도 있다. 이른바 개발성장 시대였기에 가능한 상황이었다. 지금은 15~18% 정도이고 앞으로는 더 줄어들 것이다. 선진사회로 갈수록 건설산업의 비중은 줄어드는 것이 정상이다. OECD 국가들 중에서 따지면 우리나라는 여전히 건설관련업 비중이 큰 편이다. 여전히 개발 붐, 개발 한탕, 부동산값 상승에 대한 향수 심리가 작용하는 것이다.

넓고도 넓은 건축 관련 일들을 보자. 기획, 계획, 설계, 기획, 연구 업무들은 물론, 넓게 보자면 자재 생산, 자재 유통, 시공, 건설, 개발, 관리 등의 업무들이 관련되고, 세부 분야로 구조, 설비, 전기, 통신, 건축토목, 인테리어, 가구, 조명, 부엌 퍼니처 등이 있고, 관련 전문 분야들도 도시설계, 조경, 토목, 시각디자인 등 수없이 많다. 게다가 건축 저널리즘, 평론, 학술연구, 저술 등의 지식 활동들도 있거니와, 연구 분야에도 정책 연구나 기술 연구뿐 아니라 건축역사, 전통건축, 공간문화사, 건축심리학, 미학 등 수많은 분야가 가능하다.

그러니 공간추리력이 부족해도, 수학적 능력이 부족해도, 그림을 잘 못 그려도, 말을 잘 못해도, 글을 잘 못 써도 얼마든지 건축 관련 일을 할 수 있는 것이다. 관건은 수많은 건축 관련 일 중에서 구체적으로 무엇을 하고 싶으냐, 그 구체적인 업무에 필요한 기본 자질을 어느 정도 갖추고 있느냐 하는 것만이 중요하다. 개인적으로 나는 건축 일의 기본 소양으로 '사람에 대한 감수성, 입체적인 공간 추리력, 적극적인 팀업 역량, 다양한 소통 능력' 네 가지를 꼽지만, 이 세상에 완벽한 사람이 어디 있으랴. 노력하면 어떤 능력이라도 키울 수 있지 않은가?

넷째, 돈 벌려면 설계는 아니다

그래서 내가 네 번째로 해주는 말은, "돈을 벌고 싶어서 건축을 하겠다면, 설계 아닌 다른 업무를 택하라!"이다. "건축가로서 일하고 싶다면 돈 벌 생각은 아예 포기하라!"는 말과도 통한다. 내가 자주 받는 오해가 '돈 많이 벌었을 것, 돈 잘 벌 것'인데, 아무리 설명해도 이해하려 들지 않아서 갑갑한 적이 많다. 상대적으로 인문 계열보다는 경제적 사정이 낫지 않느냐 하는 정도로 받아들이려 한다. 이런 편견은 영화나 드라마 영향 때문인데, 현실에서는 유명 건축가들이 빈털터리로, 또는 빚을 남기고 세상을 떠난 경우가 많다. 예컨대, 미국 건축가 루이 칸이나 우리 건축가 김수근이 남긴 일화들은 유명하다.

　건축가가 돈을 잘 못 버는 이유는 세 가지 때문일 것이다. 첫째, 설계 분야는 선진 사회에서도 경제적 보상이 상대적으로 낮다. 평균적으로 초봉도 낮고 경력자의 수입도 낮다. 설계비를 줄이려는 경향은 어느 사회나 마찬가지란 이야기다. 둘째, 설계 업무란 아무리 첨단기술을 동원하더라도 '노동집약적, 시간집약적'인 업무다. 시간이 많이 들고 품이 많이 든다. 사람의 성의와 시간이 들어가야 좋은 설계가 나오게 마련인데, 아무리 성의와 시간을 들여도 여전히 모자라다고 생각하는 사람은 대체로 건축가적인 성향을 가지고 있다고 보아도 무방하다. 셋째, 건축가들은 돈을 들여야 하는 문화예술 활동에 무척 관심이 많아서 돈 버는 것 이상으로 써버리는 성향도 작용할 것이다.

그래서, 건축가라는 사람이 재산이 지나치게 많다면 약간 의심해볼 필요가 있을 것이다. 물려받은 상속 재산이 아니라면 아마 설계 외의 재테크에 심취했을 터인데, 그런 사람을 신뢰할 수 있을까? 농담이지만, 농담만도 아니다.

다섯째, 건축 공부는 삶을 풍부하게 해줄 것이다

하지만, 확실하다. 건축 공부가 당신의 인생을 풍부하게 해줄 것임은 분명하다. 건축 공부 자체가 구축의 기술과 구성의 비법과 창조의 기술을 익히게 해주고, 사회와 사람에 대한 감수성을 길러주기 때문이다. 건축 분야가 넓기 때문에 그 안에서 포착할 수 있는 기회도 많거니와, 관련되는 넓은 업무로 진출할 수 있다. 건축을 공부하고도 다른 분야로 진출하는 사람들의 예는 무수하게 많고 각기 독특한 역량을 발휘하는 경우도 많다. 건축 공부에 스며들어 있는, '무에서 유를 만드는, 입체적이고 종합적인, 논리적이고 감성적인 각종 훈련들'은 사람들의 능력을 끌어내고 단련시키는 효과가 크다. 건축 공부의 속성이 우리의 교육과 공부에 스며들어야 할 이유이기도 하다.

오늘도 젊은이들의 편지를 받는다

젊은이들의 편지는 여전히 온다. 요즘은 손으로 쓰는 정다운 편지보다 주로 메일, 페이스북 메시지, 트위터 쪽지로 온다. 중고등학생들은 건축학과를 지망하고 싶다는 메시지를 보낸다. 해도 괜찮은가 걱정이 많다. 대학생들은 졸업 후의 진로 선택에 대해 고민한다. 요즘은 설계냐 시공이냐 같은 단순한 질문보다 훨씬 더 다양한 종류의 질문들이 늘었다. 예컨대, 국제 활동에 뛰어들고 싶은데 분야의 전문성을 갖추기 위해 건축이 괜찮으냐 물어보는 학생도 있고, 사회 변화를 만드는 일에 참여하고 싶은데 도시 분야나 환경 분야로 대학원 공부로 넓혀도 좋겠느냐 묻는 학생도 있다. 다른 분야에서 일하다가 건축에 대한 오래된 꿈을 다시 불태우는 사람들도 있다. 지금 다시 시작해도 괜찮으냐, 격려를 바라는 사람들임을 잘 안다. 건축을 공부했는데 로스쿨을 지망해도 괜찮으냐는 질문이 오기도 한다. 얼마나 많은 젊은이들이 진로에 고민을 하고 있는지 알 수 있다.

어떠한 선택도 나는 축복하고 싶다. 비록 구체적으로 여러분의 고민을 풀어줄 수는 없지만, 내가 보내는 축복과 격려의 건투의 한마디가 여러분에게 힘이 되기를 바란다. 그 고민의 발단이 당신의 깊은 속에서 우러나는 것이라면, 선택에 대한 무한한 책임과 또한 뿌듯한 보람 역시 당신의 것이 될 것이다.

건축은 축복, 건축업은 재앙이다.

건축을 업으로 삼으려 든다면, 알고 선택하라!

그러나, 건축 공부는 당신의 삶을 풍요롭게 해줄 것이다.

03

잘 자라는
'공부생태계'를
만들 때까지

'인간도시아카데미' 실험 중

2부에서 나는 MIT를 하나의 커다란 '공부생태계'라고 표현하면서, '공부하기란 정말 근사한 것이로구나' 하고 깨달았던 경험을 썼다. 앞에서 말한 바와 같이 나의 '야무진 꿈' 중 하나는, '근사한 공부생태계를 만들고 싶다'는 것이다. 내 마음 속에 자리 잡은 깊은 갈구다.

그렇다고 학교를 만들고 싶은 것도 아니고, 어떤 특정한 학교의 공부생태계를 강조하고 싶은 것도 아니다. 나는 우리 사회 전체가 커다란 공부생태계, 건강한 공부생태계, 활력 있는 공부생태계, 멋진 공부생태계가 되었으면 좋겠다. 그런 공부생태계가 되어갈수록 우리 사회가 더욱 경제 활력 넘치고, 더욱 문화 활력 넘치고, 더욱 공정하고 정의로워지고, 더 많은 사람들이 사람답게 사는 기쁨을 누리게 되고, 더욱 풍부하게 삶의 의미를 일구는 사회가 되리라는 깊은 희망을 갖고 있다. 어떻게 하면 이 야무진 꿈을 이룰 수 있을까?

실질 문맹을 벗어나는 공부 사회로!

OECD의 조사방법론을 응용해서 우리나라 성인 국민들의 '문서 독해력'을 조사한 자료가 있다. 여기에서는 글을 읽고 그 의미를 이해하고 해석하는 수준을 4단계로 나눈다. 1단계는 '단어'만 단편적으로 듣는 거의 문맹 수준, 4단계는 행간의 의미와 정보를 읽고 논리적으로 해석할 수 있는 수준이다. 그런데 이 조사 결과, 4단계는 불과 13.1%였다. 말하자면 우리나라 성인 국민의 86.9%는 실질적 문맹이나 다름없다는 것이다. 한걸음 더 나아가 숫자, 표, 그림, 통계, 지도 등의 정보를 독해할 수 있는 4단계는 불과 2.4%다. 말하자면 우리 국민의 97.6%가 새로운 기술을 습득하기 어려운, 정보 문맹이나 다름없다는 것이다.

　이 자료를 어떤 세미나에서 접하고 나는 도저히 믿을 수가 없어서 강사에게 몇 번을 다시 물어봤다. 자꾸 묻는 내가 딱해 보였던지 그 강사는 "10여 년 전 자료이니, 지금은 좀 나아졌을 거예요!"라며 위로했다. 찾아보니, 이 자료는 2005년 한국교육개발원이 발표한 '2004년 한국 교육인적자원 지표' 자료다. 10여 년 전 자료이니 설마 지금은 나아졌을 거라고 위안해야 하는 걸까? 문맹률이 1~2%에 불과하고 대학 진학률이 무려 80%를 상회하는 우리나라에서 어떻게 성인들의 실질 문맹률이 이리 높을까? 노르웨이, 핀란드, 스웨덴, 캐나다는 4단계가 25% 이상이고, 내가 한심하게 여기곤 하던 미국도 19.1%로 나왔는데 말이다.

"글을 독해하는 인구가 13.1%밖에 안 돼. 구체적인 숫자나 표, 지도, 그림이 들어간 자료를 독해할 수 있는 인구는 2.4%밖에 안 돼. 아니 미국도 19.1%라는데, 절대 인구 숫자로 비교하면 얼마나 차이 나는 거야?" 나는 옆지기에게 분통을 터뜨렸다. 그러자 옆지기가 하는 말이, "그럴 수 있어. 미국에선 어렸을 때부터 항상 토론하잖아. 합리적인 의문을 하는 습관이 되어 있고 그래서 일반사람들도 상식 수준이 높을걸? 그리고 미국 사람들이 얼마나 실용적이야? 정보 해독을 잘하게 되는 거지." 그럴듯하다. 그저 시험장 시험만 잘 치르려고 혈안이 되어 모범답안만 외우려 들고 합리적 의문을 제시하는 토론에 익숙지 못한 교육을 거치다 보면 어른이 되어도 글을 독해하고 정보를 해독하는 능력은 떨어질 수밖에 없는 것이다. 우리 사회의 불행이다.

나는 이 자료를 접했을 때, 우리 사회에서 공부생태계를 이루기를 바란다는 자체가 허상이 아닌가 하는 좌절감마저 들었다. 하지만 포기할 수는 없다. 글을 이해하고 문맥을 해독하고 행간을 해석하는 공부 사회는 사회의 발전뿐 아니라 우리 삶의 질을 올리기 위해서도 절대 필요하기 때문이다. 만약 성인들의 실질 문맹률이 문제라면, 자라나는 젊은이들과 어린이들에게 더 기대하면 되지 않겠는가. 세종대왕께서 만들어주신 한글 덕분에 쉽게 문맹을 벗어나게 되었다면 이제 우리의 노력으로 실질 문맹에서 벗어나야 한다.

공부생태계에 대한 나의 바람들

공부생태계의 분위기에 대해서 나는 몇 가지 바람이 있다.

첫째, 여러 분야 사람들이 같이 공부하고 연구하는 환경이면 좋겠다. 이공계와 인문계와 예술계를 나누는 것은 영 마땅찮다. 여러 분야 사람들이 하나의 주제를 가지고 통섭하는 태도로 머리를 맞대고 모색해야 더욱 창의적이고 상상력 높은 대안들이 나온다. 가르치는 사람들도 부디 인문·이공·예술을 넘나들며 주제와 소재를 아울렀으면 한다. 우리 사회의 수학·경제·기술에 대한 두려움, 우리 사회의 인문학 경시 풍조, 우리 사회의 정치·관료 독점 관행, 우리 사회의 예술과 일상 문화 나누기 부족 현상 등은 하나같이 문제가 있다. 일정한 경험을 지닌 사회인들이라면 종합적인 경험을 쌓아올리고 즐겁게 서로 간의 관계를 공부하는 것이 옳다.

둘째, 여러 세대들이 함께 어울려 공부하는 환경이면 좋겠다. 학생도, 직장인도, 주니어도, 경력자도, 은퇴자도, 경륜이 있는 사람들도 모두 같이 말이다. 호기심이 가득한 초심, 현실 한가운데서 나오는 의문, 경험을 쌓은 후 우러나는 의미 있는 의문들, 해본 사람들의 실패담과 성공담이 다 어울릴 수 있다.

서로 귀 기울이는 환경이 되면 자극이 커진다.

셋째, 가능하면 '워크숍'이나 '스튜디오'처럼 무언가 창조해내는 작업이 곁들여지면 좋겠다. 무엇을 '만들고자' 하면 지식을 흡수하는 감각과 지식들의 관계를 포착하는 능력이 남달라지기 때문이다. 사회 문제를 분석하는 작업, 정책 대안을 모색하는 작업, 해결 대안을 모색하는 작업 등, 무엇을 제안하고 만들어내면 지식은 녹아들고 지혜는 우러난다.

넷째, 되도록 공동 프로젝트를 다루는 '팀 작업'이 어느 한 과정으로 들어가는 것이 좋다. 세상의 모든 일은 팀 작업으로 이루어지기 때문에 공부 과정 중에 팀 시뮬레이션을 해보는 훈련 과정이 요긴하다. 시뮬레이션이니만큼 더욱 도전적으로 실험해볼 수 있는 여지가 크다. 예컨대 다른 분야, 여러 세대 사람들의 혼합 팀 꾸리기, 돌아가며 팀장 맡기 등 다양한 방식이 가능하다.

다섯째, 토론으로 전개되는 시간이 꼭 있어야 한다. 물론 질의응답도 좋다. 일방향 강의로만 끝나면 학생에게도 선생에게도 젬병이다. 질문하고 질문에 답하면서 새로운 생각이 우러나고, 아는 것과 모르는 것이 선명해지는 효과는 정말 신기할 정도다. 토론이란 우리의 내공이 고스란히 드러나는 과정이기 때문에 가장 중요한 훈련 방식이다. 글과 말 속에 숨어 있는 것을 독해하는 능력이 높아지거니와 토론을 많이 할수록 겁이 줄어드는 효과도 확실하다.

여섯째, 중간 과정에 되도록 현장에 가봐야 한다는 것이다. 현장을 교실로 가져올 수도 있지만, 그보다 현장에 직접 가는 것이 훨씬 더 생산적이다. 사건의 현장, 작업의 현장, 논쟁의 현장에 직접 가면 밖에서는 안 보이던 게 새삼 보인다. 복잡한 현장을 설명해주는 가이드의 역할이 필요하되, 충분한 재량을 가지고 스스로 현장을 관찰하고 분석하는 훈련이 필요하다.

일곱째, 학생들 스스로 자신의 공부 단계를 모니터할 수 있어야 한다. 선생의 평가 못지않게 학생 스스로 자신을 평가하는 능력을 기르는 것은 무척 중요하다. 남들과의 상대적 평가만이 아니라 스스로 성장하는 단계를 평가하고 자신의 특장과 단점까지도 파악하는 성찰의 태도를 스스로 길러야, 성장의 기반이 마련되는 것이다.

여덟째, 공부하기와 가르치기의 위치를 넘나드는 것이다. 학생과 선생의 역할 플레이를 바꾸어보는 것이다. 누구나 경험해보았겠지만, 남을 가르치는 입장이 되면 공부에 대한 태도 자체가 달라진다. 그 어떤 수준에 있는 사람도 다른 사람의 공부를 도와줄 수 있다. 또한 누구나 남들에게 가르쳐줄 그 무엇을 갖고 있다. 역할 플레이를 달리 해보면 공부 태도 자체가 달라진다. '차근차근, 조근조근'을 익히며 더 분석적이 되고 종합적이 된다.

'인간도시아카데미' 실험 중

이렇게 여덟 가지씩이나 적어놓고 나니, 나의 바람들이 참 많기도 하다는 생각이 든다. 안타깝게도 이 모든 바람을 만족시킬 수 있는 강단은 존재하지 않는다. 학교의 강단은 '학점'과 '성적'에 매이는 운명을 안고 있다. 내가 좋아하는, '패스냐 낙방이냐pass or fail'만 있는 강좌는 그리 인기가 높지 않고 수강 열기도 낮은 편이다. 더욱이나 학교라는 제도권이란 불가피하게 교수가 상대적으로 우위에 위치하는 메커니즘이 작용한다.

대중 강연회란 아주 잘되면 질의응답까지 할 수 있지만 아무래도 강사로 나서는 사람의 일방향 강연회가 되는 경우가 대부분이라서 토론이나 공동 작업을 할 수는 없다. 듣는 사람들도 일회성으로 생각하는 경향이 짙고, 무엇보다도 주제 자체를 가볍게 설정하려는 성향이 작용한다. 이른바 '예능성 교양'을 기대하는 것이다. TV 교양강좌로 가면 이런 성향은 더욱 두드러진다.

특정 주제에 대한 시리즈 강좌들이 시민단체나 기관에 의해서 기획되곤 하는데, 이는 상대적으로 내용이 알차다. 하지만 시간의 제약도 있거니와 수강생들에게 숙제를 내주거나 공동작업을 요청하기가 어렵다. 수강료를 내면서까지 숙제 작업을 하는 부담을 안을 수강생은 많지 않을 터이니 말이다. 그런데 같이 문제를 풀어보는 과정이 빠지면 쌍방향 배움이 일어나기 쉽지 않다.

기업이나 기관에서 개최하는 '심층 트레이닝 코스'는 어떻게 디자인하느냐에 따라 공부생태계에 대한 나의 바람들을 반영할 수 있는 가능성이 크다. 일정한 기간을 집중적으로 할애할 수 있고, 수강생들의 의무감도 있거니와, 강의 코스와 워크숍 코스를 섞을 수도 있고 토론과 숙제하기 프로그램도 포함시킬 수 있다. 수강생들의 자기 평가와 함께 학생과 선생 역할을 넘나들기도 가능하다. 아쉬운 점은, 기업이나 기관에서 개최하는 훈련 프로그램들은 단순 교양과 세부 실무 기법에 치중하는 성향이 많다는 점이다.

그러나 포기할 필요는 없다. 하나로서는 불완전해 보이는 이 모든 방식들은 각기 가능성을 품고 있으니, 우리가 여러 종류의 공부 방식을 다양하게 훈련한다면, 공부생태계를 넓힐 수 있는 가능성은 높아질 수 있다. 나 역시 실험을 해보고 있다. 책을 많이 썼고 대중 강연을 많이 하기도 했지만, 내가 별로 강단에 서지 않은 것에 대한 아쉬움과 약간의 죄책감까지 갖고 있었는데, 최근에 나도 '인간도시아카데미'라는 프로그램을 기획해서 실천하고 있다.

다양한 경력의 사람들을 대상으로, 여러 분야 사람들을 대상으로, 강의와 질의응답을 섞어서 진행하는 시리즈 프로그램이다. 현장의 최전선에서 꾸준하게 실천을 모색하고 있는 현장 전문가들과 자치단체장들이 직접 강좌에 나선다는 점에서 현장성도 치열하다. 마침 '도시'라는 과제는 내가 원하는 공부생태계의 실천 구도를 짜기에 아주 좋은 복합 주제다.

아직 내가 원하는 여덟 가지 바람을 모두 적용할 수 있는 것은 아니다. 워크숍과 스튜디오, 학생과 선생 역할을 넘나들기 같은 방식은 앞으로 계속 모색해야 할 과제다. 수강생의 의욕과 선생의 의욕이 잘 만나야 공부생태계가 지탱될 수 있을 터이니 말이다. 원하는 모든 것이 한 번에 다 안 되더라도, 부분적으로나마 실천해보는 노력이 훨씬 더 가치가 있으리라. 해봄으로써 가능성을 타진하고, 해나가면서 넓히고 고쳐가면서 깊이를 다져가는 것이다.

공부생태계는 차츰차츰, 어느새 도달!

내가 마음속 깊이 가진 믿음이 있다. 비록 우리의 교육 환경에 대한 불만이 크고, 우리 사회의 실질 문맹률이 너무 높은 것이 속상하고, 때로는 현실에서 별로 개선되지 않는 현상들이 눈에 뜨이고, 때로는 악화되는 현상에 상처를 받으면서도 여전히 갖고 있는 믿음이다. 사회의 진화는 차츰차츰 이루어진다는 것이고, 멀어 보이지만 계속 향해 가다 보면 어느새 도달해 있을 것이라는 믿음, 즉 사회의 선순환에 대한 기대다.

한 사람이 바꿀 수 있는 것이 얼마 되지 않는 것처럼 보이지만, 한 사람을 변화시키면 그 과정에서 여러 사람들에게 영향을 미치게 되고, 그 사람들 하나하나가 또 새로운 변화의 메신저가 되고, 새로운 에너지를 갖춘 액터가 되는 것이다. 이렇게 굳게 믿자. 우리가 지향하는 공부생태계는 차츰차츰 만들어질 수 있을 뿐이지만, 어느새 도달할 수 있을 것이라고.

공부생태계가 잘 작동하면
서로 배우고 서로 가르치는 선순환이 일어난다.
너도, 나도, 누구도, 액터가 된다.

04
모든 사람들이
'말하는 건축가'가
될 때까지

말하라! 변한다!

앞에서 나의 야무진 꿈 중 하나가 '모든 사람들이 말하는 건축가가 될 때까지'라고 했는데, 부연 설명이 필요할 것 같아 여기에 적어본다. "모든 사람들이 만드는 건축가가 될 수도 없고 될 필요도 없지만, 모든 사람들은 말하는 건축가가 될 수 있고 또 되어야 한다"는 게 나의 소신이다.

　　건축가란 근본적으로 '만드는 역할'인데, 왜 '말하기 역할'을 강조하는가? 이는 말을 해야 더 좋은 건축, 더 괜찮은 도시를 기대할 수 있기 때문이다. 꼭 건축에만 비유할 것도 없다. 사실 우리들은 모두 무언가를 만드는 사람들이다. 제조를 통해, 유통을 통해, 생산을 통해, 디자인을 통해 무엇을 끊임없이 만드는 것은 바로 작업하는 인간의 기본 속성이다. 작업하는 사람들은 모두 만들기 전에 우선 말을 해야만 한다. '말하는 건축가'가 필요한 만큼 우리에게는 '말하는 디자이너, 말하는 엔지니어, 말하는 기업인, 말하는 활동가, 말하는 정치인, 말하는 시민'이 필요한 것이다. '말만 하는' 것이 아니고, '남의 생각을 상투적으로 피상적으로 말하는 것'이 아니고, '단어만 단말마적으로 말하는 것'도 아님은 물론이다. 진정 자신이 담긴 말하기를 통해서, 우리는 우리 자신을 바꾸고 세상을 바꿀 수 있다.

다큐 영화 〈말하는 건축가〉

'말하는 건축가'라는 말의 원전은 따로 있다. 다큐멘터리 〈말하는 건축가〉에서 나온 말이다. 정재은 감독이 2012년에 내놓은 이 영화는, 건축 다큐로서는 공전의 히트를 쳤다. 2011년 작고한 건축가 정기용의 마지막 몇 년을 추적한 기록이다.

건축가 정기용은 TV 프로 〈느낌표〉에서 '기적의 도서관 건축가'로 기억하는 사람들이 많을 것이다. 고 노무현 대통령의 봉하마을 사저를 설계한 건축가로서 잘 알려져 있기도 하다. 다큐는 정작 이런 지명도 높은 사건들보다, 정기용이 암 투병을 하면서도 자신의 건축 전시회를 팀과 함께 준비하는 과정, 예전에 설계했던 무주의 공공건축물들을 다시 탐방하는 과정, 오래전 설계했던 '자두나무 집'을 다시 찾아가 묵는 과정에서 여러 사람들을 만나며 자신의 건축관, 도시관, 사회관, 사람관에 대해서 담담하게 대화하는 모습을 그린다.

이 다큐를 만든 정재은 감독과 토크 콘서트를 하면서 나도 많이 울먹였다. 친하던 지인의 이야기라는 점도 작용했지만, 한 건축가의 열정과 좌절이 고스란히 전해지고, 수많은 좌절을 겪었음에도 불구하고, 또 암 투병을 하며 곧 이승을 떠나게 되면서도 여전히 사람들에게 말을 걸고 사회를 향해 말하고 있는 그의 간절한 마음에 공감했기 때문이다.

영화 제목이 참 마음에 들어서 누가 정했냐고 정재은 감독에게 물어봤다. 촬영하면서 정기용 선생과 함께 잠정적으로 정했던 제목은 '말하는 건축'이었는데, 작고하신 후에 영화가 나오게 되어 정재은 감독이 '말하는 건축가'로 결정했다고 한다. 나는 한 가지를 더 요청했다. "내가 '말하는 건축가'라는 말을 써도 될까요?" 정재은 감독의 흔쾌한 답, "그러믄요, 많이 쓸수록 더 많이 전파가 되지요." 그래서 나는 한 강좌의 제목을 '김진애의 말하는 건축가'로 정하기도 했고 대중 강연을 할 때 "우리 모두 '말하는 건축가'가 됩시다!"라는 메시지를 전하며 공감을 구하고 있다.

건축가란 땅에 발을 붙이고 하늘을 바라보는 사람이다. 이상은 드높지만 현실의 벽은 높다. 건축가란 눈에 안 보이는 것을 눈에 보이는 것으로 만드는 사람이다. 그런가 하면 건축가란 눈에 보이는 것을 통해 눈에 안 보이는 것을 이루려는 사람이다. 건축가란 자신이 사는 공간을 만들고 싶어 하는 사람의 본원적 욕구를 이룰 수 있도록 도와주는 사람이다. 건축가란 세밀한 감수성을 가지고 사람들이 원하는 삶을 자신의 공간

에 담을 수 있도록 도와주는 사람이다. 이 모든 것을 가능하게
하는 필수 조건이 '말하기'다.

모든 사람들이 '말하는 건축가'가 될 때까지

모든 사람들은 이러한 건축가의 속성을 가슴속에 안고 있다.
땅에 발을 붙이고 있지만 마음은 하늘을 바라본다. 현실의 벽
은 더없이 높지만 여전히 이상은 드높다. 어려운 것을 알면서
도 무언가 변화를 바란다. 그 시작이 말하기다.

　　말하기란 통하는 것이다. 듣는 것이다. 표현하는 것이다.
의논하는 것이다. 이야기하는 것이다. 비판하는 것이다. 성찰하
는 것이다. 눈을 활짝 뜨고 세상을 관찰하는 것이다. 한나 아렌
트는 '사람은 각기 유일무이의 존재이며 자기와 다른 사람들이
세계에 존재하기 때문에 관계가 시작되고 그래서 소통이 필요
해진다'고 했다. 그 기본이 말을 통한 소통이다.

　　나는 정말 모든 사람들이 '말하는 건축가'라는 자신 속의
본능을 깨닫고, 말하는 건축가가 되기를 바란다. 진정하게 자신
이 원하는 것이 무엇인지, 어떠한 삶을 원하는지, 어떠한 사회
를 원하는지, 어떠한 집을 원하는지, 어떠한 도시를 바라는지,
생활 속의 불편이 무엇인지, 생활 속의 바람이 무엇인지, 어떤
학교를 원하는지, 어떤 주민센터를 원하는지, 어떤 공원을 원
하는지, 어떤 상가를 원하는지, 어떤 거리를 원하는지, 시장이
무슨 일을 해주기를 바라는지 이야기해야 한다. 그리고 들어야

한다. 나와는 다른 의견이 있음을, 그 의견 속에 어떤 의미가 담겨 있는지 이해해야 한다.

'말하는 건축가'란 자신이 무엇을 만들어낼 것인지만을 고민하는 사람은 아니다. 왜 이러한 것을 이러한 방식으로 만들 수밖에 없는지, 왜 더 나은 선택이 있는데도 이렇게밖에 할 수 없는지, 근원적인 문제를 관찰하고 그것을 바꾸려고 노력하는 사람이다. 정책에 대해서 단순히 비판만 하는 것이 아니라 참여해서 바꾸려고 노력하고, 정책의 더 근원적인 변수인 정치의 속성을 이해하려 노력하고 더 나은 정치적 조건을 만들려고 노력하는 사람이다. 왜 건축가가 자본과 권력의 종속 변수가 될 수밖에 없는지, 왜 생각 깊은 건축가들이 자본 권력에 의해 조종당할 수밖에 없는지, 그 근원을 파헤치고 개혁해보려고 노력하는 사람이다. '말하는 건축가'가 되면, 세상에 할 일이 훨씬 더 많이 보이게 된다. 자신의 활동 세계도 커지고 역할도 훨씬 더 많아진다. 자신의 전문 분야의 활동이라는 고정관념에 국한되지 않고, 자신의 전문성을 통해 세상을 변화시키고 더 나은 세상을 만들기 위해 기여할 수 있는 일을 끊임없이 찾게 된다.

말하라! 변하다!

그러니 말하자. 말한다는 뜻은 다층적인 의미다. 말을 시작함으로 인해서, 우리의 눈은 뜨이고 귀는 열리며 머리는 돌아가고 심장은 뛴다. 날개가 달리고 머리가 부푼다. 훨씬 더 민감하게 되고 자의식이 더욱 강해지며 자긍심이 더욱 높아지며 호기심이 더욱 작동한다. 말하려는 생각을 가지면 자연히 공부하게 된다. 남들에게 어리석은 사람으로 보이기는 싫지 않은가? 그러니 더 열심히 공부하게 되고, 사실을 확인하려 애쓰게 되고, 말을 잘하기 위해서 더욱 노력하게 되는 것이다.

이 책의 초반부에 썼던 이야기, 내가 어릴 적 아예 입을 닫게 되었던 사연을 기억하는가? 나만이 아닐 것이다. 지금도 수많은 사람들이 상처를 받기 싫어서, 상처받을 위험을 피하기 위해서 아예 입을 닫아버리는 경우가 무수하게 있을 것이다. 어릴 적 나의 결심 중 하나가 "내가 크면, 절대로 말을 못해서 답답해하는 상황은 만들지 않을 거야!"였다. 그 소망이 그대로 이루어진 것은 아니지만, 적어도 말을 하고자 하는 용기만은 유지했고, 남들이 내 앞에서 말을 못해 주저하는 상황은 만들지 않으려고 노력해왔으며, 남이 하는 말에 귀 기울이는 노력을 하고 있다. 변화를 실천하기 위해서, 우선 말하자!

말하기는 모든 자의식과 모든 관계의 시작이다.

말을 하려고 들면 누구도 공부하게 된다.

말하라, 변한다!

05

지속가능한
멘토를 찾아서

박경리와 한나 아렌트

나의 공부 인생에서 얻은 행운 중 하나는 '지속가능한 멘토'를 찾았다는 사실이다. '지속가능한 멘토'라는 말을 붙이는 것은, 한때의 유행이나 열광적인 스타 현상이나 지명도 때문에 멘토로 삼은 게 아니라 자라는 시절 우연한 운명처럼 만나서, 살며 일해오는 동안, 그리고 지금까지도 시시때때로 배움을 구하고 있기 때문이다.

깊은 울림, 지속적인 울림으로 생의 중요한 순간마다 나의 행위를 비추어보게 하는 멘토를 나는 '지속가능한 멘토'라고 표현하고 싶다. 학생들, 직장인, 기업인, 정치인들도 모두 멘토를 구하는 시대고 온갖 종류의 멘토 방식까지 제안되는, 이른바 '멘토 전성시대'다. 사실 우리는 일하면서 알게 모르게 수많은 사람들을 우리의 멘토로 삼게 되지만, 지속가능한 멘토를

마음속에 지닌다는 것은 마르지 않는 샘물을 가지고 있는 것과
도 같다.

　　멘토의 정의를 어떻게 해야 할까? 멘토란 '스승'이고,
'선배'이고, '선학'이고, '선생'이고, '커리어 카운셀러'이고, '심
리 상담가'이고, '정신분석가'이고, 기대고 싶고 기댈 수 있는
'큰바위얼굴'이다. '존경하는 인물, 좋아하는 인물, 사랑하는 인
물, 닮고 싶은 인물, 더 알고 싶은 인물'이기도 하다. 무엇보다
도 그들이 던진 말, 그들의 행동이 어떤 의미일까 자꾸 생각하
게 만드는 인물이다.

박경리와 한나 아렌트

소설가 박경리 선생을 나는 처음에 남자로 알았다. 작가 얼굴
을 책에 넣지 않는 시대였거니와, 이름도 남자 같았고, 문체에
서 전혀 여성이라는 느낌이 없었기 때문이다. 중고 시절에 몇
권의 책을 찾아 읽고 반했는데, 하루는 대학생 언니와 오빠가
하는 이야기를 듣다가 그제야 여성 작가임을 알고 깜짝 놀랐
다. 내가 깜쪽같이 속았던 것을 보면, 내가 얼마나 어렸고 얼마
나 고정관념에 사로잡혀 있었는지 알 수 있다. 『김약국의 딸』
『파시』등 그의 작품은 여성의 문제의식 없이는 가능치 않은 작
품인데 그걸 알아채지 못했으니 말이다. 더욱이나 군더더기 없
는 쿨한 문체 때문에 작가는 절대 여성이 아닐 것이라는 선입
견까지 작용했다.

처음으로 흔쾌히 좋아하고 존경할 수 있는 여성을 만났던 것은, 나에게는 일대 사건이었다. 어렸을 적 나의 고민 중 하나는 도대체 바라볼 만한 '역할 모델'을 찾을 수 없다는 것이었다. 역사 속의 인물들이나 정숙한 여인형이나 대의를 위해 산화한 순국열사형 인물들에게 생생하게 공감하기란 참 어렵지 않은가. 그러다 드디어 '생생하게 살아 있고 활동하는 여성'을 만난 것이었다.

드디어 세상에 나온 소설, 『토지』. 건축 공부를 막 시작한 내가 우리의 땅과 전통의 의미에 대해서 깨닫게 된 것은 학교 공부가 아니라 『토지』를 통해서였다. 책 한 쪽 넘기기를 아까워할 정도로 한 문장 한 문장을 음미했고, 몇 번을 다시 읽었는지 모른다. 위에서 아래로 인쇄되어 있는 그 오래된 책들을 나는 지금도 그때의 그 느낌을 잊지 않기 위하여 소장하고 있다.

한나 아렌트는 MIT 유학 시절에 처음으로 만났다. 여러 강의에서 참고 서적으로 추천되어서 호기심을 가지다가 드디어 그의 『인간의 조건The Human Condition』을 읽었다. 이 책의 첫 몇 문장을 읽었을 때 세상이 흔들리는 듯한 충격을 받았다. "'활동적 삶vita activa'이라는 용어로 나는 인간의 세 가지 근본활동을 나타내고자 한다. '노동, 작업, 행위'가 그것이다. 이것들은 인간이 지상에서 살아가는 데 주어진 기본조건들에 상응하기 때문에 인간의 근본활동이다." 나는 처음에 영어로 한나 아렌트의 책을 읽었다. 여기에 옮긴 것은 우리말 번역서에서 따온 것이다.

아렌트의 명징한 개념, 명철한 논리, 그리고 인간의 조건을 '감히' 정의하는 그 용기에 나는 완전히 매료되었고, 이 책을 통해 사회와 도시와 인간의 근본적인 관계에 대한 의문을 다듬게 되었다. 그 후에도 내 인생의 중요한 선택의 시점마다 '노동, 작업, 행위'라는 세 가지 인간의 조건에 대한 생각을 하면서 시시때때로 책을 들춰보곤 했다. 종국에 나는 『김진애가 쓰는 '인간의 조건'』이라는 책까지 썼는데, 내 인생에 근본적인 깨달음을 부여해준 한나 아렌트에게 바치는 나의 '오마주' 방식이었다.

아름다운 얼굴, 나도 그렇게 늙고 싶다

"나도 이렇게 늙고 싶다!" 20여 년 전, 노년에 접어든 박경리 선생의 사진을 봤을 때, 나도 모르게 이렇게 말했다. 텃밭에서 고추를 따다가 얼핏 찍힌 일상의 사진에 그렇게 기가 서릴 수 있다니, 그 사진은 내가 본 '가장 아름다운 얼굴' 중 하나다. 이 사진이 전하는 느낌은 참으로 오묘하다. 많은 사람들이 이 사진을 좋아했던지, 선생의 영정으로 쓰이기도 했다.

몇 년 전, 한나 아렌트의 탄생 100주년을 기리는 책 표지를 장식했던 그의 노년의 모습을 캐리커처로 그린 것을 보고 나도 모르게 이렇게 말했다. "나도 이렇게 늙은 모습으로 기억될 수 있을까?" 얼굴은 주름이 가득 잡혔고 숱 빠진 짧은 머리는 푸석푸석한데도 표정에는 초연한 기가 서려 있었다. 독일의 우표에까지 찍힌 아렌트의 젊은 모습은 미모의 여인이다. 하지만 나는 노년의 아렌트 모습이 훨씬 더 멋지게 보인다.

왜 나는 늙은 여인의 얼굴에 매료되는 걸까? 하기는 소녀 시절부터 나는 아름다운 소녀나 청춘 스타들에게 그리 열광해본 적이 없다. 여성에게뿐 아니라 남성에게도 비슷한 취향이다. 이른바, '캐릭터 있고, 까탈스럽고, 까칠한' 사람들에게 반하곤 했는데, 이건 나의 성향이다. 나는 일찌기 '미모 경쟁'은 완전히 포기했다. 찬란하게 빛나던 우리 언니의 아름다움에 나의 존재는 가려졌고, 그래서 그 아름다움을 음미하는 데에 충분히 만족하기로 한 것이다.

이런 성향 덕분에, 나는 각별히 '근사하게 나이들 사람'을 점 찍는 안목이 발달한 것 같다. 연기자 윤여정이나 김혜자를 일찍이부터 주목했던 이유도 그렇고, 〈박하사탕〉에 나왔던 문소리와 초년 시절의 메릴 스트립, 케이트 블란쳇의 '끼'를 바로 알아본 것도 그렇다. 젊은 시절에는 주목받지 못하던 배우가 나이 들어서 주목을 받으면 그렇게 반갑다. 몇 편의 영화에서 '엘리자베스 여왕'으로 분해서 괴이하기조차 한 캐릭터를 서슴없이 보여주며 나를 깜짝 놀라게 했던 영국 배우 쥬디 덴치가 영화 〈007〉에서 근사하게 '마담 M'을 연기하던 것을 보고 얼마나 반가웠는지 모른다.

잠깐 이야기가 딴 곳으로 빠졌는데, 아마도 '지속가능한 멘토'란 그렇게 근사하게 나이 들어가는 사람, 나도 괜찮게 나이 들고 싶다는 마음을 일깨워주는 사람이 아닐까 하는 생각도 든다. 나이 마흔을 넘으면 자신의 얼굴에 책임을 져야 한다는 말은 확실히 진리다.

갈등을 안고 행위하는 사람이 좋다

근사하게 나이 들고 아름답게 늙어가는 비결은 도대체 무엇일까? 한나 아렌트의 『인간의 조건』 개념 그대로, 어떠한 상황에서도 '노동, 작업, 행위'를 하면서 끊임없이 '활력적인 삶'을 살아가는 노력을 하는 것이 비결 아닐까? 박경리 스스로 『토지』 서문에 "앞으로 나는 내 자신에게 어떠한 언약을 할 것인가? 포기함으로써 좌절할 것인가, 방어함으로써 포기할 것인가. 아니면 도전함으로써 비약할 것인가. 다만 확실한 것은 앞으로 보다 험란한 길이 남아 있을 것이라는 예감이다."라고 쓴 것처럼 절실한 의문을 가지고 살아가는 것이 비결 아닐까? 고통과 좌절과 절망 속에서도 박경리 선생과 한나 아렌트는 세상을 떠나기 직전까지 끊임없이 일했다.

선천적인 성향인지 후천적인 성향인지는 모르겠으나 나는 갈등과 딜레마를 안고 있는 사람, 그런 갈등과 딜레마 속에도 불구하고 그 어떤 일을 해낸 사람, 또한 해내려고 끊임없이 발버둥치는 사람이 좋다. 갈등이 없는 삶, 안온함만이 있는 삶, 모자람이 없는 삶, 개인의 만족만 추구하는 삶, 세속적 성공으로 만족하는 삶이란 얼마나 금방 허망해지겠는가?

여기서 박경리와 한나 아렌트를 나의 지속가능한 멘토
로서 삼은 이야기를 쓰고 있지만, 사실 나에게는 이들 외에도
수없이 많은 멘토들이 있다. 하나의 사람을 만드는 데에는 세
상의 수많은 사람들의 자극이 필요한 것이다. 그렇게 자신의
멘토를 찾아서 힘을 얻어보자.

　　지속가능한 멘토를 가지고 있는 나는 행복하다.
　　깊은 울림을 주고 계속 그 울림을 주는 멘토,
　　그런 멘토를 가슴속에 품어보자.

06

여럿이 한곳을
바라보기 위하여

나 혼자선 못한다

"사랑하면? 같이 한곳을 바라본다!" 참으로 명언이다. 마주보는 것도 아니고, 은근히 훔쳐보는 것도 아니고, 한마음으로 한곳을 바라보는 것이다. 같이하는 기쁨으로, 같이할 희망으로 그렇게 한곳을 바라보는 상태란 가장 근사한 사랑의 상태가 아닐 수 없다.

수많은 사람들이 다 같이 한곳을 바라본다면? 그것은 기쁨과 희망이 가득 담긴 사랑의 상태일 것이다. 이것이 가능할까? 그렇게 많은 사람들이 있는데, 사람은 하나하나 다 다른데, 함께 한곳을 바라보는 상태가 될 수 있을까?

한나 아렌트는 "이 세상에 살아온 모든 사람들, 살아갈 모든 사람들은 각기 유일무이의 존재"라는 아주 근사한 말을 남겼다. 나아가 이렇게 하나하나 다른 사람들이 함께 살아가야 하기에 소통이 필요하고, 소통이야말로 인간으로서 가장 의미 있는 행위라고 그는 정의했다. 서로 모르는, 서로 다른 사람들이 모여 사는 이 사회에서 소통은 나라는 존재의 확인을 위해서 필요할 뿐 아니라 서로의 관계를 확인하고 사랑의 가능성을 확인하기 위해서 필요한 것이다. 같은 곳을 바라보며 소통하는 것, 또는 점차 같은 곳을 바라보고자 하는 희망이 담긴 소통이란, 인간의 필수불가결한 욕구이자 지고지선의 행위인 것이다.

공부는 결국 통하기 위한 것

누구나 경험했을 것이다. 사람과 통하는 그 순간의 감동은 잊지 못한다. 시원하고, 흐뭇하고, 따뜻하고, 가슴이 뜨거워지고, 눈시울이 붉어지고, 때로는 소름이 돋고 날개가 돋는 것 같은 순간이기 때문이다. 나를 알아주는 사람이 있구나, 나와 같은 생각을 하는 사람이 있구나, 나와 같은 느낌을 갖는 사람이 있구나, 나랑 같은 의문을 갖고 있는 사람이 있구나, 나랑 꿈이 같은 사람이 있구나, 나랑 통하는 사람이 있구나! 이런 감동은 사람에 대한 믿음을 갖게 만들고 희망을 갖게 만든다. 때로는 그 감동이 인연이 되어 사랑으로, 친구로, 일로, 파트너로, 동료로, 동지로, 지적 친구로, 멘토와 멘티로 발전하기도 한다. 체험을 공유하고, 문제의식을 공유하고, 감동을 공유하고, 역사를 공유하고, 사실을 공유하고, 희망을 공유하고, 꿈을 공유하는 등, 소통을 통한 공유의 힘은 정말 큰 것이다.

누구나 경험했을 것이다. 사람과 통하지 않는 순간의 갑갑함과 좌절감과 스트레스는 정말 말로는 못할 고통이다. 말이 안 통하면 너무나 갑갑하다. 하고 싶은 말을 못하게 되면 울화가 된다. 진실을 말하지 못하면 병이 된다. 임금님의 비밀을 알고도 말을 못해서 앓다가 결국 갈대밭에 가서 "임금님의 귀는 당나귀 귀"라고 외치고 나서야 비로소 병에서 벗어났다는 이야기가 있지 않은가. 사실을 지적하지 못하면 스트레스가 되고 자책감이 들고 마음에 병이 든다. 알고도 침묵하거나, 진실을 차라리 모르기 위해서 귀를 닫는 습성이 계속되다 보면 무지의 병, 허영의 병, 소외의 병, 자폐의 병이 들게 된다.

공부를 하는 궁극적 이유는 사람과 통하기 위한 것이다. 공부란 사람들이 공유하는 폭을 넓히고, 대화할 수 있는 주제를 풍부하게 하며, 통할 수 있는 영역을 넓힌다. 진학, 취업, 경력, 출세, 재테크, 이기기에 대한 공부란 끝이 빤하다. 그러나 호기심, 지적 욕구, 팀플레이, 사회, 세계, 놀이, 뜻, 문화, 삶, 사람에 대한 공부는 결코 끝을 알 수 없다.

공부를 하면 할수록 공유하는 체험의 폭이 넓어진다. 공부를 깊이 하면 공유할 수 있는 체험의 깊이도 깊어진다. 한 사람이 직접 체험하는 폭이란 아무래도 한정되어 있으니 공부를 통해 간접 체험의 폭을 넓히는 것이다. 경험해보지 않은 사람, 고민해보지 않은 사람, 절실하게 생각해보지 않은 사람, 성숙함의 깊이를 모르는 사람, 고통을 겪어보지 않은 사람, 좌절해보

지 않은 사람, 땀흘려 일해보지 않은 사람, 추진하는 어려움을
겪어보지 않은 사람, 돈 걱정 해보지 않은 사람과 '통'하기란 어
렵다. 수박 겉핥기식으로 피상적인 지식을 나열하기만 하는 사
람, 어디서 들어본 듯한 말만 하는 사람, 상투적인 단어만 쏟아
내는 사람, 립서비스만 하는 사람, 자신의 심장 박동과 뇌파가
느껴지지 않는 사람, 개인의 출세와 영달과 세속적 허영에만
관심이 있는 사람과는 '통'할 수가 없다. 진짜 공부란 진정 '통'
할 수 있게 해주는 공부다.

　　　우리 사회가 소통을 그렇게 강조하면서도 소통을 잘 하
지도 않고 또 잘 안 되는 이유가 무엇일까? 말문이 열리지 않
고 대화가 막히고 화제가 달리는 이유가 무엇일까? 서로 의견
이 다른 사람들이라 해서 왜 동문서답만 주고 받는 걸까? 엔간
한 위치에 있는 사회 인사들은 왜 동어반복만 하는 걸까? 이 모
든 문제가 공부로 귀결된다. 공부를 통한 '공유'의 폭이 너무 좁
고 공유의 폭을 넓히는 진정한 공부가 모자란 탓이다.

혼자서는 못한다

나는 앞에서 여러 사람들이 같이 해야 이룰 수 있는 것이 '야무
진 꿈'이라 정의했다. 정말 혼자서는 못한다. 가면 갈수록, 살
면 살수록, 공부하면 할수록, 일을 하면 할수록, 사람들을 만나
면 만날수록 새록새록 드는 생각은, '나 혼자선 못한다'이다. 많
은 사람들이 비슷한 생각을 하고, 비슷한 갈구를 하며, 비슷한

꿈을 꾸어야 비로소 무엇인가 이룰 수 있다는 희망을 품을 수 있다.

물론 '집단 지성'과 '집단 광기'는 분명히 구분해야 한다. 모든 사람들이 다 똑같은 생각을 하고 똑같은 꿈을 꿀 수는 없다. 그런 것이야말로 전체주의적인 집단 광기가 될 위험이 크다. '공부 사회'가 될수록 판단하는 능력, 분별하는 능력, 공개하고 공유하는 능력, 비판하는 능력, 소통하는 능력, 서로 존중하는 능력, 다른 의견을 포용하는 능력, 공통점을 찾아가는 능력, 대안을 수렴하는 능력은 커진다. 이러한 공부 사회에서라면 집단 광기란 절대 일어날 수 없다.

진정한 공부 사회에서 우리가 기대할 수 있는 것은 '집단 지성'이다. 각기 유일무이한 존재들이자 서로 다른 사람들이 각기 주체적인 행위자가 되어 각기 생각하고, 꿈꾸고, 소통하면서, 어느덧 비슷한 생각을 하고 비슷한 꿈을 꾸게 되는 것이다. 각 행위자의 지성이 모여서 전체 수준을 올려주고 또 다른 행위를 자극하게 되는 것이다. 서로 다른 사람들이, 각기 유일무이의 존재인 사람들이 어떻게 근사하게 모여서 되도록 큰 갈등을 피하며 살아 있는 뜻을 이루며 사람답게, 사람임을 즐기고, 사람이 할 수 있는 최대한의 체험을 하면서 살아갈 수 있을까. 공부로 이루자.

공부를 통해서, 우리 '통'해보자!

이렇게 쓰고 보니, 공부하고 싶은 마음이 또 무럭무럭 든다. 더 열심히 공부해서 더 많은 사람들과 통하고 싶다는 생각이 무럭무럭 든다.

공부의 최고 방식은 대화라고 했던가? 맘 맞고 뜻 맞는 사람과의 대화만 즐거운 것은 아니다. 의견이 다른 사람들과의 치열하고 뜨거운 토론은 더 즐겁다. 내가 생생하게 살아 있고 우리 사회가 건강하다는 느낌을 가질 수 있어서 좋다. 우리가 생각은 다르지만 적어도 기본이 되는 부분에 대해서 많은 부분을 공유할 수 있다는 느낌이 좋다. 그리고 '야무진 꿈'을 실현하는 데 있어서 각기의 역할을 할 수 있을 것 같다는 기대감이 생겨 좋다.

아, 통하며 살고 싶다. 외롭지 않게 살고 싶다. 사람답게, 사람들과 통하며, 이 시간 이 공간에 같이하는 기쁨을 통하면서 같이 살고 싶다. 공부의 힘을 통해서!

여럿이 한곳을 바라보면, 바로 사랑의 상태다.

안 될 것 같던 일이, 이루어진다.

무엇보다, 외롭지 않다!

마무리하며

배우자, 자라자,
평생토록!

'자라기'란 말은 내가 꽤 좋아하는 단어다. 무럭무럭 자라고 싶고, 더 크고 싶고, 사람으로서 할 수 있는 일들을 가능한 한 많이 하고 싶고, 사람 사는 뜻을 더해주는 체험을 되도록 많이 하고 싶고, 사람들이 자라는 모습을 보고 싶다는, 나의 성장 코드다.

내 입버릇에 "죽기 전에 꼭 해봐야지!"라는 말이 있다. 책 곳곳에 "죽기 전에……"라는 말이 꽤 나왔을 것이다. "죽기 전에 쓸 책 리스트" "죽기 전에 영화 한번 만들어봐야지" 등. 마치 죽음을 앞둔 사람의 버킷리스트처럼 들리지 않는가? '죽기 전에'라는 말이 너무 비장하게 들려서 '평생토록'이라는 말로 바꾸어서 쓰려고 노력하는 편이다. 그래서 "자라자, 배우자, 평생토록!"이 나의 인생 캠페인이 되어버린 셈이다.

'내가 벌어서 먹고 살거야!'라는 어린 시절의 소박하고 절박한 소망을 이루기 위해 '공부비상구론'으로 시작한 나의 공부 개념은 끊임없이 진화해왔다. 공부밖에 할 게 없다는 공부불가피론은 MIT에서 유학을 하며 "공부한다는 자체가 참 멋진 거로구나!"라는 '공부생태계론'을 더하게 되었다. "도대체 공부는 왜 필요한 것인가? 열심히 한 공부를 어떻게 써야 하는가?"라는 의문으로 프로 생활을 하면서, 나는 새삼스럽게 '공부실천론'을 세워나갔다.

아이들을 어떻게 키울 것인가를 고민하면서 그동안 내가 의식하지 못하면서 행해왔던 '놀이공부론'이 자라고, 어느 정도 나의 커리어에서 일할 만큼 일하자 이제는 사람을 어떻게 키우느냐에 대한 고민이 커지면서 나의 '훈련공부론'이 커갔다. 지금도 여전히 공부하는 이유로 여럿이 함께 꾸며 실천하고 싶다는 '야무진 꿈'을 이루기 위하여 우리 사회를 '공부생태계'로 만들어야 하고 만들고 싶다는 '공부진화론'에 대한 야무진 꿈을 여전히 갖고 있다.

나의 공부론이 진화해온 것에 독자들이 공감해주시기를 바란다. 나의 경력을 굵직굵직하게 보면 특이한 사람 같아 보여도, 그 내면은 하나의 평범한 사람이 성장하는 과정일 뿐이다. 백 없고 받을 유산 없고 차별받고 별로 기대받지 못하는 평범한 한 인간이 독립을 갈구하는 소박한 꿈으로 시작하여 차츰차츰 '공부'에 대해서 눈을 떠가는 과정이다. 홀로 서는 하나의 개인이 되고 싶다는 꿈에서 더 큰 우리를 위한 공부생태계를 만들고 싶다는 야무진 꿈에 이르기까지의 여정이다.

　　우리 모두 약한, 불안한, 흔들리는 한 개인으로부터 시작한다. 공부는 우리를 세워주고, 우리를 근사하게 만들며, 소신과 열정을 가지고 현장에서 일하게 만들고, 아이들과 같이 놀며 함께 자라는 기술을 익히게 해주며, 사람을 키우는 데 관심을 갖게 만들며, 우리 함께 다 같이 크고 싶다는 근본적 꿈을 키워주는 것이다.

　　이렇게 한 사람이 눈을 떠가는 인생 그 자체가 공부일 것이다. 여전히 가장 큰 공부는 사람 공부, 인생 공부다. 자라자, 배우자, 평생토록. 건투!